世纪英才高等职业教育课改系列规划教材（汽车类）

汽车动力系统原理与检修

（上册）

陆兆纳　姜于亮　主　编

嵇尚珠　任焕梅　副主编

刘言强　主审

人民邮电出版社

北京

图书在版编目（CIP）数据

汽车动力系统原理与检修. 上册 / 陆兆纳，姜于亮主编. -- 北京 ：人民邮电出版社，2011.2
世纪英才高等职业教育课改系列规划教材. 汽车类
ISBN 978-7-115-24613-4

Ⅰ. ①汽… Ⅱ. ①陆… ②姜… Ⅲ. ①汽车－动力系统－电气设备－理论－高等学校：技术学校－教材②汽车－动力系统－电气设备－车辆修理－高等学校：技术学校－教材 Ⅳ. ①U463

中国版本图书馆CIP数据核字(2010)第244747号

内 容 提 要

本教材系统地介绍了现代汽车发动机的结构、原理，发动机拆卸、安装调试等内容，主要内容包括开篇导学和4个学习项目共14个学习任务，每个任务都由任务学习引导、任务实施和任务评价3个环节构成。开篇导学介绍了内燃机基本机构及其工作原理，项目一介绍了发动机的吊装，项目二介绍了发动机的拆解与检修，项目三介绍了发动机的装配与调试，项目四介绍了发动机的维护。

本教材图文并茂、深入浅出、通俗易懂，可作为高职高专院校汽车类专业的教材，也可供汽车类专业培训和汽车维修技术人员使用。

世纪英才高等职业教育课改系列规划教材（汽车类）

汽车动力系统原理与检修（上册）

◆ 主　　编　陆兆纳　姜于亮
　副 主 编　嵇尚珠　任焕梅
　主　　审　刘言强
　责任编辑　丁金炎
　执行编辑　郝彩红

◆ 人民邮电出版社出版发行　　北京市崇文区夕照寺街14号
　邮编　100061　　电子函件　315@ptpress.com.cn
　网址　http://www.ptpress.com.cn
　中国铁道出版社印刷厂印刷

◆ 开本：787×1092　1/16
　印张：10
　字数：248千字　　　　2011年2月第1版
　印数：1-3 000 册　　　2011年2月北京第1次印刷

ISBN 978-7-115-24613-4

定价：21.00元

读者服务热线：(010)67132746　印装质量热线：(010)67129223
反盗版热线：(010)67171154

前言

Foreword

本教材立足高职高专教育人才培养目标，坚持“以就业为导向，以全面素质为基础，以能力为本位”的宗旨，突出高职高专为生产一线培养技术型专门人才的教学特点，以突出实践能力的培养为原则，精心组织相关内容，力求简明扼要、突出重点，以适应社会发展需要，使其更具有针对性、实用性和可读性，努力突出高职教材的特点。

本教材的特点如下。

◆ 本教材结构的组织方面，以项目任务为教学主线，通过设计不同的项目，巧妙地将知识点和技能训练融于各个项目之中。教学内容以“必需”与“够用”为度，将知识点作了较为精密的整合，由浅入深、循序渐进，强调实用性、可操作性和可选择性。

◆ 本教材将理论教学与技能训练有机结合，以实验与实训场所作为教学平台，采用“项目教学法”完成课程的理论实践一体化教学，通过使教、学、练紧密结合，突出对学生实际操作能力、设计能力和创新能力的培养和训练，真正体现了职业教育的特点。

本教材由紫琅职业技术学院陆兆纳、姜于亮担任主编，嵇尚珠、任焕梅担任副主编。全书共分开篇导学和4个学习项目共14个学习任务。陆兆纳编写了项目一（任务一）、项目二（任务五、任务六）、项目四（任务一）；姜于亮编写了项目二（任务一、任务二、任务三、任务四）；嵇尚珠编写了项目三（任务一、任务二、任务三、任务四）；任焕梅编写了开篇导学、项目二（任务五、任务六）；刘言强、姜晓红参与了本教材的编写。全书由刘言强主审。

本教材在编写过程中借鉴、参考了汽车发动构造与维修的相关文献，在此向参考文献的作者表示诚挚的谢意！

由于编者水平有限，书中不妥之处在所难免，恳请读者批评指正。

编　者

目　录

Contents

开篇导学　内燃机基本机构及其工作原理

导学一　发动机总体结构的认知

一、发动机的总体构造

发动机是汽车的心脏，是由多个机构和系统组成的复杂机器。现代汽车发动机的结构形式很多，即使是同一类型的发动机，其具体结构也各不相同，但不论哪种类型的发动机，其基本结构都是相似的。

汽油机通常由两大机构、五大系统组成；柴油机由两大机构、四大系统（较汽油机少点火系统）组成，如图 0-1 所示。“两大机构”是指曲柄连杆机构和配气机构；“五大系统”是指燃料供给系统、冷却系统、润滑系统、点火系统和启动系统。

图 0-1　汽车发动机的总体构造

1. 曲柄连杆机构

曲柄连杆机构包括汽缸体、汽缸盖、活塞、连杆、飞轮和曲轴等。曲柄连杆机构是发动机实现热能与机械能相互转换的核心机构，其功用是将活塞的直线往复运动变为曲轴的旋转运动，即将燃料燃烧所放出的热能通过活塞、连杆和曲轴等转变成能够驱动汽车行驶的机械能。

2. 配气机构

配气机构由气门、气门弹簧、凸轮轴、挺杆、凸轮轴传动机构等组成。配气机构的作用是根据发动机的工作需要，适时地打开进气通道或排气通道，以使可燃混合气（空气与燃料的混合物）及时进入汽缸，或使燃烧产生的废气及时排出汽缸。而在发动机不需要进气或排气时，则利用气门将进气道或排气道关闭，以保证汽缸的密封。

3. 燃料供给系统

燃料供给系统的作用是把汽油和空气混合成成分合适的可燃混合气供入汽缸,以供燃烧，并将燃烧产生的废气排出发动机。

4. 冷却系统

冷却系统的作用是把受热机件的多余热量散发到大气中，以保证发动机在正常温度下工作。发动机的冷却系统有风冷式和水冷式两种。

风冷式冷却系统主要由风扇、散热片等组成。水冷式冷却系统主要由水泵、散热器、水套、风扇和节温器等组成。汽车发动机均采用水冷式冷却系统。

5. 润滑系统

润滑系统主要由机油泵、集滤器、润滑油道、机油粗滤器和机油细滤器等组成。其主要功用是将机油送到各摩擦副间，以减少它们之间的摩擦与磨损。

6. 点火系统

点火系统主要由分电器、点火线圈、火花塞和高压线等组成。其作用是保证发动机按规定的时刻及时点燃汽缸中的压缩混合气。

7. 启动系统

启动系统包括启动机及其附属装置。其功用是使静止的发动机启动并转入自由运转。

二、发动机分类

汽车的动力源是发动机。发动机是将某一种形式的能量转化为机械能的机器。

将燃料燃烧所产生的热能转化为机械能的装置称为热力发动机，简称热机。内燃机是热力发动机的一种，其特点是液体或气体与空气混合后直接输入机器的内部燃烧而产生热能，然后再转变为机械能。另一种热机是外燃机，如蒸汽机，其特点是燃料在机器外部的锅炉内燃烧，将锅炉内的水加热而产生高温、高压的水蒸气输送至机器内部，使其所含的热能转变为机械能。

内燃机具有热效率高、体积小、质量轻、便于移动以及启动性能好等优点，因而广泛用于飞机、船舰以及汽车、拖拉机、坦克等各种车辆上。

内燃机根据其热能转化为机械能的主要构件的形式，可分为活塞式内燃机和燃气轮机两大类。前者又可按活塞的运动方式分为往复活塞式和旋转活塞式两种。往复活塞式内燃机目前在汽车上运用得最广泛。汽车用内燃机可以根据不同的特征分类。

1. 按使用燃料分类

汽车用内燃机按使用燃料分类可分为液体燃料发动机（汽油机、柴油机等）和气体燃料发动机（如天然气发动机、液化石油气发动机等）。

近年来，为节省石油能源和降低汽车的排放污染，人们不断研制新型的汽车动力装置，如在汽车发达国家已进入实用阶段的混合动力装置。混合动力装置是将电动力和小型燃料发动机组合成一体，小型燃料发动机只起辅助作用，这样既能发挥燃料发动机持续工作时间长、动力性好的优点，又能发挥电动机无污染、低噪声的优势，使燃料发动机的热效率提高 10%以上、废气排放量降低 30%以上。

2. 按点火方式分类

汽车用内燃机按点火方式分类可分为点燃式发动机和压燃式发动机。

汽油的特性是其自燃的温度（自燃点）比柴油的要高，因此常采用点燃式发火。利用火花塞发出的电火花强制点燃汽油，使其发火燃烧，这种发动机称为点燃式发动机。

柴油的特性是在同样的条件下其自燃点比汽油的自燃点低，因此采用压燃式（自燃式）发火。一般可通过喷油泵和喷油器将柴油直接喷入发动机的汽缸内，在汽缸内与压缩空气均匀混合后，在高温下自燃，这种发动机称为压燃式发动机。

3. 按工作循环的冲程数分类

汽车用内燃机按工作循环的冲程数分类可分为四冲程发动机和二冲程发动机。

在发动机内，每一次将热能转变为机械能都必须经过吸入空气、压缩和输入燃料，使之发火燃烧而膨胀做功，然后将生成的废气排除一系列连续过程，称为一个工作循环。对于往复活塞式发动机，可以根据每一个工作循环所需活塞行程数来分类。凡活塞往复四个单程完成一个工作循环的称为四冲程发动机，活塞往复两个单程即完成一个工作循环的称为二冲程发动机。

4. 按冷却方式分类

根据冷却方式的不同，发动机可以分成水冷式和风冷式两种。现代发动机绝大多数是水冷式发动机。

5. 按汽缸数量分类

仅有一个汽缸的称为单缸发动机，有两个以上的称为多缸发动机。多缸发动机有双缸发动机、三缸发动机、四缸发动机、五缸发动机、六缸发动机、八缸发动机和十二缸发动机等。现代汽车多采用四缸、六缸、八缸发动机。

6. 按汽缸的布置方式分类

汽车用内燃机按汽缸布置方式可分为对置式发动机、直列式发动机、斜置式发动机和 V 形发动机。

7. 按进气方式分类

汽车用内燃机按进气方式不同可分为自然吸气（非增压）式发动机和强制进气（增压）式发动机。

开篇训练一

学习发动机的总体机构。建议分小组进行实施，在规定的时间内完成。

一、工具准备

在实施工作前，每小组按表 0-1 准备好学习发动机总体认识所需的资料、工具。

表 0-1　　工具准备

资料、工具的名称	数　量
桑塔纳轿车发动机台架	1 台
扭矩扳手	1 把
车型维修手册	1 本
接水盆	1 只
常用工具	1 套
火花塞套筒	1 个

二、技术要求和标准

① 查阅车型相关维修手册，按规定的顺序拆装。
② 发动机总体机构认识工作在 2h 内完成。
③ 在操作过程中做好安全预防措施。

三、要完成的工作

1．观察桑塔纳 2000 的汽车发动机，列出发动机的主要零部件。
2．请写出本学期学习的工作计划以及安全措施。
3．发动机的电控系统由哪几部分组成，其作用分别是什么？

导学二　发动机基本工作原理

一、发动机基本术语

如图 0-2 所示，活塞置于汽缸中，活塞可在汽缸内作往复直线运动，活塞通过连杆和曲轴相连，曲轴可绕其轴线旋转。

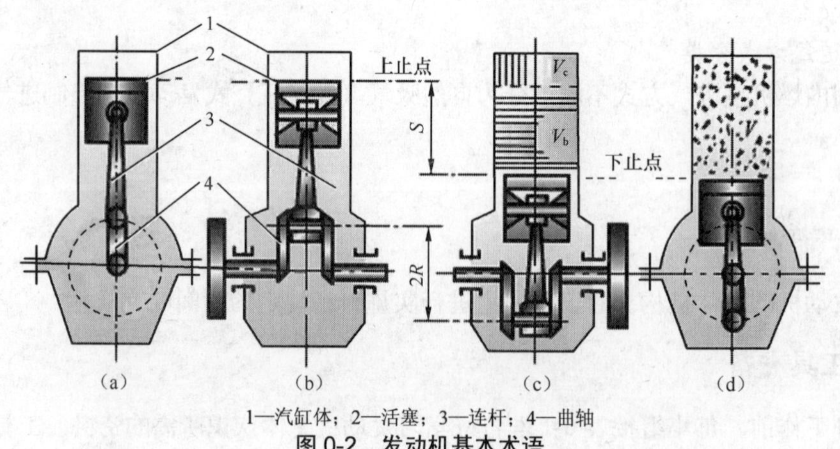

1—汽缸体；2—活塞；3—连杆；4—曲轴

图 0-2　发动机基本术语

① 上止点：活塞离曲轴回转中心最远处，通常指活塞上行到最高位置。
② 下止点：活塞离曲轴回转中心最近处，通常指活塞下行到最低位置。

③ 活塞行程（S）：上止点与下止点之间的距离（mm），称为活塞行程，一般用 S 表示。

④ 曲柄半径（R）：曲轴与连杆下端的连接中心至曲轴的距离 R 称为曲柄半径。活塞每走一个行程相当于曲轴转角 180°。对于汽缸中心线与曲轴中心线相交的发动机，活塞行程 S 等于曲柄半径 R 的两倍，即 $S=2R$。

曲轴每转一圈，活塞移动两个行程。

⑤ 汽缸工作容积（V_h）：活塞从上止点到下止点所扫过的容积称为汽缸的工作容积或汽缸排量（L）。

$$V_h = \pi D^2/(4\times 10^6)S \qquad \text{(L)}$$

式中，D——汽缸直径（mm）；

S——活塞行程（mm）。

⑥ 发动机排量（V_L）：发动机所有汽缸工作容积之和（L）。设发动机的汽缸数量为 i，则

$$V_L = V_h\, i \qquad \text{(L)}$$

⑦ 燃烧室容积（V_c）：活塞在上止点时，活塞上方的空间，即活塞顶与汽缸盖之间的容积称为燃烧室，它的容积叫燃烧室容积（L）。

⑧ 汽缸总容积（V_a）：活塞在下止点时，活塞上方的容积称为汽缸总容积（L）。它等于汽缸工作容积与燃烧室容积之和，即

$$V_a = V_h + V_c$$

⑨ 压缩比（ε）：汽缸总容积与燃烧室容积的比值，即

$$\varepsilon = V_a / V_c = (V_h + V_c)/ V_c = 1 + V_h / V_c$$

换言之，压缩比即压缩前汽缸中气体的最大容积与压缩后的最小容积之比。它表示活塞由下止点运动到上止点时，汽缸内气体被压缩的程度。压缩比越大，压缩终了时汽缸内的气体压力和温度就越高。一般车用汽油机的压缩比为 8～12，柴油机的压缩比为 20～22。

⑩ 发动机的工作循环：在汽缸内进行的每一次将燃料燃烧的热能转化为机械能的一系列连续过程（进气、压缩、做功和排气）。

⑪ 二冲程发动机：活塞往复两个行程完成一个工作循环的发动机。

⑫ 四冲程发动机：活塞往复四个行程完成一个工作循环的发动机。

二、单缸四冲程汽油机的工作原理

四冲程汽油机是由进气、压缩、做功和排气完成一个工作循环的，图 0-3 所示为单缸四冲程汽油机工作原理示意图。

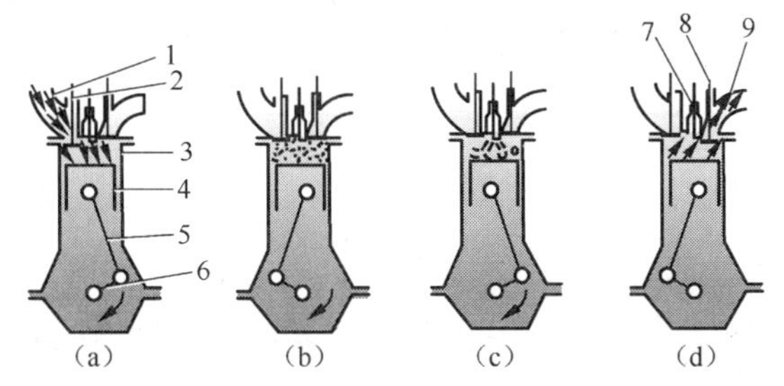

1—进气管；2—进气门；3—汽缸体；4—活塞；5—连杆；6—曲轴；
7—火花塞；8—排气门；9—排气管

图 0-3　单缸四冲程汽油机工作原理示意图

1. 进气行程［如图 0-3（a）所示］

化油器式汽油机将空气和燃料先在汽缸外部的化油器中进行混合，形成可燃混合气后吸入汽缸。而电控燃油喷射式汽油机利用喷油器将汽油喷射到进气管内，在进气管内和空气混合，形成可燃混合气再吸入汽缸。目前汽车用发动机有的也采用了缸内直喷技术，即将汽油直接喷射进汽缸，在汽缸内和空气混合形成可燃混合气。

在进气过程中，进气门开启，排气门关闭。活塞由曲轴带动上止点向下止点运动。随着活塞的运动，活塞上方的汽缸容积逐渐增大，汽缸内的压力降低到大气压力以下，形成一定的真空度，即在汽缸内造成真空吸力。这样，可燃混合气便经过进气管道和进气门被吸入汽缸。由于进气系统有阻力，进气终了时汽缸内的气体压力为 0.075～0.09MPa。

2. 压缩行程［如图 0-3（b）所示］

为了使吸入汽缸的可燃混合气能迅速燃烧，以产生较大的压力，从而使发动机发出较大的功率，必须在燃烧前将混合气压缩，使其容积缩小、密度加大、温度升高，故需要有压缩过程。在这个过程中，进气门、排气门全部关闭，曲轴推动活塞由下止点向上止点运动，由于进气门、排气门均处于关闭状态，汽缸内的混合气被压缩，其温度和压力升高，为做功行程做准备。

3. 做功行程［如图 0-3（c）所示］

① 压缩行程末，火花塞产生电火花，点燃汽缸内的可燃混合气，并迅速燃烧，气体产生高温、高压，在气体压力的作用下，活塞由上止点向下止点运动，再通过连杆驱动曲轴旋转向外输出做功，至活塞运动到下止点时，做功行程结束。

② 做功行程，进气门、排气门均关闭。

在做功过程中，开始阶段汽缸内气体压力、温度急剧上升，瞬时压力可达 3～5MPa，瞬时温度可达 2200～2800K。随着活塞的下移，压力、温度下降，做功行程终了时，压力为 300～500kPa，温度为 1500～1700K。

4. 排气行程［如图 0-3（d）所示］

① 在做功行程终了时，排气门被打开，活塞在曲轴的带动下由下止点向上止点运动。

② 废气在自身的剩余压力和活塞的驱赶作用下，由排气门排出汽缸，至活塞运动到上止点时，排气门关闭，排气行程结束。

排气终了时，由于燃烧室容积的存在，汽缸内还存有少量废气，气体压力也因排气门和排气道等有阻力而高于大气压。此时，压力约为 105～125kPa，温度为 900～1200K。

排气行程结束后，进气门再次开启，又开始了下一个工作循环，如此周而复始，使发动机自行运转。

开篇训练二

学习发动机的基本工作原理。建议分小组进行实施，在规定的时间内完成。

一、工具准备

在实施任务前，每小组按表 0-2 准备好本次任务所需的资料、工具。

表 0-2 工具准备

资料、工具的名称	数　　量
桑塔纳轿车发动机台架	1 台
发动机解剖台架	1 台
扭矩扳手	1 把
车型维修手册	1 本
接水盆	1 只
常用工具	1 套
火花塞套筒	1 个

二、技术要求和标准

① 查阅车型相关维修手册，按规定的顺序拆装。

② 在操作过程中做好安全预防措施。

三、要完成的工作

1．观察解剖发动机指出发动机各结构的主要零部件。

2．摇转解剖发动机，对发动机在吸气、压缩、做功、排气 4 个行程逐一进行验证。

3．摇转解剖发动机，观察发动机在吸气、压缩、做功、排气 4 个行程中气门的打开过程，并记录下来。

项目一　发动机的吊装

任务一　发动机的吊装

学习目标

◇ 掌握发动机机械维修的基本流程。
◇ 掌握发动机吊装的方法。
◇ 掌握整体更换发动机的方法。
建议完成本任务的学时为 12 学时。

内容结构

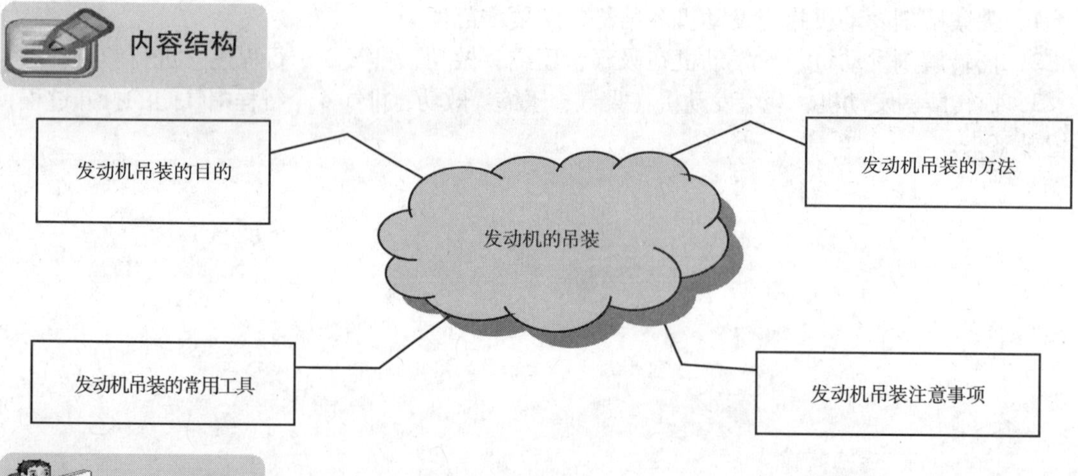

任务描述

一辆桑塔纳 2000 的汽车发动机在机械方面出现故障需要维修，汽车机电维修工根据维修前台接待提供的维修工单，在汽车机电维修工位以及规定工时内以经济的方式按照专业要求使用通用工具、发动机机械维修专用工具、设备和汽车维修资料等，按照标准规范完成发动机吊装工作。对汽车发动机机械方面进行的维护、拆卸、检查、修理、安装和调整等工作。对已完成的工作进行记录存档，保持工作场地满足安全作业及 5S 工作要求。

第一部分　任务学习引导

一、发动机吊装的目的

当需要更换发动机总成或者对发动机进行大修以及更换发动机内部机械部件时，需要将发动机从汽车上吊下来。

二、发动机吊装的步骤

① 在点火开关切断的情况下，拆下蓄电池搭铁线。

② 拆下蓄电池，注意先向外拉出后取下，旋松蓄电池支架紧固螺栓，拆下蓄电池支架，如图 1-1 所示。

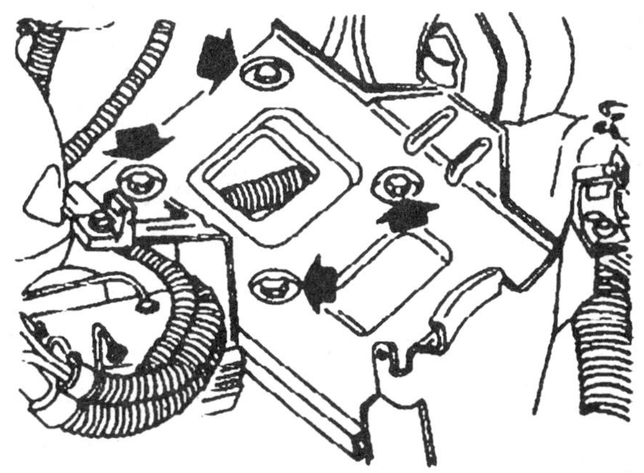

图 1-1 蓄电池支架的拆装

③ 在发动机下放置一个收集盘，打开冷却液储液罐盖。

④ 松开散热器下水管夹箍，拔下散热器的下水管，放出冷却液，如图 1-2 所示，所放出的冷却液必须用干净的容器予以收集，以便处理或再使用。

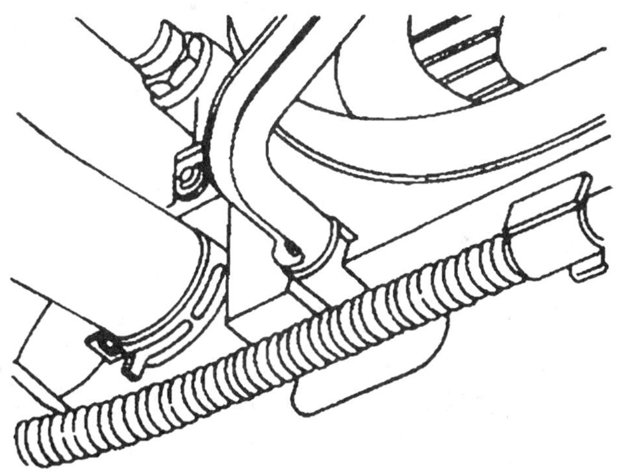

图 1-2 拔下散热器的下水管

⑤ 拔下电动散热器风扇的导线插头，如图 1-3 所示。

⑥ 拔下散热器左侧的热敏开关导线插头，如图 1-4 所示。

⑦ 松开散热器的上水管的夹箍，拔下散热器的上水管。

⑧ 旋松电动散热器风扇的 4 个紧固螺栓，拆下风扇和散热器。

⑨ 拔下空气流量计的导线插头，如图 1-5 所示。

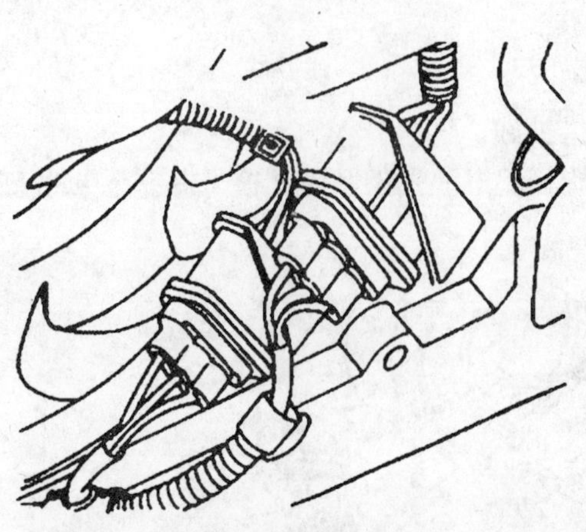

图 1-3　拔下电动散热风扇的导线插头

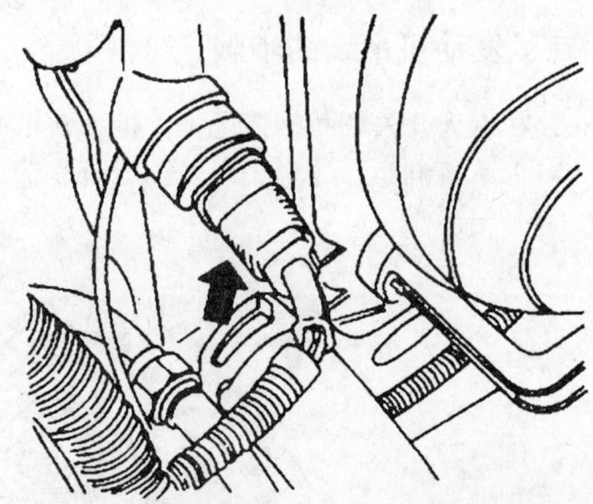

图 1-4　拔下散热器左侧热敏开关的导线插头

⑩ 拔下活性炭罐电磁阀（ACF）的导线插头，如图 1-6 所示，从空气流量计上取下活性炭罐电磁阀。

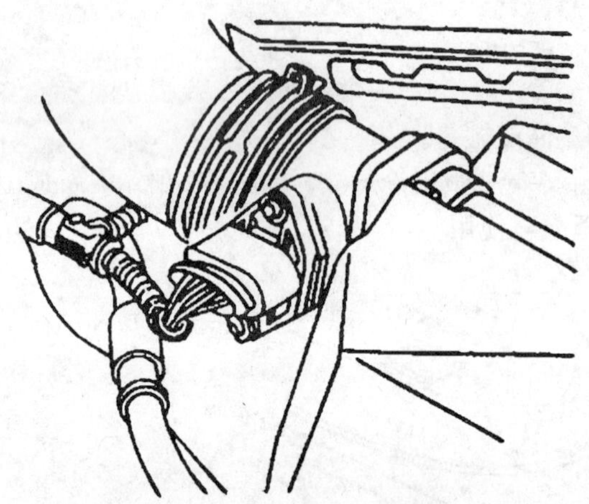

图 1-5　拔下空气流量计的导线插头

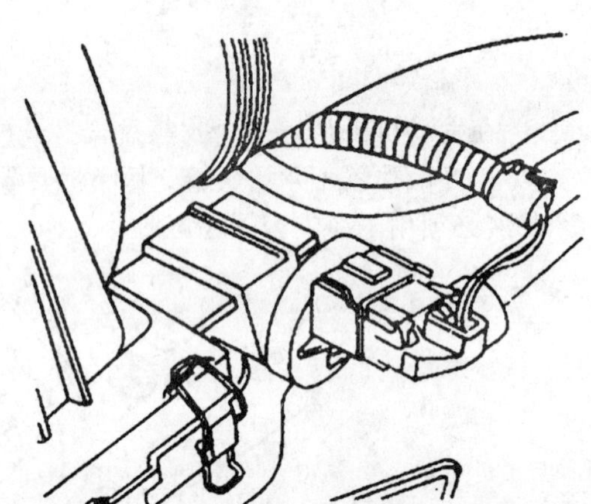

图 1-6　拔下活性炭罐电磁阀的导线插头

⑪ 拆下空气滤清器至节气门控制器之间的空气管路。

⑫ 拆下空气滤清器罩壳。

⑬ 拔下燃油分配管上的供油管 1 和回油管 2，如图 1-7 所示，注意，燃油供给系统是有压力的，在打开系统之前在开口处放置一块抹布，然后小心地松开接头以降低压力。

⑭ 松开节气门拉索，如图 1-8 所示，拔下通向活性炭罐电磁阀的真空管 1 和通向制动系真空助力器的真空管。

⑮ 拔下位于发动机底部通向暖风热交换器的冷却液管。

⑯ 拔下汽缸盖通向暖风热交换器的冷却液管，如图 1-9 所示。

⑰ 拔下变速器上的车速传感器的电线插头、超车开关。

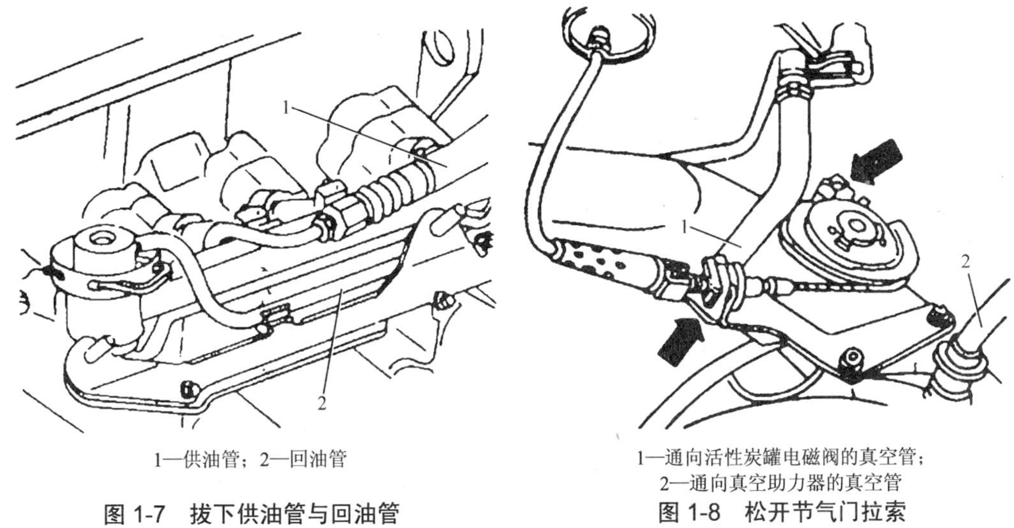

1—供油管；2—回油管

图 1-7 拔下供油管与回油管

1—通向活性炭罐电磁阀的真空管；
2—通向真空助力器的真空管

图 1-8 松开节气门拉索

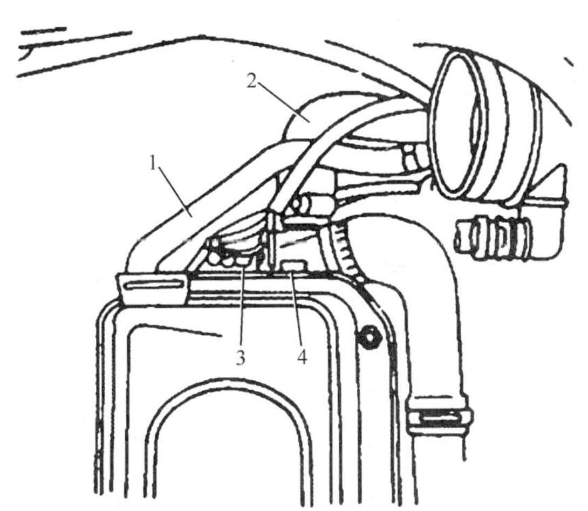

1—通向膨胀水箱软管；2—通向暖风热交换器的软管；
3—水温传感器；4—空调控制开关

图 1-9 拔下汽缸盖通向暖风热交换器的热水管

⑱ 松开空调压缩机与支架的连接螺栓，取下 V 形带，如图 1-10 所示。注意，在拆 V 形带前一定要做好方向标记，以防重新使用时安错方向，损坏 V 形带。

⑲ 移开空调压缩机并将其悬挂在副梁上（使用电线），不要悬挂在制冷剂管道上，此时不要打开空调管路。

⑳ 使用专用工具按图 1-11 所示的方向扳动张紧轮，松开 V 形带。

㉑ 使用销钉 3204 固定住张紧轮，从发电机取下 V 形带，再取下销钉 3204。

㉒ 松开动力转向油泵 V 形带轮的螺栓，拆下 V 形带，如图 1-12 所示。

㉓ 从支架上拆下动力转向液压泵，并将其固定在发动机舱内的一侧。

㉔ 旋下排气歧管和前排气管的连接螺栓。拔下启动机导线，并从变速器壳体上拆下启动机。

㉕ 松开车身上的搭铁线。

㉖ 松开所有发动机与车身的连接螺栓。

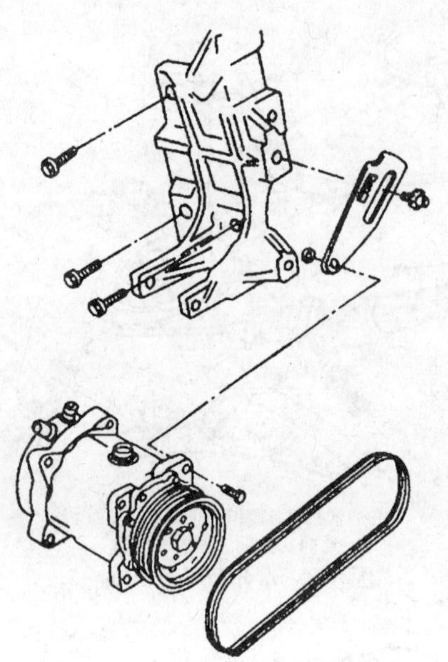

图 1-10　空调压缩机的 V 形带

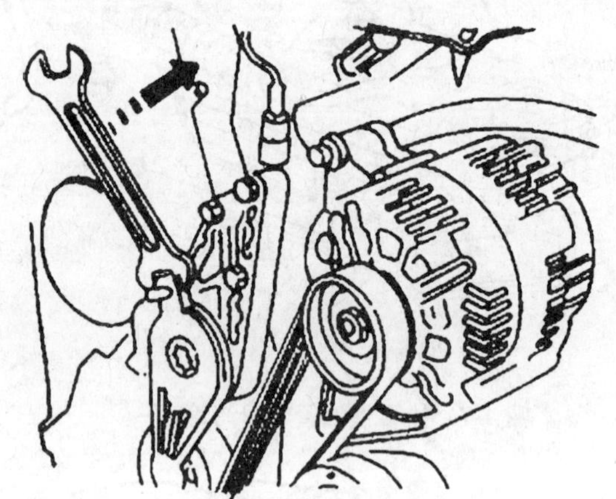

图 1-11　用专用工具扳动张紧轮

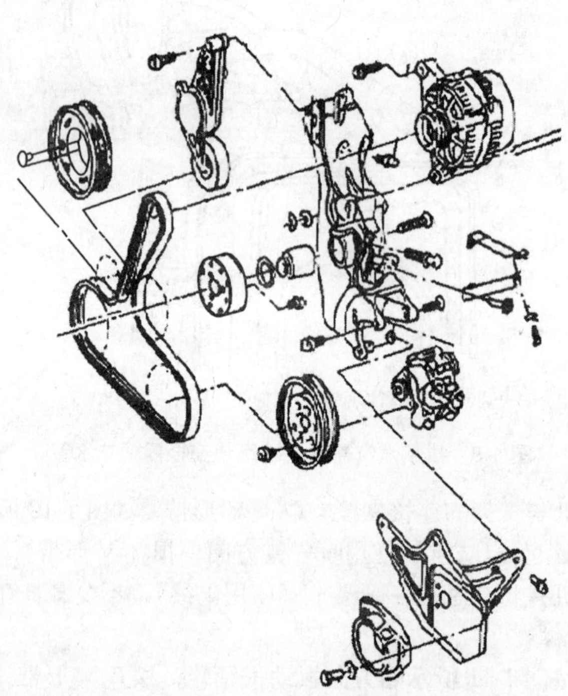

图 1-12　发电机、动力转向液压泵 V 形带

㉗ 使用变速器托架托住变速器的底部，或者将支撑工具 10-222A 固定在车身两侧，如图 1-13 所示。使用变速器吊装工具 3147 吊住变速器。注意，必须按图 1-13 所示安装钩子，以保证发动机吊起时的平衡。

㉘ 旋下发动机与变速器的紧固螺栓，留下一个螺栓定位。

㉙ 使用图 1-14 所示小吊车和发动机吊架 2024A 吊住发动机的吊耳。

㉚ 松开最后一个紧固螺栓，小心地将发动机吊离发动机舱。

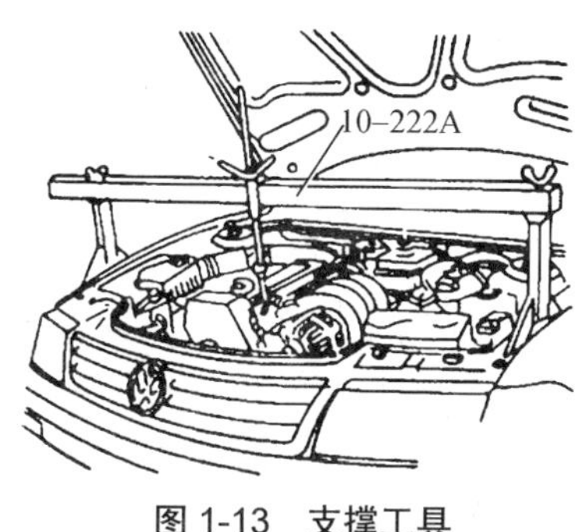

图 1-13　支撑工具

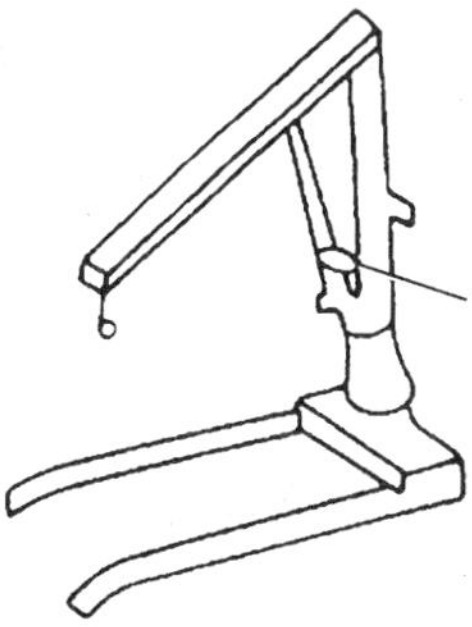

图 1-14　发动机吊车

三、发动机吊装的注意事项

① 注意工具、量具、教具的正确使用方法。

② 严格按技术规定拆装机件，不应丢失或少装零件。

③ 在拆卸机件时，应弄清是否可拆，不可拆的机件不得强行拆卸；拆下的机件应按一定的顺序放置。

④ 在车底进行拆装作业时，应悬挂醒目警示标志，确保安全。

⑤ 上述各项必须在教师指导下进行。

第二部分　任务实施

在任务实施的过程中，将学习发动机吊装的工作程序。建议分小组进行实施，在规定的时间内完成。

一、工具准备

在实施工作前，每小组按表 1-1 准备好检查与发动机吊装所需的资料、工具。

表 1-1　工具准备

资料、工具的名称	数　量
桑塔纳 2000 轿车	1 台
发动机吊装车	1 台
扭矩扳手	1 把
车型维修手册	1 本
吊绳	1 根
木枕	4 根
接水盆	1 只
常用工具	1 套
火花塞套筒	1 个

二、技术要求和标准

① 查阅车型相关维修手册，按规定的顺序拆装。
② 发动机吊装工作在 4h 内完成。
③ 在操作过程中做好安全预防措施。

三、要完成的工作

1．发动机吊装的目的是什么？
2．请写出发动机吊装工作计划以及安全措施。
3．完成桑塔纳 2000 的汽车发动机的吊装，并完成实习报告。

任务评价

一、自我评价

1．总结在发动机吊装工作中应注意的事项。

2．本任务给你印象最深的是什么？

3．自己对学习本任务的自我评价（包括着装、学习态度、知识以及技能掌握程度、工作页的填写情况等）。

二、小组评价

序　号	评 价 项 目	评 价 情 况		
		好	中	差
1	团队合作精神			
2	学习是否积极主动			
3	服从工作安排的情况			
4	工具、仪器的使用情况			
5	工具整理、现场清理的情况			

三、教师评价

序　　号	评 价 项 目	评 价 情 况		
		好	中	差
1	出勤情况			
2	着装情况			
3	课堂秩序			
4	学习是否积极主动			
5	任务书填写			
6	工具、仪器的使用情况			
7	工具整理、现场清理的情况			

项目二　发动机的拆解与检修

任务一　汽缸盖的拆解与检修

学习目标

◇ 了解汽缸垫的作用。

◇ 掌握汽缸盖的作用。

◇ 掌握汽缸盖的拆解步骤。

◇ 掌握汽缸盖的检修方法。

建议完成本任务的学时为 6 学时。

内容结构

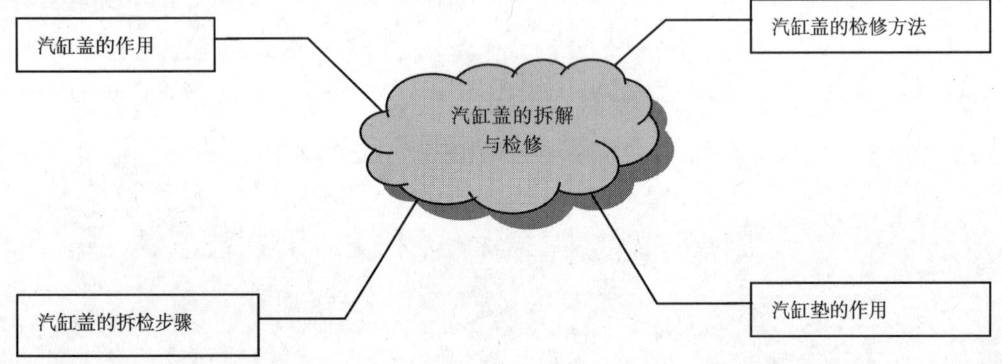

任务描述

一辆桑塔纳 2000 汽车发动机在机械方面出现故障需要维修，汽车机电维修工根据维修前台接待提供的维修工单，在汽车机电维修工位以及规定工时内以经济的方式按照专业要求使用通用工具、发动机机械维修专用工具、设备和汽车维修资料等，完成发动机汽缸盖的拆卸、检修作业。对已完成的工作进行记录存档，保持工作场地满足安全作业及 5S 工作要求。

第一部分 任务学习引导

一、汽缸盖的构造

汽缸盖的作用是封闭汽缸上部，并与活塞顶部和汽缸壁一起形成燃烧室。

汽缸盖是发动机上最复杂的零件之一。汽缸盖的内部有与汽缸体相通的冷却水套，有进、排气门座及气门导管孔和进、排气通道，有燃烧室、火花塞座孔或喷油器座孔，上置凸轮轴式发动机的汽缸盖上还有用以安装凸轮轴的轴承座。图 2-1 所示为桑塔纳轿车的发动机汽缸盖分解图。

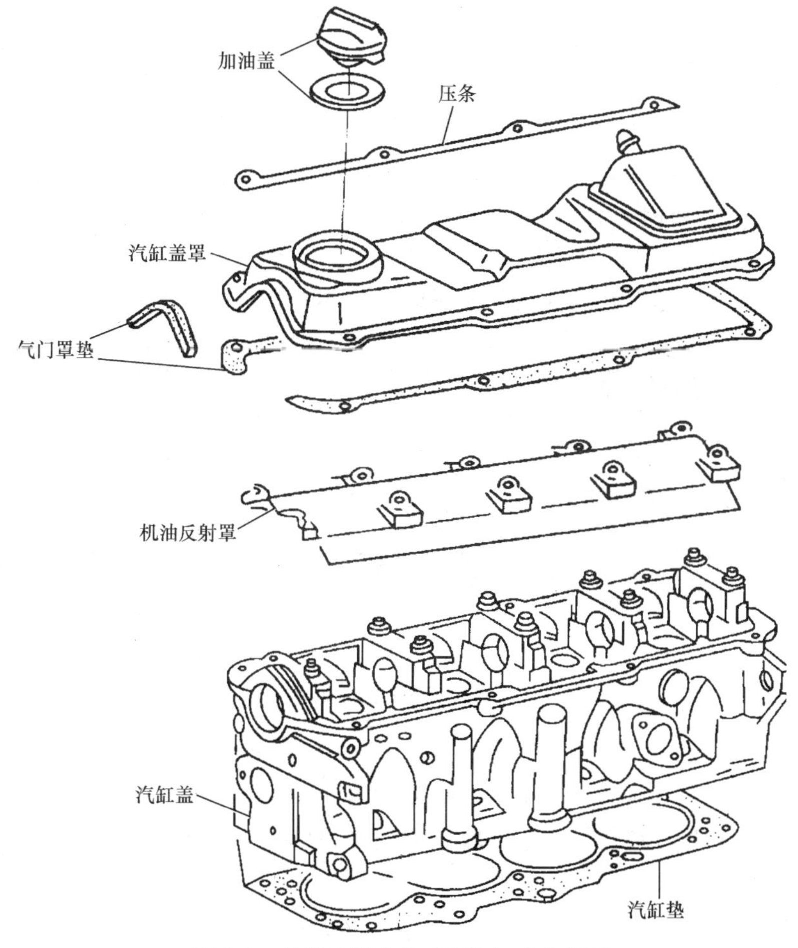

图 2-1 桑塔纳轿车发动机汽缸盖分解图

为保证高温高压燃气的密封，汽缸盖用多个缸盖螺钉以一定力矩紧固到缸体上。汽缸盖螺栓的拆装顺序一般采用对称法。装配时，由中间向两端逐个对称拧紧；拆卸时，则由两端向中间逐个对称拧松。几乎所有的发动机都明确规定了汽缸盖螺栓的拧紧力矩并要求分几次拧紧至规定值。铝合金汽缸盖应在发动机冷态下按规定力矩拧紧，铸铁汽缸盖应在发动机热态下再拧紧一遍。这样汽缸盖要承受多个缸盖螺钉的紧固力和高温高压燃气产生的机械负荷和热负荷，同时复杂的缸盖结构，使铸造残余应力难以彻底消除。因此要求汽缸盖必须要有足够的刚度、强度才能保证发动机正常工作。

汽缸盖材料一般采用优质灰铸铁、合金铸铁或铝合金铸造。铝合金的导热性好，有利于提高压缩比，所以近年来铝合金汽缸盖越来越多。

1. 汽缸盖的结构形式

汽车发动机汽缸盖的结构形式有两种：整体式和分开式。

整体式汽缸盖是指多缸发动机的多个汽缸共用一个缸盖。整体式缸盖的结构紧凑，零件数量少，可缩短汽缸中心距和发动机总长度，制造成本低。当汽缸的数量不超过 6 个，汽缸的直径小于 105mm 时，均采用整体式汽缸盖。

分开式汽缸盖是指一个、两个或 3 个汽缸共用一个缸盖。这种结构的刚度较高，变形小，易于实现对高温高压燃气的有效密封，同时易于实现发动机产品的系列化。但汽缸盖零件数量增多会使汽缸的中心距增大，一般用在缸径较大的发动机上。

2. 燃烧室

汽油机的燃烧室是由活塞顶部及缸盖上相应的凹部空间组成。对燃烧室有如下基本要求：一是结构尽可能紧凑，冷却面积要小，以减少热量损失和缩短火焰行程；二是使混合气在压缩终了时具有一定的涡流运动，以提高混合气混合质量和燃烧速度，保证混合气得到及时和充分燃烧；三是表面要光滑，不易积炭。

汽油机常用的燃烧室形状有 3 种，即楔形、盆形和半球形，如图 2-2 所示。

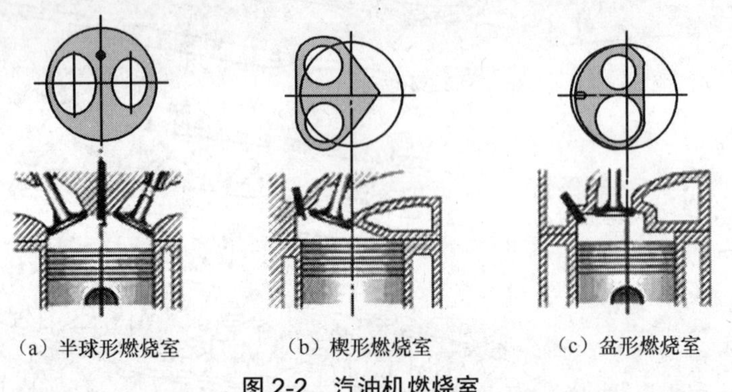

（a）半球形燃烧室　（b）楔形燃烧室　（c）盆形燃烧室

图 2-2　汽油机燃烧室

（1）半球形燃烧室

半球形燃烧室是横剖面呈半球形的一种燃烧室。其结构紧凑、复杂，火花塞布置在燃烧室中央，火焰行程短、燃烧速率高、散热少、热效率高。可采用 4 气门结构，充气效率高，排气净化好，在轿车发动机上应用广泛。

（2）楔形燃烧室

楔形燃烧室是横剖面呈楔形的燃烧室。其结构简单、紧凑，散热面积小，热损失小；能保证混合气在压缩行程中形成良好的涡流运动，有利于提高混合气的混合质量；进气阻力小，提高了充气效率。其缺点是火花塞置于楔形燃烧室高处，火焰传播距离长，爆燃倾向变大；存在较大激冷面，容易形成有害气体 HC 化合物排放。

（3）盆形燃烧室

盆形燃烧室是横剖面呈倒浴盆形的燃烧室。其结构简单、制造成本低，但不够紧凑、散热面积大、热损失大、火焰传播距离长、爆燃倾向大。

3. 气道

现代汽车发动机采用顶置气门，进气道、排气道都布置在汽缸盖上。每个气门都有一个气道是最理想的，但由于空间的问题，有时只能将气道合并。这些气道被称为叉形气道，如图 2-3 所示。

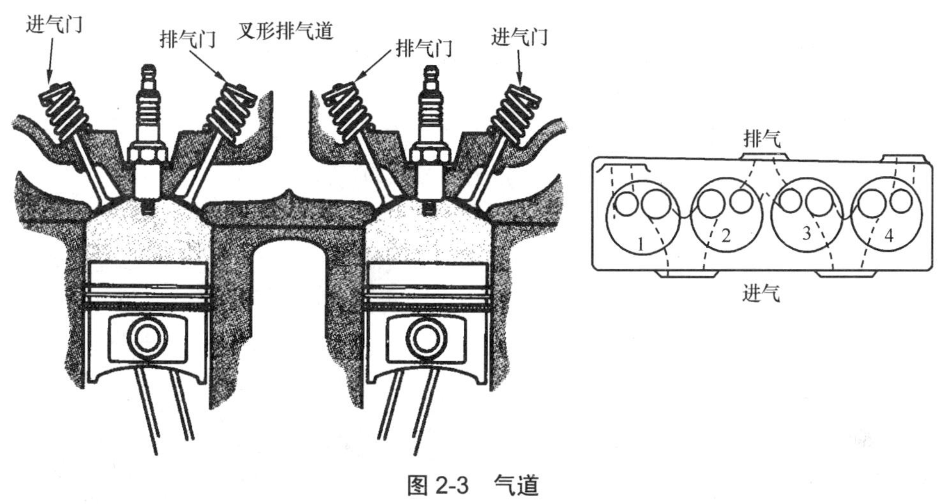

图 2-3 气道

二、汽缸垫的构造

汽缸垫用来保证汽缸体与汽缸盖结合面之间的密封，防止漏气、漏水。目前应用较多的有以下几种汽缸垫。

1. 金属石棉汽缸垫

石棉中间夹有金属丝或金属屑，且外覆铜皮或钢皮，在汽缸口、水孔和油道口周围采用卷边加固，以防被高温燃气烧坏。这种汽缸垫有很好的弹性和耐热性，能重复使用，但强度较差。

2. 金属骨架—石棉垫

用编织的钢丝网或冲孔钢片为骨架，外覆石棉及橡胶黏结剂压成垫片，只在汽缸口、油道口及水孔处用金属包边。这种缸垫弹性更好，但易黏结，只能一次性使用。

3. 金属片式汽缸垫

这种汽缸垫多用在强化发动机上，轿车和赛车上采用较多。这类汽缸垫需要在密封的汽缸孔、水孔、油道口周围冲压出一定高度的凸纹，利用凸纹的弹性变形实现密封。

三、发动机汽缸盖的拆卸

1. 汽缸盖拆卸的注意事项

① 拆卸时注意拆装的顺序。

② 拆下来的汽缸盖要平放在桌上。

2. 汽缸盖拆卸的步骤

① 关闭点火开关，拔下蓄电池搭铁线。

② 抽取冷却液。

③ 拆下发动机罩盖。

④ 断开空气流量计的接头。

⑤ 断开活性炭罐电磁阀（ACF 阀）的接头。

⑥ 拔下空气滤清器罩壳上的活性炭罐电磁阀。

⑦ 拆下空气滤清器和节气门控制器之间的空气管路。拆下空气滤清器罩壳。

⑧ 拔下散热器底部和发动机上的冷却液软管。

⑨ 拆下冷却液储液罐，拆下至散热器的冷却液软管。

⑩ 如图 2-4 所示，拔下燃油分配管上的供油管和回油管。注意燃油系统是有压力的，在打开管路之前在开口处放上抹布，然后缓慢地打开接头排出压力。

⑪ 如图 2-5 所示，拆下节气门拉索（如图中箭头所示）。

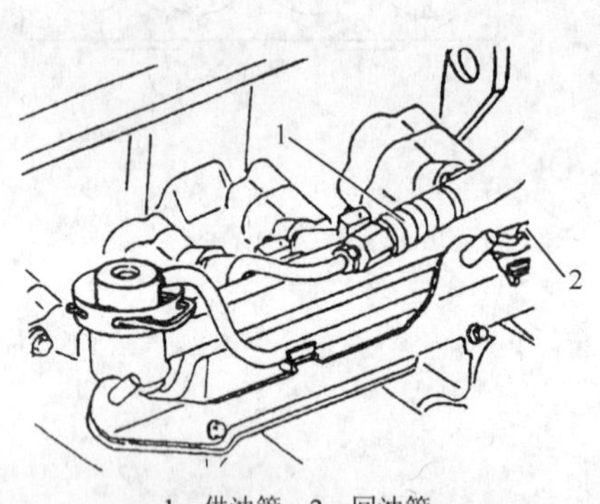

1—供油管；2—回油管

图 2-4 拆下供油管和回油管

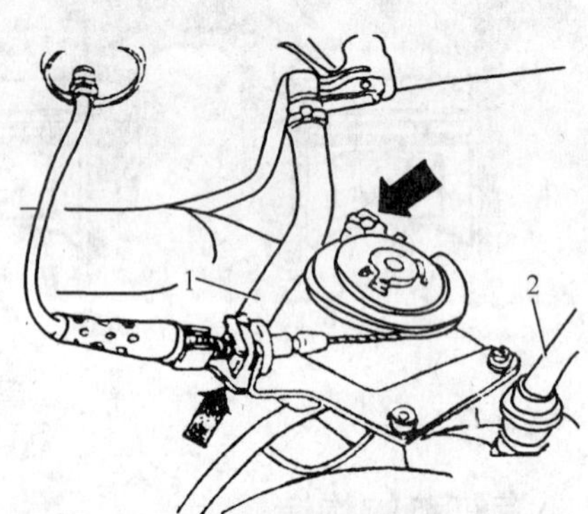

1—通向活性炭罐电磁阀的真空管；
2—通向制动助装置的真空管

图 2-5 拆下节气门拉索

⑫ 拔下到活性炭罐电磁阀的真空管 1，如图 2-5 所示。

⑬ 拔下到制动助力装置的真空管 2，如图 2-5 所示。

⑭ 拔下喷油器、节气门控制器、霍尔传感器、进气温度传感器接头，如图 2-6 所示。

⑮ 如图 2-7 所示，拔下通向暖风热交换器的冷却液软管。

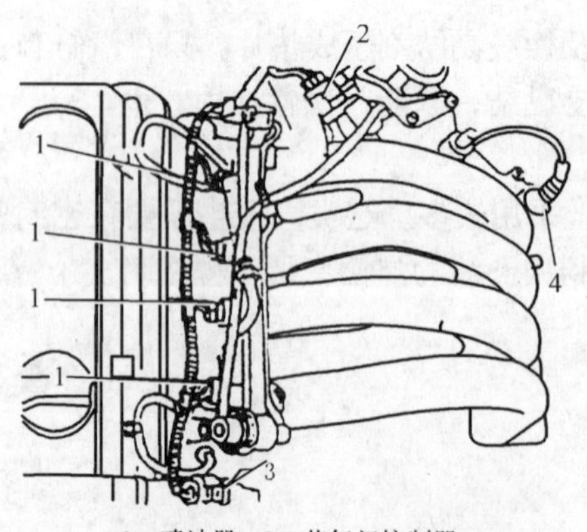

1—喷油器；2—节气门控制器；
3—霍尔传感器；4—进气温度传感器

图 2-6 拔下各个接头

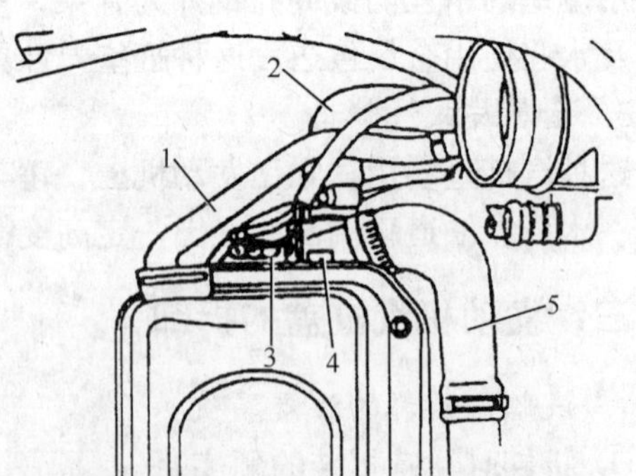

1—通向膨胀水箱软管；2—通向暖风热交换器软管；
3—冷却液水温传感器；4—空调控制开关；
5—通向散热器软管

图 2-7 拔下通向暖风热风交换器的冷却液管

⑯ 拔下冷却水温传感器上的接头，拔下机油温度传感器的接头。

⑰ 旋下进气歧管支架的螺栓，如图 2-8 所示。从排气歧管上拆下前排气管的螺栓。

⑱ 如图 2-9 所示，拔下氧传感器插头。

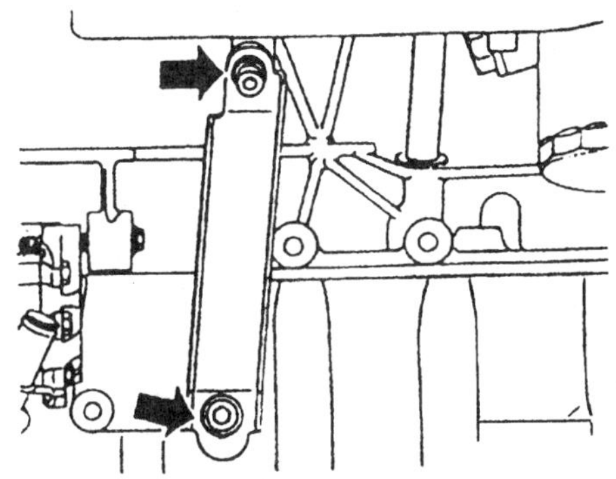

图 2-8 旋下进气歧管支架的下紧固螺栓

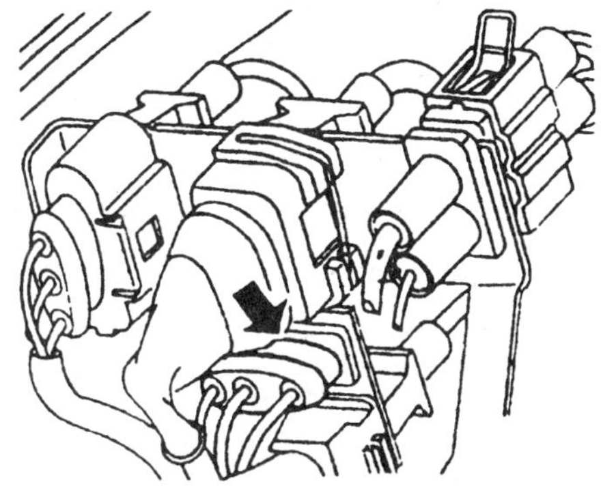

图 2-9 拔下氧传感器的插头

⑲ 拆下正时齿带上护罩。如图 2-10 所示，将凸轮轴正时齿带轮的标记对准正时齿带护罩上的标记。

⑳ 如图 2-11 所示，将曲轴转动到第一缸的上止点位置。

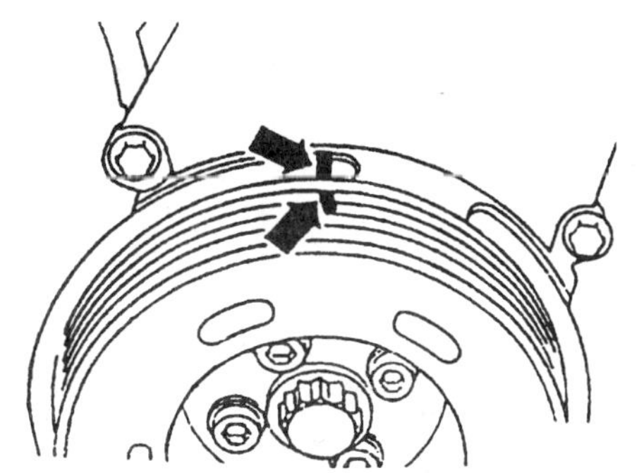

图 2-10 凸轮轴正时齿带轮与正时齿带护罩上的标记

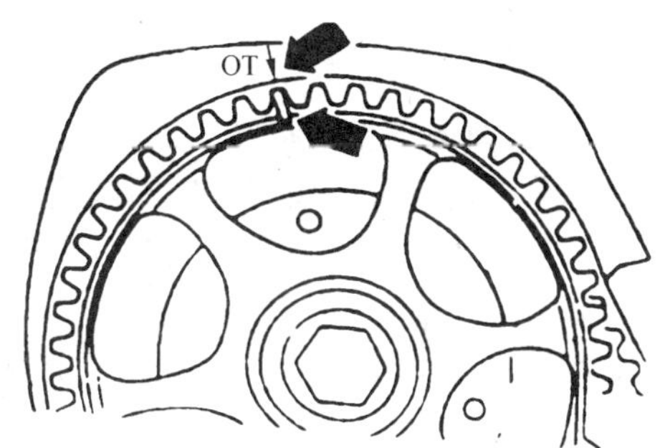

图 2-11 第一缸的上止点位置标记

㉑ 松开半自动张紧轮，并从凸轮轴正时齿带轮上拆下正时齿带。

㉒ 旋下正时齿带后护罩的螺栓。

㉓ 拔出火花塞插头，并放置在一边。

㉔ 拆下气门罩盖。按照图 2-12 所示从 1 到 10 的顺序松开汽缸盖螺栓。

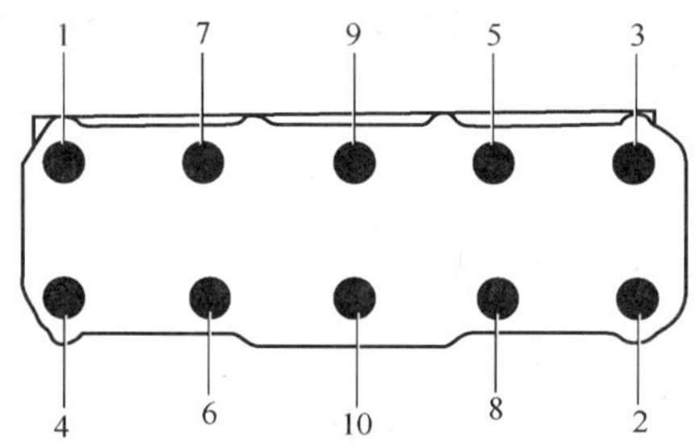

图 2-12 汽缸盖螺栓拆卸顺序

㉕ 将汽缸盖与汽缸盖衬垫一起拆下。

四、汽缸盖的检修

1. 汽缸盖变形的检修

汽缸盖变形主要指与汽缸体结合的下平面的平面度误差超限。

将汽缸盖翻过来，把刀形样板尺放到汽缸盖下表面上，用厚薄规检查汽缸盖的平面度，如图 2-13 所示。

汽缸盖的平面度最大不得超过 0.1mm，如超过最大极限值，应予以修理或更换。修理后的汽缸盖的高度不得低于 $a = 133$mm，如图 2-14 所示。

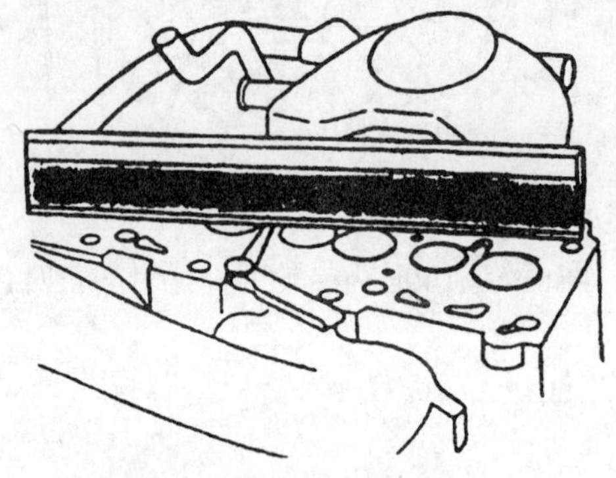

图 2-13　检查汽缸盖平面度

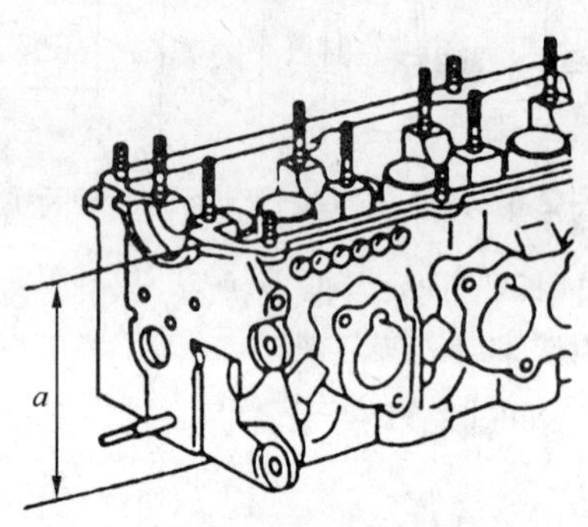

图 2-14　汽缸盖修复尺寸

2. 汽缸盖裂纹的检修

汽缸盖的裂纹常出现在气门座及火花塞螺孔之间。

汽缸盖出现裂纹时一般应予以更换。

第二部分　任务实施

在任务实施的过程中，将学习发动机汽缸盖的拆卸步骤以及检修方法。建议分小组进行实施，在规定的时间内完成。

一、工具准备

在实施工作前，每小组按表 2-1 准备好本任务所需的资料、工具。

表 2-1　工具准备

资料、工具的名称	数　量
桑塔纳轿车发动机	1 台
刀口尺	1 把
塞尺	1 把
常用工具	1 套
火花塞套筒	1 个

二、技术要求与标准

① 查阅车型相关维修手册，按规定的顺序拆装。

② 汽缸盖的检验数据精确。

③ 在操作过程中不允许出现安全事故。

三、要完成的工作

1．完成桑塔纳 2000 发动机汽缸盖的拆卸（拆卸步骤请参照第一部分任务学习引导里面相关内容）完成实训报告。

2．完成汽缸盖拆卸后，请对汽缸盖进行检测并填写表 2-2。

表 2-2 对汽缸盖进行检测

检 测 项 目	测量数据（mm）
结果分析	
检验结论	

任务评价

一、自我评价

1．总结汽缸盖变形后对发动机性能的影响。

2．本任务给你印象最深的是什么？

3．自己对学习本任务的自我评价（包括着装、学习态度、知识以及技能掌握程度、工作页的填写情况等）。

二、小组评价

序　号	评价项目	评价情况		
		好	中	差
1	团队合作精神			
2	学习是否积极主动			
3	服从工作安排的情况			
4	工具、仪器的使用情况			
5	工具整理、现场清理的情况			

三、教师评价

序　号	评价项目	评价情况		
		好	中	差
1	出勤情况			
2	着装情况			
3	课堂秩序			
4	学习是否积极主动			
5	任务书填写			
6	工具、仪器的使用情况			
7	工具整理、现场清理的情况			

任务二　配气机构的拆解与检修

◇ 掌握配气机构的结构及工作原理。
◇ 掌握配气相位的概念。
◇ 掌握配气机构的拆解方法。
◇ 掌握配气机构的检修方法。

建议完成本任务的学时为 12 学时。

内容结构

任务描述

一辆桑塔纳 2000 汽车发动机在机械方面出现故障需要维修，汽车机电维修工根据维修前台接待提供的维修工单，在汽车机电维修工位以及规定工时内以经济的方式按照专业要求使用通用工具、发动机机械维修专用工具、设备和汽车维修资料等，完成配气机构的拆卸、检修作业。对已完成的工作进行记录存档，自觉保持安全作业及 5S 工作要求。

第一部分 任务学习引导

一、配气机构的概述

1. 配气机构的功用

配气机构的功用是按照发动机各缸工作过程的需要，适时的开启和关闭进气门、排气门，使新鲜可燃混合气（汽油机）或空气（柴油机）得以及时进入汽缸，废气得以及时排出汽缸。

2. 配气机构的类型及工作原理

（1）按照气门布置形式分类（如图 2-15 所示）

① 气门顶置式配气机构

气门位于汽缸盖上称为气门顶置式配气机构，由凸轮、挺柱、推杆、摇臂、气门和气门弹簧等组成。其特点是进气阻力小，燃烧室结构紧凑，气流搅动大，能达到较高的压缩比。目前国产的汽车发动机都采用气门顶置式配气机构。

② 气门侧置式配气机构

气门侧置

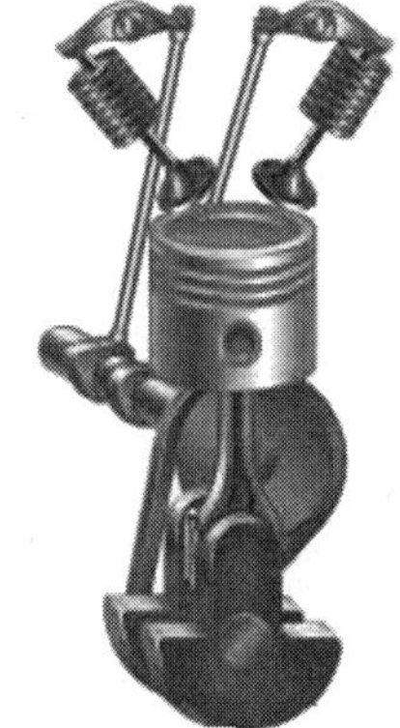

气门顶置

图 2-15 气门布置形式

气门位于汽缸体侧面称为气门侧置式配气机构，由凸轮、挺柱、气门和气门弹簧等组成。这类配气机构省去了推杆、摇臂等零件，简化了结构。因其进气门、排气门在汽缸的一侧，压缩比受到限制，进排气门阻力较大，发动机的动力性和高速性均较差，逐渐被淘汰。

（2）按照凸轮轴布置形式分类

① 凸轮轴下置式配气机构，如图 2-16 所示。

a．组成

凸轮轴下置式配气机构组成主要有气门驱动组和气门组两大部分，如图 2-16 所示。

气门驱动组是从正时齿轮开始至推动气门动作的所有零件，主要由正时齿轮、凸轮轴、气门挺柱、推杆、调整螺钉和锁紧螺母、摇臂、摇臂轴、摇臂轴支架等组成。其功用是定时驱动气门使其开闭。

气门组主要由气门锁片、气门弹簧座、气门弹簧、气门、气门导管、气门座等组成。其功用主要是维持气门的关闭。

b．结构特点

下置式配气机构应用最广泛，其进、排气门都倒装在汽缸盖上。

凸轮轴装在曲轴箱内，而摇臂轴装在汽缸盖上，两者相距较远，推杆较长。

凸轮轴距曲轴较近，两者之间采用正时齿轮传动。

c．工作过程

气门打开：在汽缸的工作循环中需要将气门打开进行换气时，由曲轴通过正时齿轮驱动凸轮轴旋转，使凸轮轴上的凸轮凸起部分通过挺柱、推杆、调整螺钉，推动摇臂摆转，摇臂的另一端便向下推开气门，同时使弹簧进一步压缩。

气门关闭：当凸轮的凸起部分的顶点转过挺柱后，气门在其弹簧张力的作用下，开度逐渐减小，直至最后关闭，进气或排气过程即结束。压缩和作功行程中，气门在弹簧张力的作用下严密关闭，使汽缸密闭。

由于四冲程发动机每完成一个工作循环，曲轴转两圈，而各缸只进、排气一次，也即凸轮轴只需转一圈，所以曲轴与凸轮轴的传动比为 2:1。

② 中置凸轮轴式配气机构（如图 2-17 所示）的结构特点为：凸轮轴位于汽缸体的上部；推杆较短，运动惯性小；也可省去推杆，由挺柱直接驱动摇臂；凸轮轴经过挺柱直接驱动摇臂，省去了推杆，当发动机转速较高时，减小气门传动机构的往复运动质量。

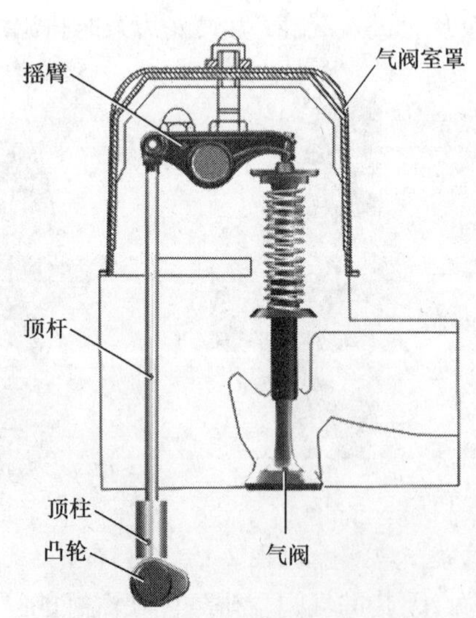

图 2-16　凸轮轴下置式配气机构

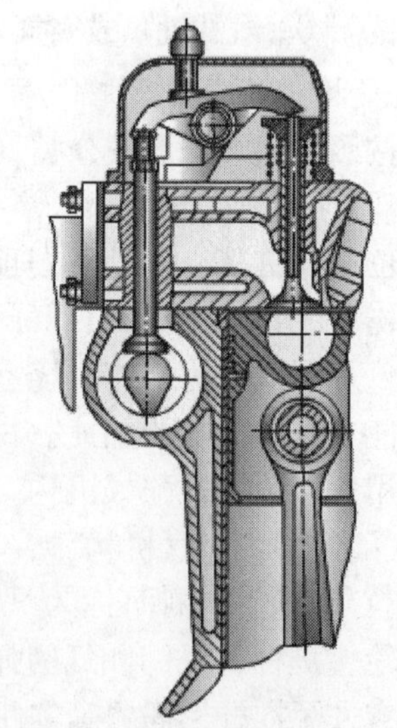

图 2-17　中置凸轮轴式配气机构

③ 上置凸轮轴式配气机构（如图 2-18 所示）的结构特点为：凸轮轴布置在汽缸盖上；凸轮轴直接通过摇臂来驱动气门，没有挺柱和推杆，使往复运动质量大大减小，因此适用于

高速发动机。

(3) 按照凸轮轴传动方式分类

凸轮轴下置、中置的配气机构大多采用圆柱形正时齿轮传动，一般从曲轴到凸轮轴只需一对正时齿轮传动，若齿轮直径过大，可增加一个中间齿轮。为了啮合平稳、减小噪声，正时齿轮多用斜齿。链条与链轮的传动适用于凸轮轴上置的配气机构，但其工作可靠性和耐久性不如齿轮传动。近年来高速汽车发动机上广泛采用齿形皮带来代替传动链，齿形带传动噪声小、工作可靠、成本低，如图 2-19 所示。

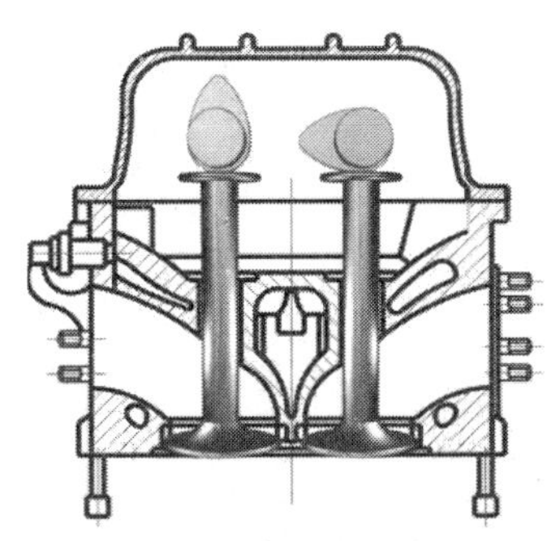

图 2-18 上置凸轮轴式配气机构

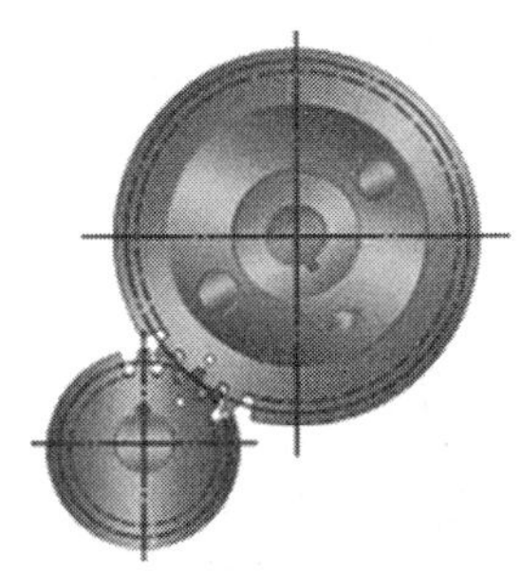

(a) 齿轮传动

(b) 链条传动

(c) 齿带传动

图 2-19 凸轮轴传动方式

(4) 按气门数目及气道布置分类

一般发动机都采用每缸两个气门的结构，即一个进气门和一个排气门。为了改善换气能力，在可能的条件下，应尽量加大气门的直径，特别是进气门的直径。但是由于受燃烧室尺寸的限制，气门直径最大一般不能超过汽缸直径的一半。当汽缸的直径较大，活塞平均速度较高时，每缸一进一排的气门结构就不能保证良好的换气质量。因此，在很多新型汽车发动机上多采用每缸 4 个气门结构，如图 2-20 所示，即两个进气门和两个排气门。

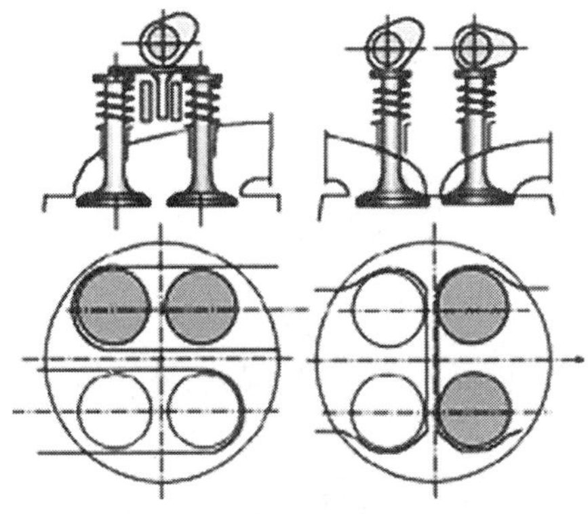

图 2-20 四气门式配气机构

二、配气机构的结构

1. 气门组

气门组的主要机件有气门、气门弹簧、气门导管等。

(1) 气门

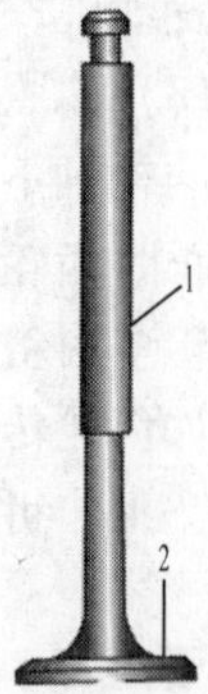

气门由头部和杆部组成，如图 2-21 所示。头部用来封闭汽缸的进、排气通道，杆部则主要为气门的运动导向。

① 气门的工作条件

a．直接与汽缸内燃烧的高温气体接触，受热严重，而散热（主要靠头部落座时由气门座传递散失，其次通过与杆部接触的气门导管传递散失）很困难，因而工作温度较高，排气门由于高温废气的冲刷可达 800～1100K，进气门由于新鲜气体的冲刷冷却，温度较低，但也可达 600～700K。

b．气门头部承受落座时的惯性冲击力。

c．接触汽缸内燃烧生成物中的腐蚀介质。

d．润滑困难。

1—杆部；2—头部

图 2-21　气门

② 材料

气门选用耐热、耐蚀、耐磨性较好的合金钢。

进气门：由于进、排气门的工作条件不同，进气门通常采用中碳合金钢，如铬钢、镍铬钢、铬钼钢等。

排气门：排气门由于热负荷大，一般采用耐热钢，如硅铬钢、硅铬钼钢、硅铬锰钢等。有的排气门为了降低成本，头部采用耐热钢，而杆部用较便宜的和进气门一样的合金钢，两者对焊而成，尾部再加装一个耐磨合金钢帽（CA6102 发动机）。还有些排气门在头部锥面堆焊或等离子喷涂一层钨钴等特种合金覆盖层，以提高耐蚀性和耐高温性，延长其使用寿命。

③ 构造

A．气门头部

a．气门头部的形状（如图 2-22 所示）

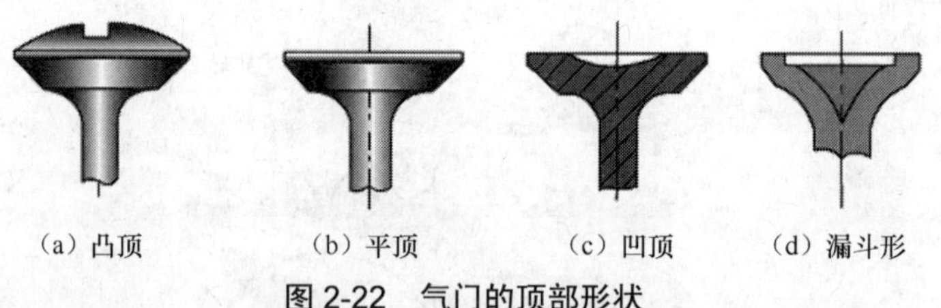

图 2-22　气门的顶部形状

凸顶：凸顶的刚度大，受热面积也大，用于某些排气门。

平顶：平顶的结构简单、制造方便，受热面积小，应用最多。

凹顶：凹顶也称漏斗形，其质量轻、惯性小，头部与杆部有较大的过渡圆弧，使气流阻力小以及具有较大的弹性，对气门座的适应性好（又称柔性气门），容易获得较好的磨合，但受热面积大，易存废气，容易过热及受热易变形，所以仅用作进气门。

b．气门锥角

定义：气门锥面与气门顶平面的夹角称为气门锥角，如图 2-23 所示。常用的气门锥角为 30°和 45°。

气门锥角的作用：就像锥形塞子可以塞紧瓶口一样，气门锥角能获得较大的气门座合压力，以提高密封性和导热性；气门落座时有自动定位作用，避免使气流拐弯过大而降低流速；有了锥角，气门落座时能挤掉接触面的沉积物，即有自洁作用。

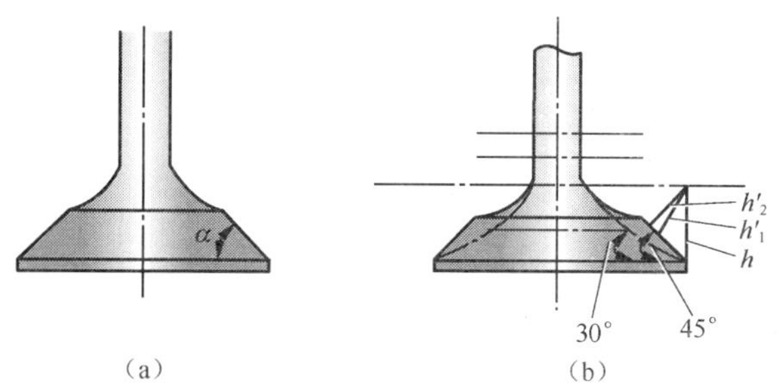

图 2-23 气门锥角及其对气门口通道截面的影响

气门锥角大小的影响，如图 2-23 所示。

气门锥角越小，气门口通道截面越大。h'_2 和 h'_1 分别表示锥角为 45° 和 30° 气门的气门口通道截面宽度，宽度越大则通道截面越大，通过能力越强。当气门升程 h 相同时，$h'_2 < h'_1$，即气门锥角越大，截面就越小。

锥角越大，落座压力越大，密封和导热性也越好。另外，锥角大时，气门头部边缘的厚度大，不易变形。

进气门锥角：主要是为了获得大的通道截面，其本身热负荷较小，往往采用较小的锥角，多为 30°，这样有利于提高充气效率。

排气门则因热负荷较大而用较大的锥角，通常为 45°，以加强散热（大约 75%的气门热量从气门座处散失）和避免受热变形。也有的发动机为了制造和维修方便，两者都用 45°。

c．气门头部的直径

气门头部的直径越大，气门口通道截面就越大，进、排气阻力就越小。由于最大尺寸受燃烧室结构的限制，考虑到进气阻力比排气阻力对发动机性能的影响大得多，为尽量减小进气阻力，进气门直径应大于排气门直径。另外，排气门稍小些，还不易变形。

B．气门的杆部

气门的杆部具有较高的加工精度和较低的粗糙度，与气门导管保持有正确的配合间隙，以减小磨损和起到良好的导向、散热作用。

气门杆的尾部结构与弹簧座的固定、气门的防脱装置以及有时与气门的机油防漏装置有关。

气门杆的尾部采用锁片式结构固定弹簧座。气门杆尾部切有凹槽，用分成两半的锥形锁片卡住在凹中，锁片锥形外圆与弹簧座的锥形孔贴合，在弹簧作用下，锁片与弹簧座的锥孔相互卡紧不会脱落。有些发动机的气门，在杆部锁片槽下面另有一条切槽装一卡环，如图 2-24 所示，以防气门弹簧折断时气门有落入汽缸发生捣缸的危险。

发动机高速化后，进气管中的真空度显著地增高，气门室中的机油会通过气门杆与导管之间的间隙被吸入进气管和汽缸内，除增加机油的消耗外，还会在气门和燃烧室产生积炭。为此，发动机的气门杆上部都设有机油防漏装置，如图 2-25 所示。

(2) 气门座

① 定义

汽缸盖（或缸体）的进气道、排气道与气门锥面相结合的部位称为气门座，也有相应的锥角。

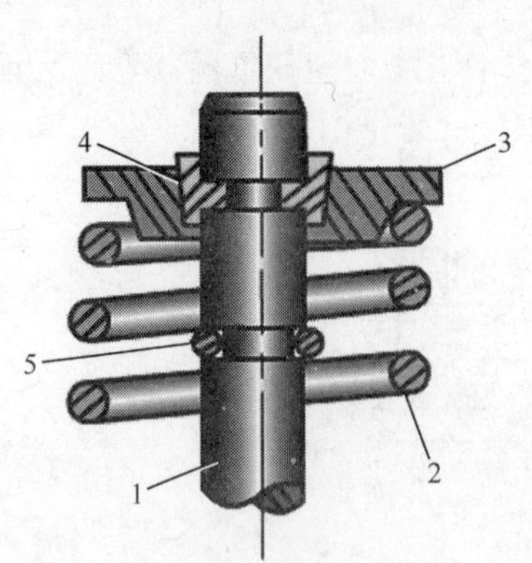

1—气门杆；2—气门弹簧；3—弹簧座；
4—锁片；5—卡环

图 2-24　锁片式结构

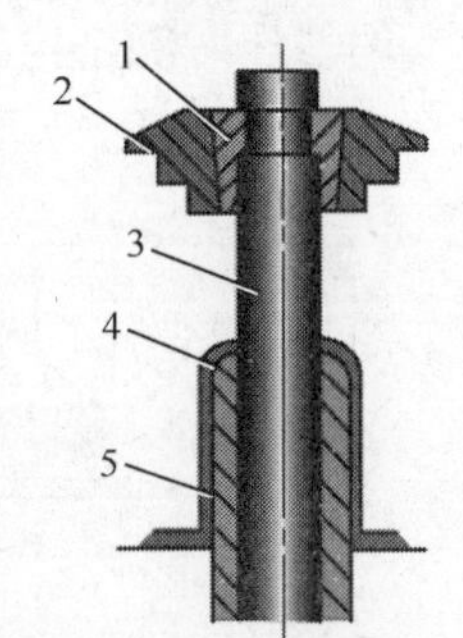

1—气门锁片；2—弹簧座；3—气门杆；
4—汽缸盖；5—气门导管

图 2-25　气门机油防漏装置

② 气门座的锥角

气门座的锥角是与气门锥角相适应的，以保证两者紧密座合，可靠地密封。气门座的锥面由 3 部分组成，如图 2-26 所示。

45°（或 30°）的锥面是与气门工作锥面相座合的工作面，其宽度 b 通常为 1～3mm。过宽时，单位座合压力减小，且易垫上杂物，密封可靠性差；过窄时，面积小，气门头散热能力差。这一锥面应与气门工作锥面的中部附近相座合。15°和 75°锥角便是用来修正工作锥面的宽度和上下位置的，以使其达到规定的要求。

③ 气门干涉角

A．定义

气门干涉角即气门的锥角比气门座的锥角小 0.5°～1.0°，如图 2-27 所示。

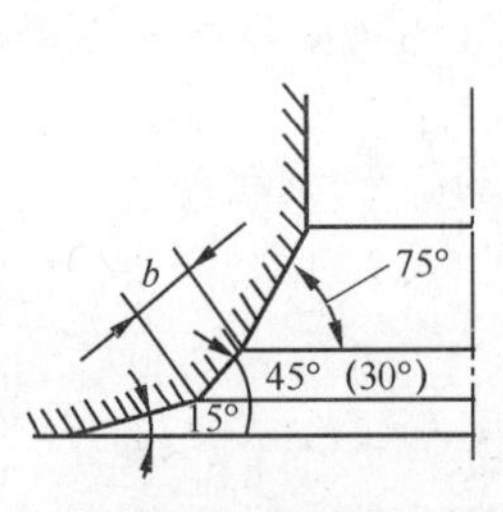

图 2-26　气门座的锥角

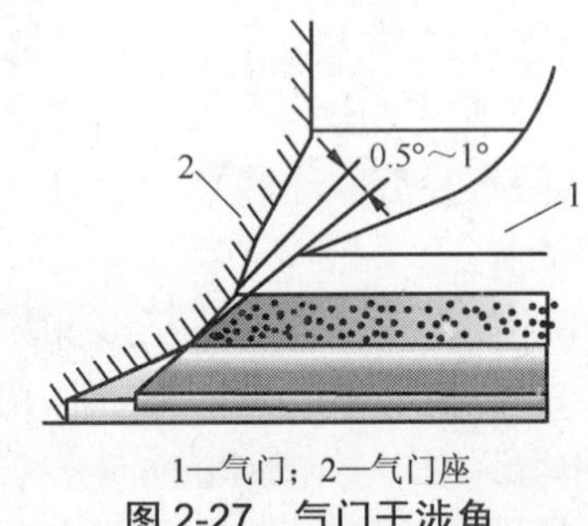

1—气门；2—气门座

图 2-27　气门干涉角

B．气门干涉角的作用

a．减小了气门与气门座之间的接触面积，提高了单位压力，加快了磨合速度，同时也提高了密封性。

b．可挤出两者之间的夹杂物，即具有自洁作用。

c．在气体压力作用下产生弹性变形时，可趋向全锥面接触，即随气体压力的增加，单位压力变化较小。如果干涉角相反即产生负干涉角时，便将起相反作用。

d．能防止加工时出现负干涉角，若产生负干涉角，除前述相反作用外，还使气门暴露在炽热燃气中的受热面积增加，使气门的热负荷增加。

上述作用中提高密封能力和加速磨合是主要作用，随着走合期的结束，干涉角也逐渐自行消除，恢复了全工作面接触。

④ 气门座的形成

A．直接形成式

直接形成式是指直接在汽缸盖（或汽缸体）上加工出来。该种形式修复困难，且不经济。

B．镶座式

a．优点：可节省材料，提高使用寿命，便于更换修理。所以，大多数发动机的气门座是用耐热合金钢或合金铸铁单独制成座圈，然后压入汽缸盖（体）中。

b．缺点：传热差，如排气门镶座式温度可高出 50～60℃；如果装配不当，会发生松脱或与汽缸盖配合不好的现象，影响散热。

C．是否镶座的几种情况

a．有的汽油机只有排气门镶座而进气门不镶座，这是因为，一方面排气门座热负荷大，另一方面发动机常在部分负荷下工作，进气管中的真空度大，会从气门导管间隙内吸进少量机油，对进气门座进行润滑。

b．有的柴油机只有进气门镶座而进气门不镶座，这是由于柴油机的废气往往在排气过程中还有未燃完的柴油，可对排气门座进行润滑。因为柴油机没有节气门，所以无论负荷大小，进气管内真空度都比较小，难以从进气门导管处吸进机油对进气门座润滑。增压柴油机则完全排除了这种可能，进气门就更需要镶座。

c．铝合金汽缸盖，进排气门都必须都镶座，因为其耐磨、耐热性差。

(3) 气门导管

① 气门导管的功用包括给气门的运动导向，为气门杆传热。

② 气门导管的材料：由于润滑较困难，导管一般用含石墨较多的铸铁或粉末冶金制成，以提高自润滑性能。

③ 气门导管的防脱落结构。

气门导管一般为外表面无台肩的圆柱形，如图 2-28 (a) 所示。其外表面加工精度较高，与汽缸盖（体）过盈配合，以保证良好地传热并可防止松脱。

带凸台和带卡环的导管过盈量较小，因气门弹簧下座将凸台或卡环压住，使导管轴向定位可靠，不致脱落，如图 2-28 (b) 所示。铝合金缸盖常用带凸台和卡环的导管，其过盈量较小，便于拆装。

④ 导管伸入进、排气歧管的深度。

过深：气流阻力大，对排气门来说，还因废气对导管的冲刷面积加大，提高了工作温度，而影响气门的散热。

过浅：则气门杆的受热面积加大，加大了气门杆的温度，会影响气门头部的散热。

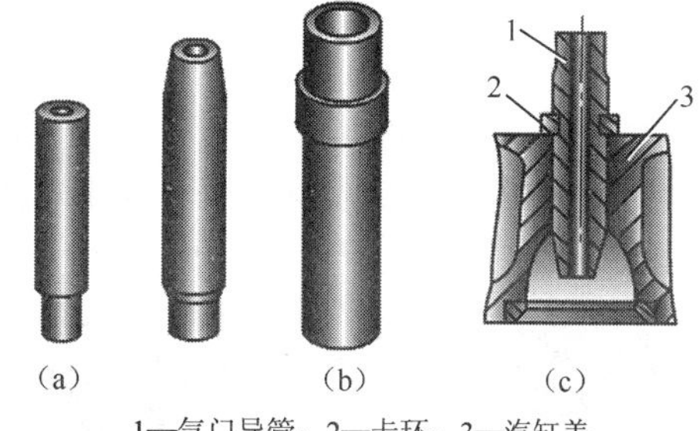

1—气门导管；2—卡环；3—汽缸盖

图 2-28 气门导管

措施：为解决这一矛盾，有的导管加大了压入深度，而将伸入端的内孔做成锥形，这样既减少了废气对气门杆的冲刷，也避免了导管高温部分与气门杆的接触。伸入端的外圆做成锥形是为了减小气流阻力。带凸台和卡簧的导管自然地控制了压入深度。

(4) 气门弹簧

① 气门弹簧的作用

a．保证气门自动回位关闭而密封。

b．保证气门与气门座的座合压力。

c．吸收气门在开启和关闭过程中传动零件所产生的惯性力，以防止各种传动件彼此分离而破坏配气机构正常工作。

② 气门弹簧的要求

a．因气门弹簧承受着频繁的交变载荷，为保证气门弹簧能可靠地工作，要求气门弹簧具有合适的弹力。

b．具有足够的强度和抗疲劳强度。

c．采用优质冷拔弹簧钢丝制成。钢丝表面经抛光或喷丸处理。

d．弹簧的两端面经磨光并与弹簧轴线相垂直。

e．气门弹簧是圆柱形螺旋弹簧，如图 2-29 所示，其一端支承在汽缸盖（体）上，而另一端则压靠在气门杆端的弹簧座上，弹簧座用锁片固定在气门杆的末端。

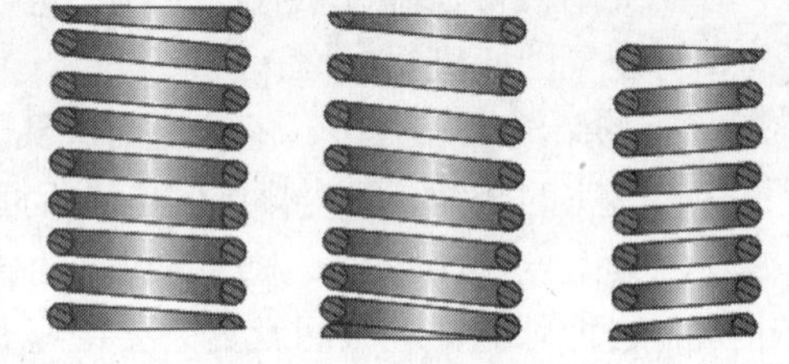

（a）等螺距弹簧 （b）不等螺距弹簧 （c）反向螺旋弹簧

图 2-29 气门弹簧

③ 气门弹簧防共振的结构措施

当气门弹簧的工作频率与其自然振动频率相等或成某一倍数时，将会发生共振，造成气门反跳、落座冲击，并可使弹簧折断。为此，采取如下几种措施。

a．提高气门弹簧的自然振动频率。即设法提高气门弹簧的刚度，如加粗钢丝的直径或减小弹簧的圈径。这种方法比较简单，但由于弹簧的刚度大，增加了功率消耗和零件之间的冲击载荷。

b．采用双气门弹簧。每个气门装两根直径不同、旋向相反的内外弹簧。由于两根弹簧的自然振动频率不同，当某一根弹簧发生共振时，另一根弹簧可起减振作用。旋向相反，可以防止一根弹簧折断时卡入另一根弹簧内，导致好的弹簧被卡住或损坏。另外，若某根弹簧折断时，另一根弹簧仍可保持气门不落入汽缸。

c．采用不等螺距弹簧。这种弹簧在工作时，螺距小的一端逐渐叠合，有效圈数逐渐减小，自然频率也就逐渐提高，使共振成为不可能。

不等螺距的气门弹簧安装时，螺距小的一端应朝向气门头部。这是因为弹簧工作时，承受气门杆尾端传来的冲击力，此冲击力向弹簧另一端传递因要克服弹簧本身的惯性而需要一定的时间，所以弹簧的变形，朝向气门杆尾部的一端，先于且往往大于另一端，发动机转速越高，差别越大。若将螺距小的一端朝向气门杆的尾部，则当发动机高速运转时，此端可能首先叠合在一起，此后弹簧的有效圈数基本不再变化，而且叠合后成为刚性质量而参加弹簧的振动，使振动的当量质量增加，弹簧反而容易疲劳折断。螺距小的一端朝向气门头部时，情况相反，先在螺距大的一端变形，减缓了螺距小的一端的叠合速度，可使有效圈数在整个工作过程中不断变化。而且叠合端是弹簧的静止端，不参加振动，消除了上述弊病。

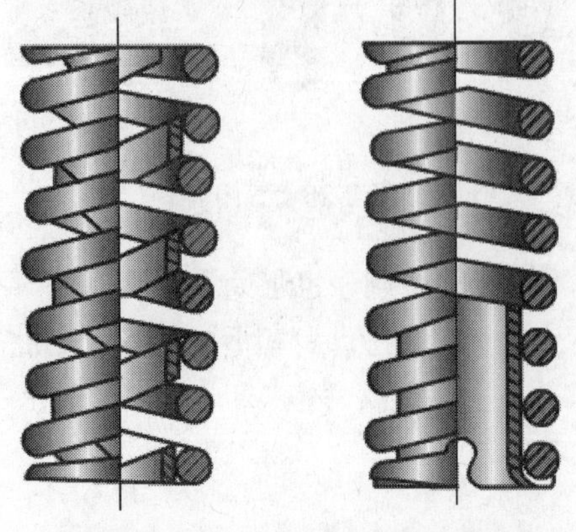

图 2-30 加阻尼摩擦片的气阀弹簧

d. 采用等螺距的单弹簧：在其内圈加一个过盈配合的阻尼摩擦片来消除共振，如图 2-30 所示。

2. 气门传动组

气门传动组的主要机件有凸轮轴及其驱动装置，包括挺柱、推杆、摇臂及摇臂轴等。

(1) 凸轮轴

① 凸轮轴的功用

凸轮轴驱动和控制各缸气门的开启和关闭，使其符合发动机的工作顺序、配气相位及气门开度的变化规律等要求。

多数汽油机还用它来驱动汽油泵、机油泵和分电器。

② 凸轮轴的材料

凸轮轴多用优质碳钢或合金钢锻制，并经表面高频淬火（中碳钢）或渗碳淬火（低碳钢）处理。

③ 凸轮轴的构造

凸轮轴主要由凸轮、凸轮轴轴颈等组成。对于下置式凸轮轴的汽油机还具有用以驱动机油泵、分电器的螺旋齿轮和驱动汽油泵的偏心轮，如图 2-31 所示。

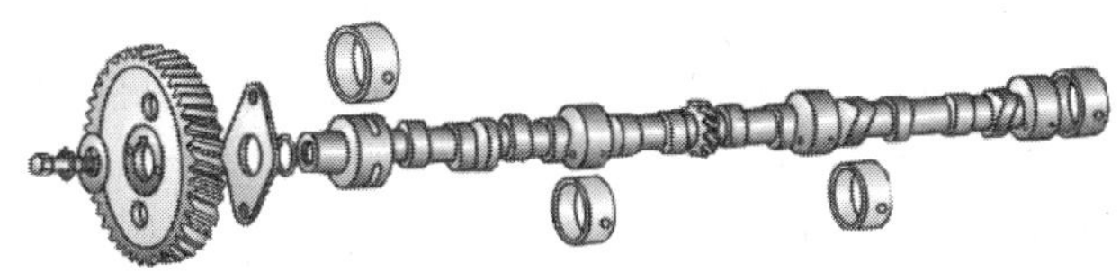

图 2-31 凸轮轴

A. 凸轮

a. 凸轮的作用

气门开启和关闭的持续时间必须符合配气相位要求。这是由凸轮的轮廓来保证的，而且凸轮的轮廓还在很大程度上决定了气门的最大升程和升降行程的运动规律。

b. 凸轮的结构

图 2-32 所示的凸轮轮廓中，O 为凸轮轴的轴心，圆弧 EA 为凸轮的基圆，AB 和 DE 为凸轮的缓冲段，缓冲段中凸轮的升程变化速度较慢，BCD 为凸轮的工作段，此段升程较快，C 点时升程最大，它决定了气门的最大开度。

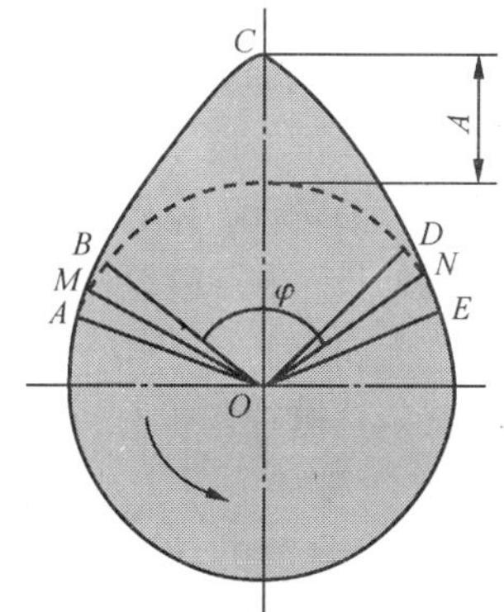

图 2-32 凸轮轮廓示意图

c. 凸轮的工作过程

以下置式凸轮轴为例，凸轮的工作过程如下：当凸轮按图中方向转过 EA 时，挺柱处于最低位置不动，气门处于关闭状态；凸轮转至 A 点时，挺柱开始移动。继续转动；在缓冲段 AB 内的某点 M 处消除气门间隙，气门开始开启，至 C 点时气门开度最大，而后逐渐关小，至缓冲段 DE 内的某点 N 时，气门完全关闭；此后，挺柱继续下落，出现气门间隙，至 E 点时挺柱又处于最低位置。

由于气门开始开启和最后关闭时均在凸轮升程变化较慢的缓冲段内，这就使气门杆尾端在消除气门间隙的瞬间和气门头落座的瞬间的冲击力均较小，有利于减小噪声和磨损。

凸轮轴上各缸进气（排气）凸轮，即同名凸轮的相对角位置与凸轮轴的转动方向、各缸的工作顺序和作功间隔角有关。如凸轮轴为顺时针方向（从前端看）转动，工作顺序为 1—3—4—2

的四缸发动机其作功间隔为 720° /4=180° ，由于凸轮轴转速为曲轴转速的 1/2，所以表现在凸轮轴上同名凸轮间的夹角则为 180° /2=90° ；如凸轮轴为逆时针方向转动，工作顺序为 1—5—3—6—2—4 的六缸发动机其作功间隔角为 120° ，则同名凸轮的夹角为 120° /2=60° 。

根据上述道理，只要知道了凸轮轴的旋转方向和同名凸轮的相对位置，就可以判断出发动机的工作顺序。

同一汽缸的进、排气凸轮，即异名凸轮的相对角位置，是由发动机的配气相位和凸轮轴的转向所决定的。

B．凸轮轴轴颈

a．凸轮轴轴颈的作用

凸轮轴轴颈用来支承凸轮轴。

b．凸轮轴轴颈的结构

凸轮轴各道轴颈的直径有的相等，但也有的从前往后逐渐减小，以便于安装。有些发动机其摇臂的润滑是靠凸轮轴轴承处通过缸体上的油道输送润滑油。为此，在凸轮轴颈上（2、4 道）有两个不通的圆弧形节油槽，润滑油经该槽间歇地输送到摇臂轴。该槽对油量有节流作用，防止供油过多而造成摇臂轴过量润滑，其目的有二：一是减小气门油封的负担，防止吸入汽缸；二是汽缸盖的温度高，是润滑油的加热源，防止润滑油变稀，润滑性能变坏。

④ 凸轮轴的轴向限位

A．轴向限位的作用

为了防止凸轮轴在工作中产生轴向窜动和承受斜齿轮产生的轴向力，凸轮轴都有轴向限位装置。

B．轴向限位的结构

止推扳式凸轮轴向限位装置如图 2-33 所示。在凸轮轴前轴颈与正时齿轮之间，压装有调节环，调节环外面松套一止推板，止推板用螺钉固定于汽缸体前端面，调节环的厚度大于止推板的厚度，两者之差称为凸轮轴的轴向间隙，其间隙为 0.08～0.20mm。这种装置使止推板既能限制凸轮轴的轴向窜动，又使凸轮轴能自由转动。但轴向间隙过大时，除一般限位效能降低外，对于斜齿轮传动的凸轮轴来说还会由于轴移量过大，使轴产生角移动，而影响配气正时的正确性。

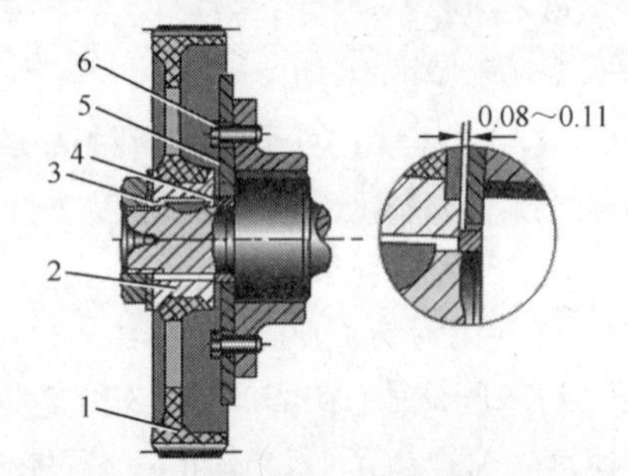

1—正时齿轮；2—正时齿轮轮毂；
3—固定螺母；4—调节环；
5—止推板；6—螺钉

图 2-33　止推扳式凸轮轴轴向限位装置

（2）挺柱与推杆

① 挺柱

A．挺柱的功用

挺柱的功用是将凸轮的推力传给推杆或气门。

B．常用材料

挺柱的常用材料有中碳钢、合金钢、合金铸铁和冷激铸铁等。如前所述，挺柱与凸轮轴的材料必须有合理的组合配对。

C．普通挺柱的构造

形式：常见挺柱主要有筒形和菌形两种，如图 2-34 所示。

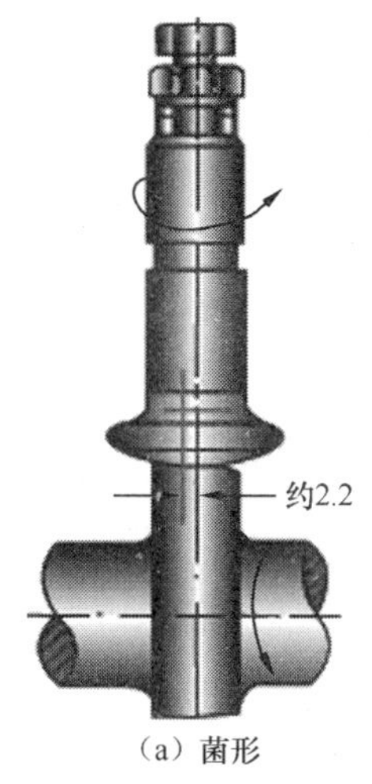

（a）菌形

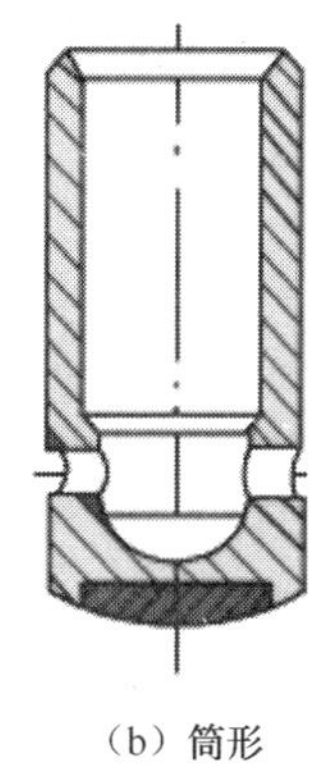

（b）筒形

图 2-34 挺柱

在挺柱工作时，由于受凸轮侧向推力的作用会引起挺柱与导管之间的单面磨损，又因挺柱底面与凸轮固定不变地在一处接触，也会造成磨损不均匀。

旋转的措施：挺柱底部工作面制成球面，而且把凸轮制成锥形。这样，在挺柱工作时，由于凸轮与挺柱的接触点偏离挺柱轴线，当挺柱被凸轮顶起上升时，接触点的摩擦力使其绕本身轴线转动，以达到磨损均匀的目的。

② 液力挺柱

A．液力挺柱的目的

a．解决了因有气门间隙而产生的冲击及噪声问题。

b．具有气门间隙的配气机构，虽然解决了材料热膨胀对气门工作的影响，但有了气门间隙，发动机工作时便会发生撞击而产生噪声。为了解决这一矛盾，有些发动机采用了液力挺柱，如图 2-35 所示。

c．采用液力挺柱，消除了配气机构中的间隙，减小了各零件的冲击载荷和噪声，同时也可使凸轮轮廓设计得比较陡一些，气门开启和关闭更快，以减小进排气阻力、改善发动机的换气、提高发动机的性能，特别是高速性能。

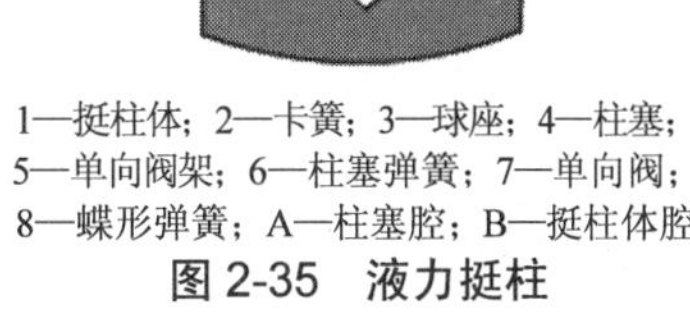

1—挺柱体；2—卡簧；3—球座；4—柱塞；5—单向阀架；6—柱塞弹簧；7—单向阀；8—蝶形弹簧；A—柱塞腔；B—挺柱体腔

图 2-35 液力挺柱

B．液力挺柱的构造

挺柱体内装有柱塞，柱塞上端压有球座作为推杆的支承座，同时将柱塞内腔堵住。弹簧用来将柱塞压向上方，卡簧用来对柱塞进行限位。柱塞下端单向阀架内装有碟形弹簧，用以关闭单向阀。

C．液力挺柱的工作情况

a．发动机工作时，机油沿主油道供到气门挺柱。

b．当气门关闭时，机油经挺柱体和柱塞上的油孔压进柱塞腔 A 内，并推开单向阀充入挺柱体腔 B 内。柱塞便在挺柱体腔内油压及弹簧的作用下上行，与气门推杆压紧。但此压力远小于气门弹簧的张力，气门不会被打开，只是消除了整个配气机构中的间隙。与此同时，挺柱体腔 B 内油液也已充满，单向阀在碟形弹簧作用下关闭。

气门的开启：当凸轮转到工作面使挺柱上推时，气门弹簧张力便通过推杆作用在柱塞上，由于单向阀已关闭，柱塞便推压挺柱体腔 B 内油液使压力升高，而液体具有不可压缩性，挺柱便像一个整体一样推动气门开启。此过程中，由于挺柱体腔内的油压较高，在柱塞与挺柱体的间隙处，将有少许油液泄漏而使“挺柱缩短”。

气门的关闭：当凸轮转到非工作面时，解除了对推杆的推力，使挺柱腔内的油压降低。于是，主油道的油压将再次推开单向阀，向挺柱体腔内充油，以补充工作时的泄漏，并且此油压又和弹簧一起使柱塞上推，如此始终保持了配气机构无间隙传力。

若气门、推杆热膨胀，挺柱回落后向挺柱体腔内的补油过程便会减少补油量（工作过程中）或使挺柱体腔内的油液从柱塞与挺柱体间隙中泄漏一部分（停车时），从而使挺柱自动“缩短”。因此，可不留气门间隙而仍能保证气门关闭。相反，若气门、推杆冷缩，则向挺柱体腔内的补油过程，便会增加补油量（工作过程中）或在柱塞弹簧作用下将柱塞上推，吸开单向阀向挺柱体腔内补油（停车时），从而使挺柱自动“伸长”，因此，仍能保持配气机构无间隙。

由于气门开启过程中，挺柱体腔内的油液会有少量泄漏，而且油液并非刚性，所以挺柱工作时会被微量压缩，从而使气门开启持续角稍有减小，一般减小量只有几度凸轮转角。但当柱塞与挺柱体配合处磨损过甚、泄油过多时，配气相位将明显减小。

D．使用液力挺柱的发动机应注意的问题

a．对润滑油的压力和滤清质量要求较严格。当润滑油压力过低时，机油补给能力下降。气门间隙加大。

b．液力挺柱拆洗后，装机前必须人工排气充油，否则会启动困难。

c．冷机时或停放时间长时，启动后有短暂的气门响声，这是正常现象。

E．示例

奥迪轿车和桑塔纳轿车的发动机上采用的液力挺柱如图 2-36 所示。其工作原理与液力挺柱基本相同，其结构特点如下。

a．采用倒置的液力挺柱，直接推动气门的开启。

b．挺柱体是由上盖和圆筒，经加工后再用激光焊接成一体的薄壁零件。

c．单向阀采用钢球、弹簧式结构。

③ 推杆

A．推杆的作用

推杆的作用是将挺柱传来的推力传给摇臂。

B．推杆的结构

推杆通常采用冷拔无缝钢管制成，如图 2-37 所示。杆的两端焊接或压配有不同形状的端头，下端头通常是圆球形，以便与挺柱的凹球形支座相适应；上端头一般采用凹球形，主要是为了与摇臂上的气门间隙调整螺钉的球形头部相适应。另外还可以积存少量润滑油以减小磨损。推杆的上、下端头均经热处理并磨光，以提高其耐磨性。

(3) 摇臂总成

① 功用

摇臂的功用是将推杆或凸轮传来的力改变方向并传给气门使其开启。

② 普通摇臂及摇臂组的结构

摇臂及摇臂组的结构如图 2-38 所示。它是一个以中间轴孔为支承，两臂不等长的双臂杠杆（其比值约为 1.2～1.8）。短臂一端装有气门间隙调整螺钉及锁紧螺母，长臂一端有用以推动气门的圆弧工作面。由于靠气门一端的臂长，所以在一定的气门升程下，可减小推杆、挺柱的运动距离和加速度，从而减小了工作中的惯性力。

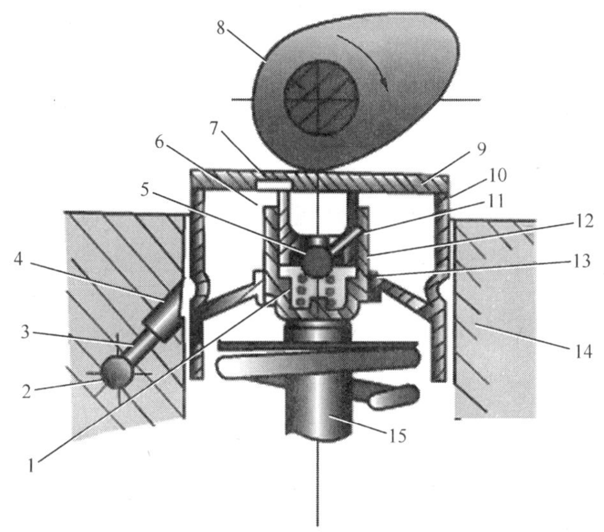

1—高压油腔；2—汽缸盖油道；3—油量孔；4—斜油孔；5—球阀；6—低压油腔；7—键形槽；8—凸轮轴；9—挺柱体；10—柱塞焊缝；11—柱塞；12—套筒；13—弹簧；14—汽缸盖；15—气门杆

图 2-36 奥迪轿车和乘塔纳轿车的发动机液力挺柱

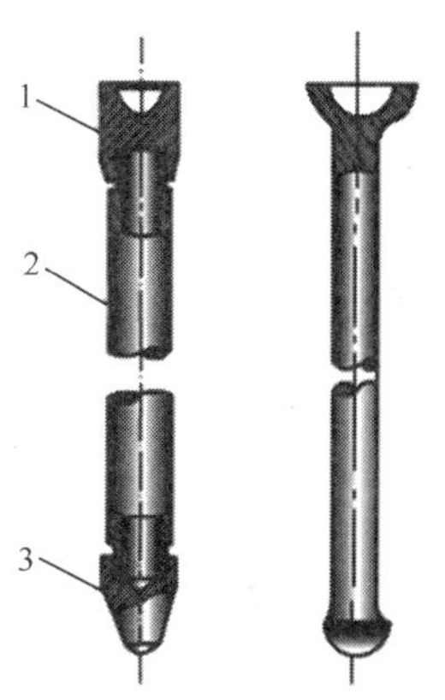

1—上端头；2—杆身；3—下端头

图 2-37 推杆

摇臂的材料一般为中碳钢，也有的用球墨铸铁或合金铸铁。

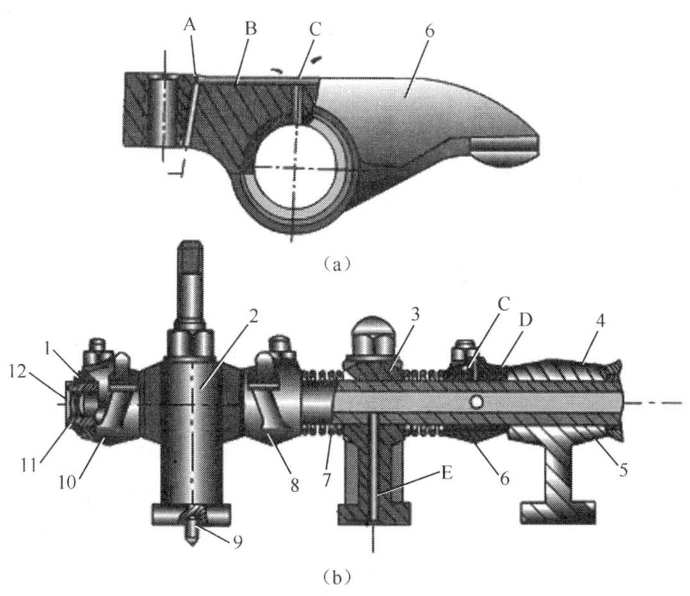

1—垫圈；2、3、4—摇臂轴支座；5—摇臂轴；6、8、10—摇臂；7—弹簧；9—定位销；11—锁簧；12—堵头；A、C、D、E—油孔；B—油槽

图 2-38 摇臂及摇臂组

图 2-38 所示为一组摇臂，两端带堵的中空摇臂轴是通过支座固定于汽缸盖上。机油从支座的油道经摇臂轴内腔和摇臂中的油道流向摇臂两端进行润滑。为了防止摇臂轴向窜动，在

摇臂一侧装有弹簧。摇臂轴支座并非都有油道，不可装错。

③ 浮动式摇臂

浮动式摇臂没有中间支承轴，在导槽中浮动安装。摇臂的一端安装在汽缸盖的液力挺柱上，另一端坐落在气门杆的端部，凸轮则抵在摇臂的中部，如图 2-39 所示。

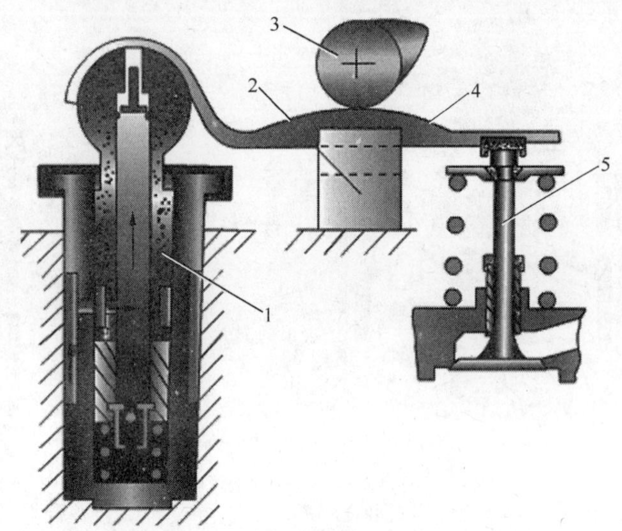

1—液力挺柱；2—导槽；3—凸轮轴；4—浮动式摇臂；5—气门

图 2-39 浮动式摇臂

三、配气相位

1. 配气相位的定义

用曲轴转角表示的进、排气门开闭时刻和开启持续时间，称为配气相位。

2. 配气相位的必要性

理论上，气门开关时刻是在活塞的上下止点处，但实际情况并非如此。由于发动机的转速很高，一个行程的时间极短，如四冲程发动机转速 3000r/min 时，一个行程时间只有 0.01s，再加上用凸轮驱动气门开启需要一个过程，气门全开的时间就更短了。在这样短的时间内难以做到进气充分，排气彻底。为了改善换气过程，提高发动机性能，实际发动机的气门开启和关闭并不恰好在活塞的上下止点，而是适当的提前和迟后，以延长进排气时间。也就是说，气门开启过程中曲轴转角都大于 180°。

3. 配气相位的内容

配气相位的内容可用配气相位图来表示，如图 2-40 所示。

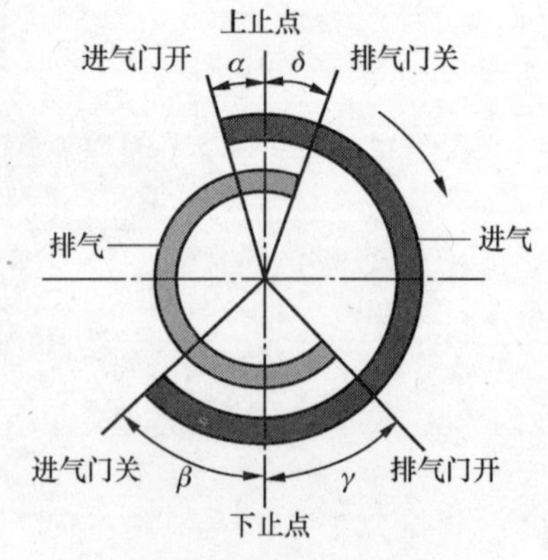

图 2-40 配气相位图

(1) 进气门的配气相位

① 进气提前角

定义：在排气冲程接近终了、活塞到达上止点前，进气门便开始开启。从进气门开始开启到上止点所对应的曲轴转角称为进气提前角(或早开角)。进气提前角用 α 表示，α 一般为 10°～30°。

目的：进气门早开，使得活塞到达上止点开始向下运动时，因进气门已有一定开度，所以可较快地获得较大的进气通道截面，减少进气阻力。

② 进气迟后角

定义：在进气冲程下止点过后，活塞再上行一段，进气门才关闭。从下止点到进气门关闭所对应的曲轴转角称为进气迟后角（或晚关角）。进气迟后角用β表示，β一般为40°～80°。

目的：利用压力差继续进气，活塞到达下止点时，由于进气阻力的影响，汽缸内的压力仍低于大气压，进气门晚关，利用压力差可继续进气。

利用进气惯性继续进气：活塞到达下止点时，进气气流还有相当大的惯性，进气门晚关，仍能继续进气。

下止点过后，随着活塞的上行，汽缸内压力逐渐增大，进气气流速度也逐渐减小，至流速等于零时，进气门便关闭的β角最适宜。若β过大便会将进入汽缸内的气体重新又压回进气管。由上可见，进气门开启持续时间内的曲轴转角，即进气持续角为α+180°+β。

（2）排气门的配气相位

① 排气提前角

定义：在作功行程的后期，活塞到达下止点前，排气门便开始开启。从排气门开始开启到下止点所对应的曲轴转角称为排气提前角（或早开角）。排气提前角用γ表示，γ一般为40°～80°。

目的：利用汽缸内的废气压力提前自由排气，当排气门早开，汽缸内还有大约300～500kPa的压力，做功作用已经不大，可利用此压力使汽缸内的废气迅速地自由排出。

减少排气消耗的功率：提前排气，等活塞到达下止点时，汽缸内只剩约110～120kPa的压力，使排气冲程所消耗的功率大为减小。

高温废气的早排，还可以防止发动机过热。

② 排气迟后角

定义：在活塞越过上止点后，排气门才关闭。从上止点到排气门关闭所对应的曲轴转角称为排气迟后角（或晚关角）。排气迟后角用δ表示，δ一般为10°～30°。

目的：利用缸内外压力差继续排气，活塞到达上止点时，汽缸内的压力仍高于大气压，利用缸内外压力差可继续排气。

利用惯性继续排气：活塞到达上止点时，废气气流有一定的惯性，利用惯性可继续排气。所以排气门适当晚关可使废气排得较干净。

由此可见，气门开启持续时间内的曲轴转角，即排气持续角为γ+180°+δ。

（3）气门的叠开

① 定义

由于进气门早开和排气门晚关，就会出现一段进排气门同时开启的现象，称为气门叠开。同时开启的角度，即进气门早开角与排气门晚关角的和（$\alpha+\delta$），称为气门叠开角。

② 废气倒排回进气管和新鲜气体随废气排出的问题

由于叠开时气门的开度较小，且新鲜气体和废气流的惯性要保持原来的流动方向，所以只要叠开角适当，就不会产生废气倒排回进气管和新鲜气体随废气排出的问题。发动机的结构不同、转速不同，配气相位也就不同。

四、气门组零件检修

1. 气门的检修

气门的缺陷有气门杆磨损、气门工作面磨损、气门杆端面磨损及气门杆弯曲等。

（1）外观检验

当发现气门有裂纹、破损或熔蚀烧损时，必须更换气门。

（2）测量气门的尺寸

如图 2-41 所示，如果气门的尺寸超过磨损极限，应更换气门。气门的尺寸详见表 2-3。

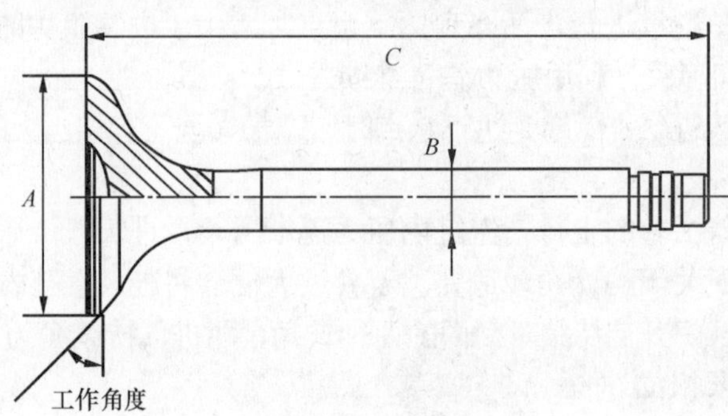

图 2-41　气门的尺寸

表 2-3　气门的尺寸

车型	尺寸部位	进气门头部的直径（mm）	排气门头部的直径（mm）
桑塔纳	*A*	38.00	33.00
	B	7.97	7.95
	C	98.70	98.50
	气门工作面工作角度	45°	45°
捷达	*A*	38.00	33.00
	B	7.97	7.95
	C	91	90.80
	气门工作面工作角度	45°	45°
富康	*A*	36.80	29.4
	B	$6.99_{-0.01}$	$6.98_{-0.01}$
	C	$112.76_{+0.01}$	112.56
	气门工作面工作角度	30°	45°
	气门间隙	0.20	0.40
	气门升程	9.40	9.40

（3）气门杆弯曲和气门头部歪斜检查

气门杆的弯曲可用百分表来测定，如图 2-42 所示。清除气门积炭并将气门擦净，将气门杆支承在两个距离为 100mm 的 V 形架上，然后用百分表触头测量气门杆中部的弯曲度，其值超过 0.05mm 时应更换或校正气门。在气门头部用百分表测量，转动气门头部一圈，读数最大和最小之差的 1/2 即为气门头部的倾斜度误差，许用倾斜度误差为 0.02mm。气门杆弯曲或气门头部歪斜超过规定范围后，需更换气门。

（4）气门杆磨损的检查

气门杆磨损使气门杆与导管孔的间隙增大，易使气门歪斜，会因气门关闭不严而导致漏气。当高温废气通过导管孔间隙，使气门及导管过热，加速磨损，并可能由于导管中润滑油烧结，使气门卡死而无法动作。气门杆与气门导管的配合间隙过大时，应更换气门和气门导管。用外径千分尺测量气门杆的磨损程度，如图 2-43 所示，测量部位在气门杆上、中、下 3 个箭头所示的部位，将测量的尺寸与表 2-1 中的尺寸比较，若超过规定范围，应更换。

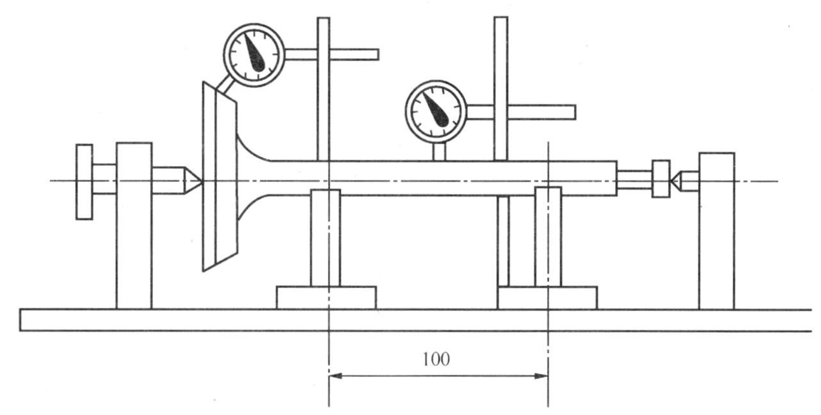

图 2-42 检查气门杆的弯曲程度

气门杆端面的磨损或疤痕，往往使端面不平。当气门顶起时，挺杆（或摇臂）作用力将产生侧向力，使气门杆歪斜，气门关闭不严。气门杆端面磨损，可用磨气门机修正。机上设有 V 形铁座，将气门杆平放在座上，一手按住气门杆，一手转动气门头，并使杆端轻微抵在砂轮上磨平。桑塔纳发动机的进、排气门杆的直径均为 7.97mm。用直尺在平台上检查气门的长度，进气门长度为 98.70mm，排气门长度为 98.50mm，磨损极限为 0.50mm。

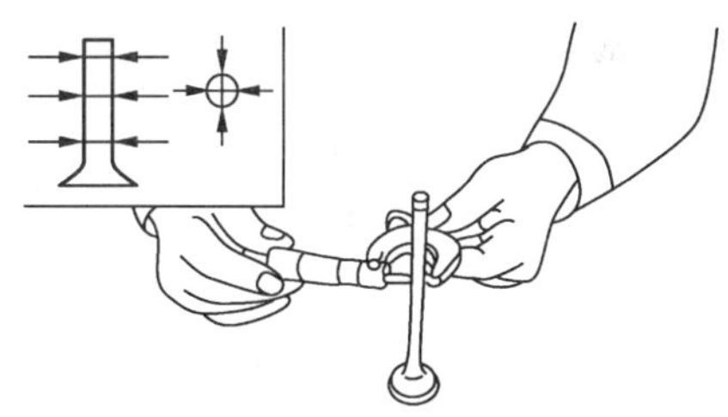

图 2-43 测量气门杆磨损程度

(5) 气门头部工作面磨损检查

检查气门头部工作面是否有斑点或烧蚀，若有，可用气门光磨机修磨，如图 2-44 所示。

气门的工作面磨损起槽、变宽或烧蚀出现斑点、凹陷时应在光磨机上进行光磨。光磨时，要求磨削量尽量要小些，以延长气门的使用寿命。气门光磨后，其边缘逐渐变薄，工作时容易变形和烧毁，气门头最小边缘的厚度如图 2-45 所示，进气门不得小于 0.60mm，排气门不得小于 1.10mm，否则应更换气门。

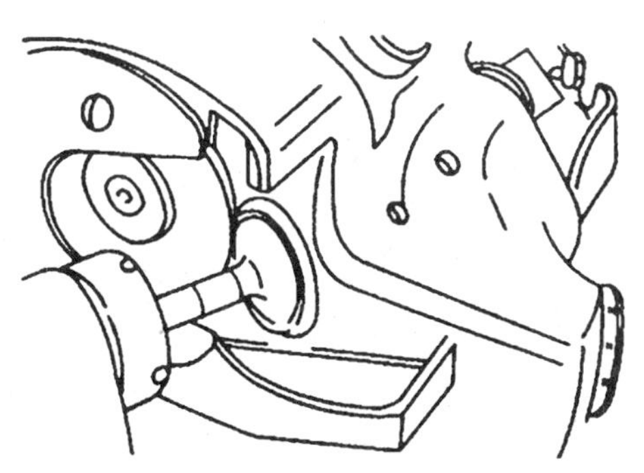

图 2-44 使用气门光磨机修复气门工作面

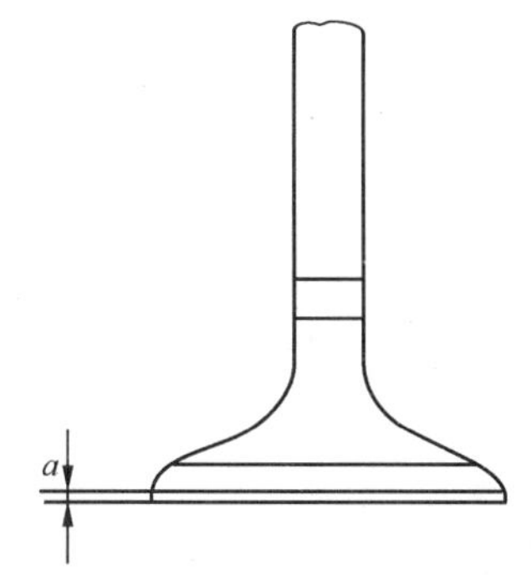

图 2-45 测量气门边缘厚度

修磨气门工作面，在修磨气门工作面前，应先校正气门杆并检查光磨机气门夹头座的角度，避免将气门工作面角度磨错（捷达轿车发动机进、排气门均为 45°），磨削量以消除表面损蚀为限。最后精磨，在没有吃刀量的情况下，进行 2～3 次空走刀，直至没有大火花为止，以改善其表面粗糙度。磨修后，气门工作锥面对气门轴线的斜向圆跳动应不大于 0.03mm。

2. 气门座检修

(1) 气门座的修磨

擦净气门座并检查其工作面，气门座工作面的磨损变宽超过 2mm，工作面烧蚀出现斑点、凹陷时，应进行铰削或修磨。桑塔纳、捷达轿车发动机气门座的修理标准如图 2-46 所示。

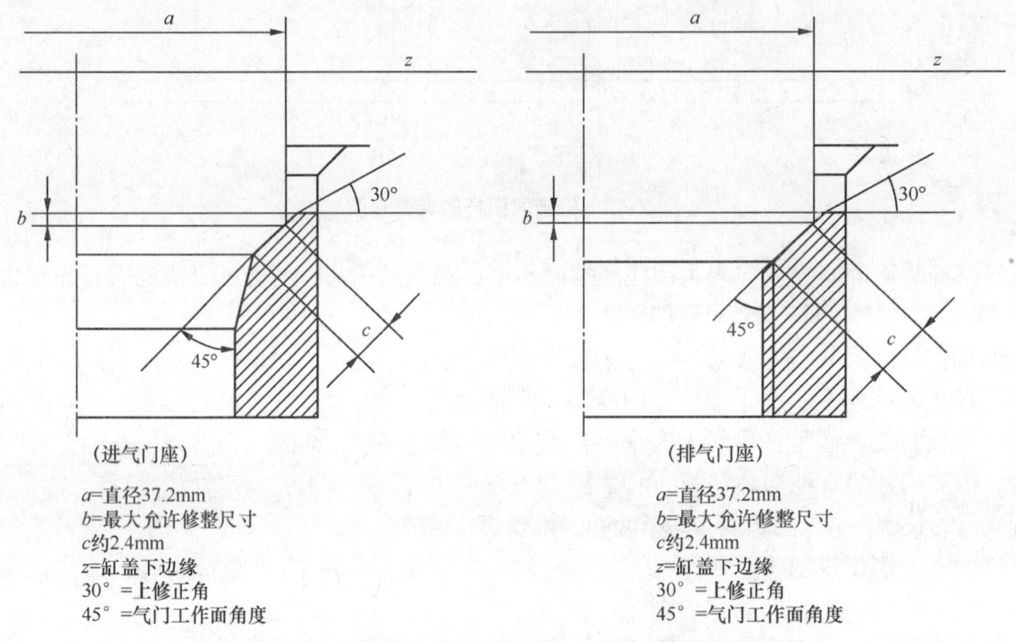

a=直径37.2mm
b=最大允许修整尺寸
c约2.4mm
z=缸盖下边缘
30° =上修正角
45° =气门工作面角度

图 2-46　桑塔纳、捷达轿车发动机气门座的修理标准

气门座口有 3 个表面，分别与汽缸体（或汽缸盖）平面成 30°、45°、60° 角。45° 角斜面是工作面，而 30° 及 60° 斜面是用以调节 45° 工作斜面的宽度及气门斜面的接触位置。为了保证气门座各斜面与气门导管的同轴度，铰削（或磨削）气门斜面时，是用气门导管作定位基准。因此，必须先修理或更换气门导管。通常使用气门座铰刀进行气门座铰削，如图 2-47 所示。先初铰，将烧蚀、斑点等缺陷铰去，然后用新气门或光磨过的气门进行试配，要求接触面应在气门斜面的中下部，宽度为 1.20～1.60mm。如果接触面偏上，应用 30° 铰刀铰削，使接触面下移；如果接触面偏下，可用 60° 铰刀铰削，使接触面上移。最后用细刃铰刀精铰或在铰刀上垫细砂布铰磨，以降低接触面的粗糙度。桑塔纳、捷达发动机气门座接触面角度为 45°，其宽度进气门为 2.00mm，排气门为 2.40mm。因为排气门的工作温度高，要增加导热性。

气门座除使用手工具铰削外，还可用光磨机进行修磨。光磨机修磨气门的速度快、质量好，特别是修磨硬度高的气门座时效果更好，但砂轮的消耗较大，需经常修整。磨削前应先将气门导管孔及气门座圈擦净，以导管为基准，选择适合于导管孔径的定心杆插入导管孔，不准有摇摆或偏斜现象，然后按上述角度和要求进行修磨。

(2) 气门座的镶配

气门座圈经多次修理，工作面逐渐下陷，会影响气门与气门座的正常配合。如果气门座的工作面低于气门座圈原平面 1.5mm，应更换气门座圈。气门座修磨前，应确定其最大允许修磨尺寸，若超过该尺寸，就不能保证液压挺杆正常工作，也就没有修理必要。确定最大修磨尺寸的方法：插入气门，并紧压在气门座上；如图 2-48 所示，测量气门杆尾部与缸盖上边缘间的距离 a，由所测得的距离 a 减去进、排气门长度的最小尺寸，即求得最大允许修整尺寸。进气门最小尺寸为 33.80mm，排气门最小尺寸为 34.1mm。

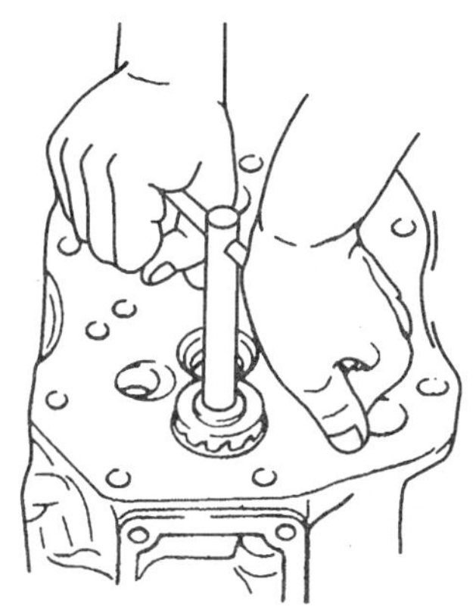

图 2-47　铰削气门座

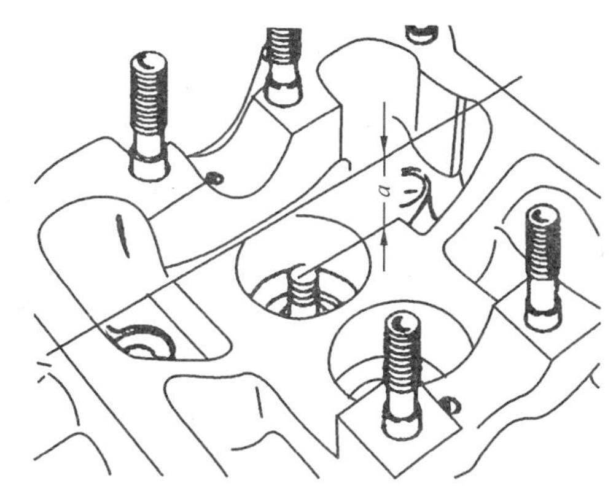

图 2-48　测量气门杆尾部与汽缸盖上边缘的距离

更换气门座步骤如下。

① 拆下旧气门座。可用铰刀削薄气门座或在气门座的内侧点焊几个焊点，敲击焊点，拆下气门座。

② 测量座圈孔的直径，按座圈孔直径的大小选择新座圈。为了防止松落，新座圈与座圈孔应有 0.075～0.125mm 的过盈；气门座圈材料应采用在工作温度下塑性变形较小而硬度较高的合金材料，一般采用合金铸铁、球墨铸铁，也有采用合金钢的。通常座圈的硬度比气门工作面硬度稍低一些。

③ 镶配气门座。通常采用冷缩法或加热法将气门座圈镶入座孔内。冷缩法是将气门座圈在液氮中冷冻至−195℃后，压入气门座承孔。热胀法是将座圈承孔加温到 100℃左右，然后将座圈涂油，垫以软金属迅速将座圈压入承孔。气门座圈镶入后，应将高出汽缸体（汽缸盖）平面的部分修平。

富康发动机气门座圈的镶配操作时，选择一个与气门座安装孔尺寸对应的气门座，然后将汽缸盖放到油中加热至 80～100℃，从油中取出汽缸盖，将涂有机油的气门座迅速压入安装孔中。镶配好的气门座周围必须严密、牢固、可靠。

捷达轿车发动机的排气门座镶座内孔有个缩口，修整时不要损坏镶座缩口圆角半径。

富康轿车发动机进、排气门座圈及座圈孔的尺寸如图 2-49 所示。

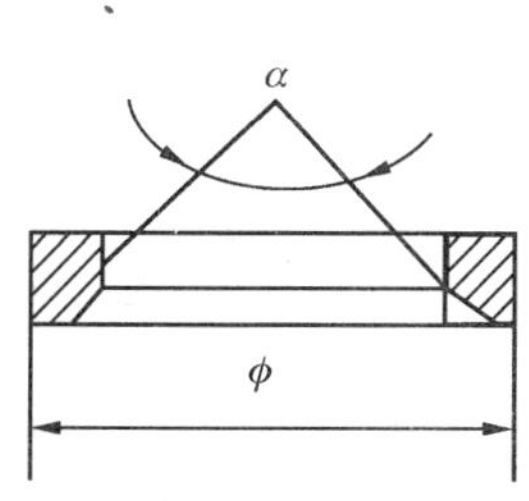

（进气门座）

120°

标准尺寸：$38.01^{+0.137}_{+0.112}$

修理尺寸：$38.31^{+0.137}_{+0.122}$

$38.51^{+0.137}_{+0.122}$

（排气门座）

90°

标准尺寸：$31.01^{+0.137}_{+0.112}$

修理尺寸：$31.31^{+0.137}_{+0.122}$

$31.51^{+0.137}_{+0.122}$

图 2-49　气门座的尺寸

(3) 研磨气门

若气门与气门座的配合面不严密，可对气门研磨。气门研磨如图 2-50 和图 2-51 所示。研磨时的旋转方向与上下方向保持一致，不要一顺一倒地运动。研磨后，应清除磨屑。

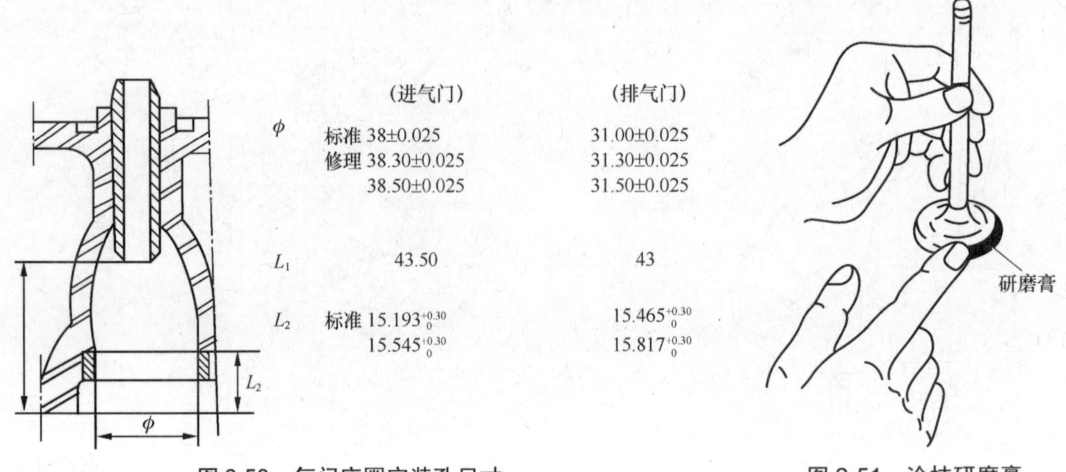

图 2-50　气门座圈安装孔尺寸　　图 2-51　涂抹研磨膏

工作表面涂一层薄薄的气门研磨膏，在气门杆部涂抹机油，将气门插入气门导管内，用皮碗吸住气门头部，然后在相配的座上往复旋转，以手捻皮碗杆进行研磨。研磨时应边研磨边检查接触情况，直到表面出现光泽的环带为止。最后将气门上的研磨膏清洗掉，用机油再研磨一段时间即可。

气门头部工作面修理后须保证其尺寸符合规定，并且还须进行气门的密封性检查。

3. 气门导管的检修

气门杆与导管在工作中磨损，使其配合间隙增大。配合间隙的检查方法是：将气门提起至汽缸盖平面的一定高度（15mm），用百分表触头抵在气门头的边缘处，如图 2-52 所示。然后反复摆动气门，百分表测得一个摆差，即为气门导管的磨损情况。磨损极限是进气门摆差不得超过 1.00mm，排气门摆差不得超过 1.30mm，否则应更换气门导管。

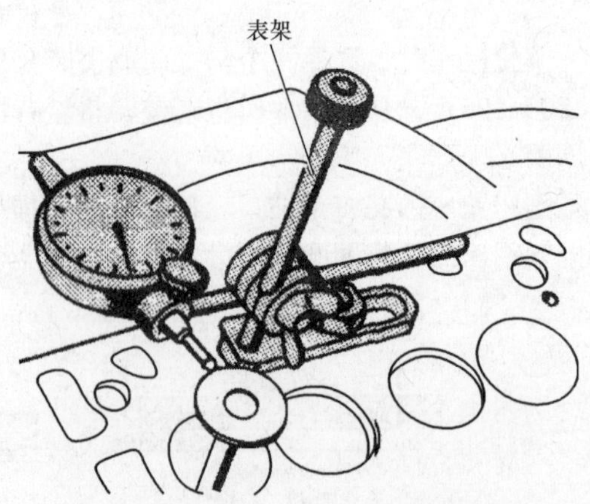

图 2-52　检查气门杆与导管的配合间隙

新导管的选择，要求导管的内径应与气门杆的尺寸相适应，其外径与导管承孔的配合应有一定的过盈，通常取过盈量为导管外径的 2%～3%。导管的过盈量可用新旧导管对比的办法进行测量。新导管要比压出来的旧导管大 0.01～0.02mm 为适当。

气门导管的检修主要是检查其内径是否符合规定。气门导管内径的测量方法如图 2-53 所示，用分球式内径百分量表测量图中箭头所示的部位，表的读数即为气门导管的内径。

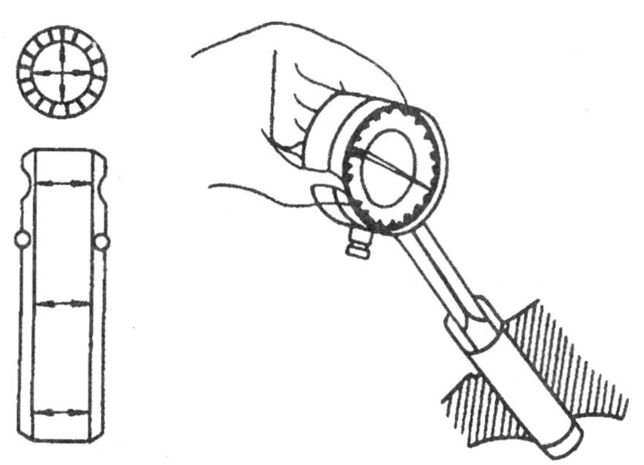

图 2-53 测量气门导管内径

气门导管过度磨损后应更换。镶入气门导管的方法如下。

用专用工具将气门导管从凸轮轴一侧压出，带有台肩的导管则从燃烧室压出。将选定的新导管外壁涂上一层机油，压入导管承孔内。带有台肩的导管压入时的压力不能过大，否则会使台肩断裂。不带台肩的气门导管压入后，露出部分的长度应等于带台肩气门导管台肩端的长度。

导管更换后，应检查气门杆与导管的配合间隙是否符合要求（正常为 0.02～0.04mm）。导管间隙过小，会使气门杆受热后卡在导管中。

气门导管与气门杆配合紧度的经验检查方法是将气门杆和导管孔擦净，在气门杆上涂一层机油，放入导管内，上下拉动几次。然后气门能借本身重量徐徐下降，则认为配合适当。

如果气门与气门导管的配合间隙过小，用铰削的方法进行扩孔，如图 2-54 所示。铰削气门导管时，需要用冷却液冷却，每次铰削量以 0.02～0.04mm 为宜，边铰边试配，直至配合间隙符合标准规定。铰削后的气门导管内孔表面粗糙度 *Ra* 值应不大于 2.5μm，表面无划痕。

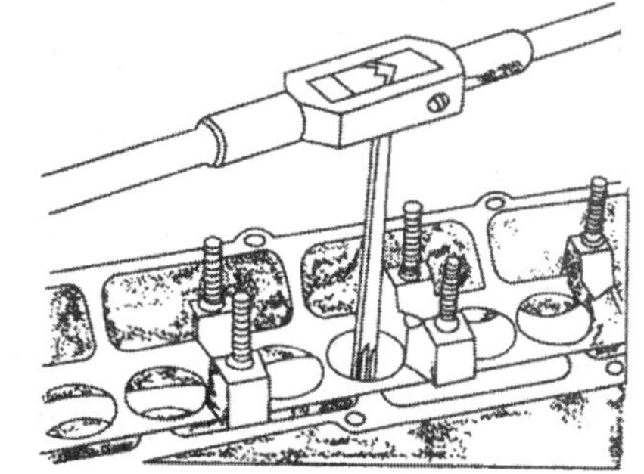

图 2-54 用手动铰刀铰削气门导管

4. 气门弹簧的检修

气门弹簧常见的缺陷有弯曲变形、弹力减弱、擦伤、端面不平、裂纹和折断等。

气门弹簧的检修方法如下。

① 气门弹簧自由长度检查用游标卡尺检测，如图 2-55 所示，测量的结果须符合规定，否则应更换气门弹簧。

② 气门弹簧的弯曲变形检查，如图 2-56 所示。将气门弹簧放在平板上，用 90° 的角尺检查其垂直度，一般垂直度误差为 1.60～2.00mm，否则须校正或更换。校正后在 270～290℃温度下保温 10min，以消除弹簧的内应力，保持校正后的形状。校正后的气门弹簧须再次检验，合格后装机使用。

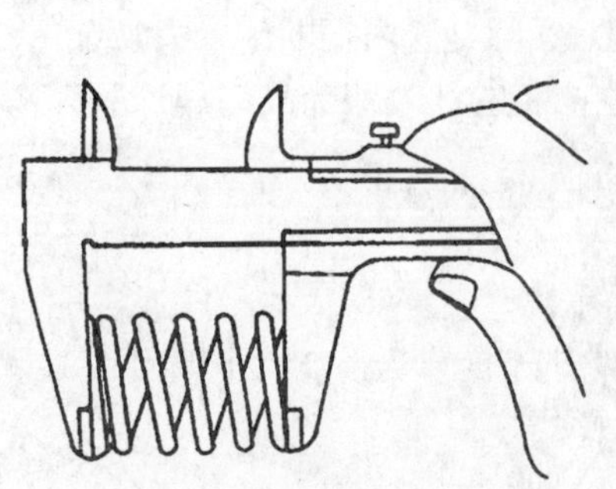

图 2-55　测量弹簧的自由长度

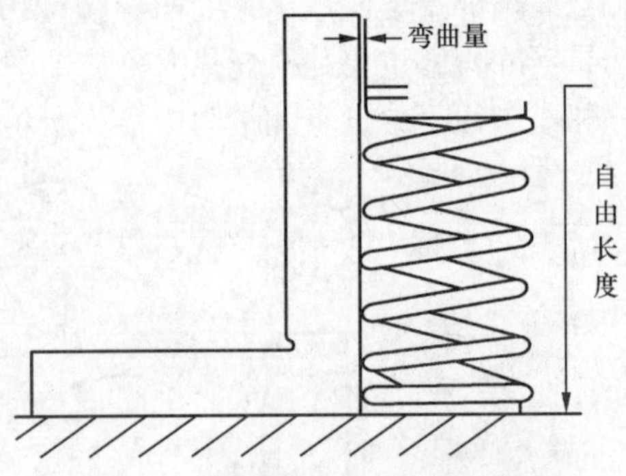

图 2-56　测量弹簧负荷长度和弯曲量

弹簧座的检修主要是检查气门弹簧座表面是否光洁，是否有裂纹、夹层、夹杂、折叠、凹陷、擦痕以及锈蚀等缺陷，若有则必须更换。

气门锁块的检修主要是检视其外径和卡口是否有磨损、剪切和划痕，锁止效果是否良好。损伤的气门锁块必须成对更换。

五、气门传动组零件检修

1．凸轮轴的检修

将凸轮轴擦净，检查其有无裂痕、凸轮轴颈有无明显擦伤、键槽有无磨损和扭曲。如有损伤应进行修理或更换。

（1）凸轮轴弯曲的检查

如图 2-57 所示，将凸轮轴固定在车床的卡盘上，用百分表检查凸轮轴的同心度，允许极限为 0.01mm。将凸轮轴两端轴颈置于平板上的 V 形块上，使磁性表座上的百分表触头与中间轴颈表面接触，然后缓慢转动凸轮轴一周，百分表上读数的差值即为中间轴颈对两端轴颈的径向圆跳动误差，其弯曲度使用限度桑塔纳和捷达为 0.03mm、富康为 0.025mm（在百分表的指针摆动为 0.06/0.05mm），否则应予以校正，其方法与校正曲轴相同。凸轮轴校正后，中间各轴颈的径向圆跳动应不大于 0.03mm。

（2）轴颈的检查

用外径千分尺测量凸轮轴轴颈，如图 2-58 所示。凸轮轴轴颈磨损的圆柱度误差大于 0.015mm 时，应更换凸轮轴。凸轮轴轴承间隙的检查方法与曲轴径向间隙相同。如果配合间隙过大，则应更换轴承。

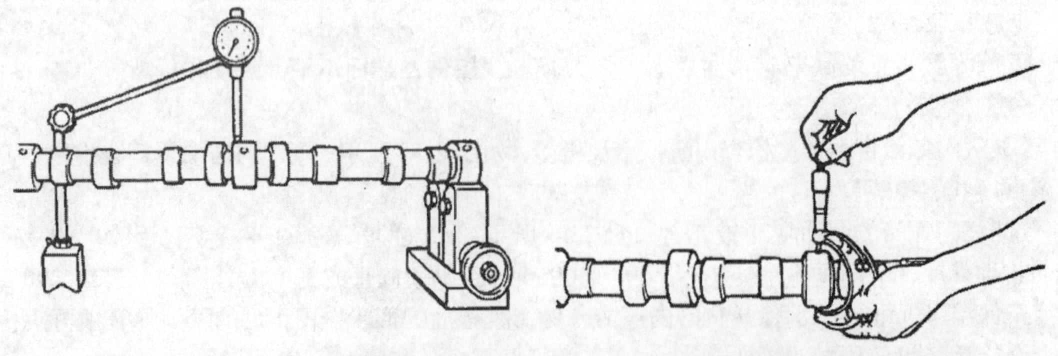

图 2-57　检查凸轮轴的弯曲度　　　　图 2-58　测量凸轮轴轴颈磨损程度

测量凸轮轴轴向间隙时，应按规定拆去液压挺杆，装好 1、4（或 5）道轴承盖，装上百分表，如图 2-59 所示。凸轮轴轴向间隙的允许极限为 0.15mm。

2. 挺杆的检修

气门挺杆的主要缺陷是杆身表面及托盘球面表面磨损。挺杆外圆柱表面磨损后，应更换挺杆总成。

在维修中首先要检查挺杆顶部的磨损情况。如果磨损严重或出现沟槽，需进行更换。另外，还要检查挺杆与挺杆孔的配合间隙。液压挺杆中的柱塞和油缸是一对精密偶件，其配合间隙不超过 0.005mm。间隙过大时，工作时会从间隙渗漏出油，影响挺杆的正常工作。因此，对于液压挺杆要检查这对精密偶件的密封性。先将液压挺杆浸泡在洗油中，推拉柱塞若干次，使其腔内空气排出。内部空气排不净，可将其分解清洗，重新装复。把排出空气后的挺杆放在试验台上，在柱塞上施加 20kg 压力，使其在下滑 2mm 左右后，测量其下滑 1mm 的时间，如图 2-60 所示。在 20℃的条件下，其标准值为 1～65s/mm。如果测得的值低于标准值，则应更换液压挺杆。

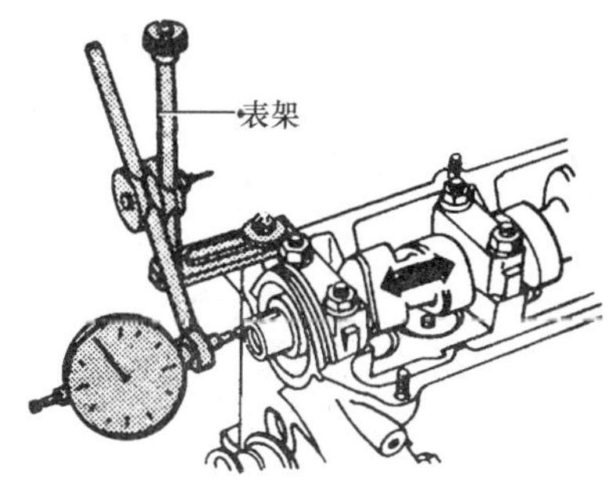

图 2-59　测量凸轮轴轴向间隙

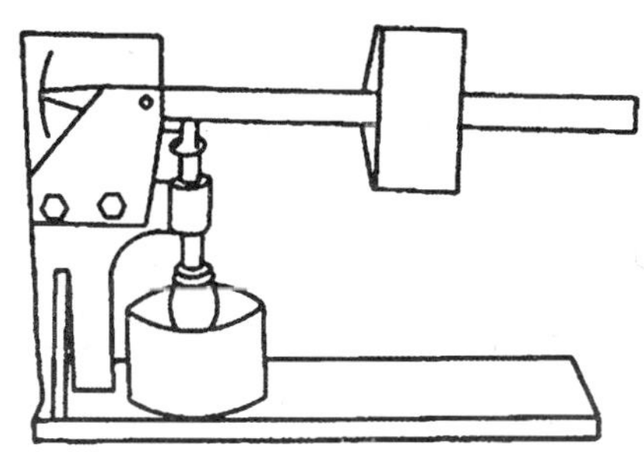

图 2-60　液压挺杆的降漏试验

液压挺杆磨损后应更换。发动机装好后启动发动机运转至散热风扇启动，增加发动机的转速，使其以 2 500r/min 的速度运转 2min，如果液压挺杆仍有异响，需拆下气门室盖，旋转曲轴使被检查的凸轮挺杆向上，用木质或塑料片下压挺杆。如果在气门打开前自由行程超过 0.1mm，则应更换挺杆。注意在安装新的液压挺杆时，发动机在 30min 内不得运转（因为此时气门会碰到活塞）。在启动发动机时产生挺杆响声是正常的。

3. 摇臂总成的检修

① 外观检查。检查摇臂和摇臂轴工作面有无缺口、凹陷、沟槽、麻点、划损等缺陷，若有，须修磨或更换。

② 检查摇臂和摇臂轴之间的磨损。图 2-61 所示的是用手感检查摇臂与摇臂轴的配合情况，按图中箭头显示的方向推拉和摇摆摇臂，如有间隙感说明摇臂与摇臂轴之间出现了磨损。图 2-62 所示的是用外径千分尺和内径量表检查摇臂和摇臂轴间的间隙。如果测得间隙超过 0.15mm，则必须更换。

③ 检查、疏通摇臂润滑油孔。

④ 检查调整螺钉螺纹是否完好。若损坏，则须更换。

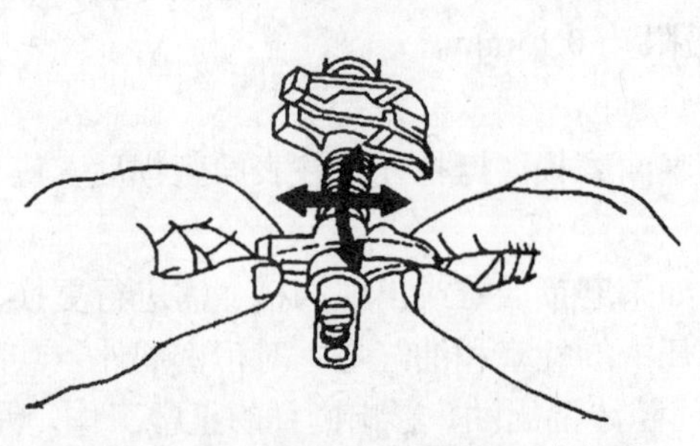
图 2-61　检查摇臂与摇臂轴的配合间隙

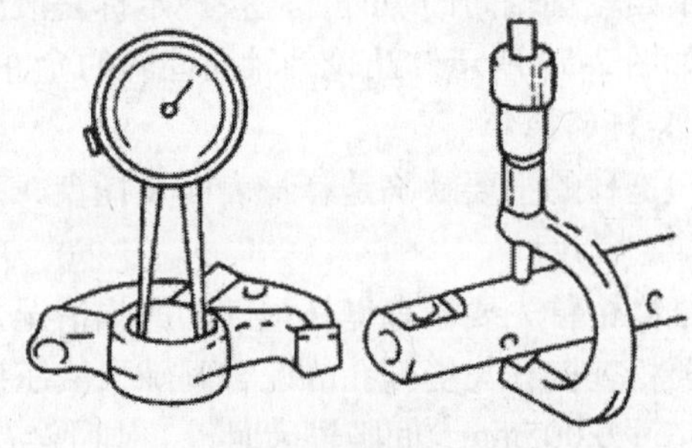
图 2-62　测量摇臂与摇臂轴配合间隙

第二部分　任务实施

在任务实施的过程中，将学习配气机构的拆卸步骤以及检修方法。建议分小组进行实施，在规定的时间内完成。

一、工具准备

在实施工作前，每小组按表 2-4 准备好完成本任务所需的资料、工具。

表 2-4　工具准备

资料、工具的名称	数　量
桑塔纳轿车发动机	1 台
刀口尺	1 把
塞尺	1 把
常用工具	1 套
火花塞套筒	1 个

二、技术要求与标准

① 查阅车型相关维修手册，按规定的顺序拆装。
② 配气机构的检验数据精确。
③ 在操作过程中不允许出现安全事故。

三、要完成的工作

1．按照以下步骤拆卸配气机构（以桑塔纳为例）。
① 将发动机安装在维修工作台上。
② 拆卸 V 形带。
③ 将曲轴转到第一缸的上止点位置，如图 2-63 中箭头所示。
④ 拆卸正时齿带上防护罩。
⑤ 将凸轮轴正时齿带轮上的标记，如图 2-64 中箭头所示。对准正时齿带防护罩上的标记。
⑥ 拆卸曲轴正时齿带轮。

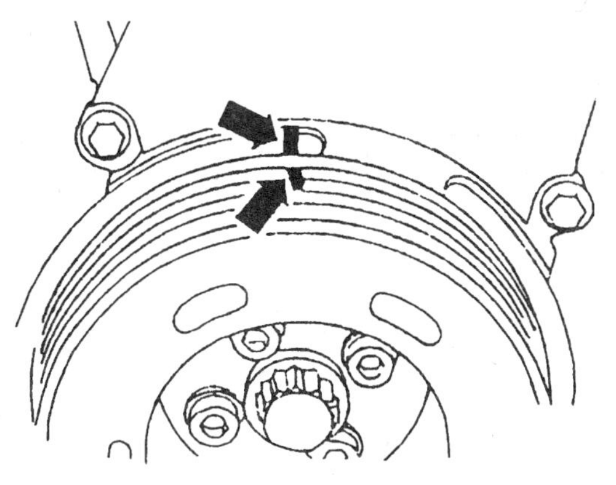

图 2-63　一缸上止点记号图

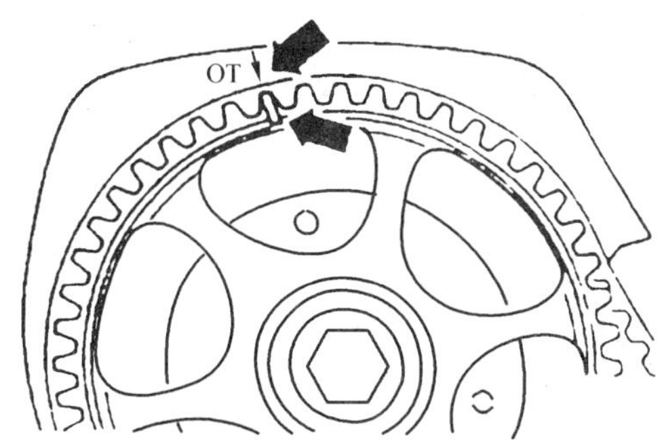

图 2-64　凸轮轴正时齿带轮与正时齿带防护罩上的标记

⑦ 拆卸正时齿带中间及下防护罩。

⑧ 用粉笔等在正时齿带上做好记号，检查磨损情况，不得有扭曲现象。

⑨ 松开半自动张紧轮并拆下正时齿带。

⑩ 取下凸轮轴正时齿轮、半圆键，先拆下第 1、3 道的轴承盖，再拆下第 2、5 道的轴承盖，最后拆下轮轴。拆下轮轴之前，先装上各轴承盖，检查凸轮轴孔是否错位。

⑪ 拆下汽缸盖。

⑫ 使用气门弹簧拆装钳拆下各气门。

2．检修气门，将检验结果填入表 2-5 中。

表 2-5　检验结果

检 测 项 目	测量数据（mm）

结果分析

检验结论

3．检修气门座，对气门座进行研磨，并将步骤写下来。

4．检修凸轮轴，并将检验结果填到表 2-6 中。

表 2-6　检验结果

检 测 项 目	测量数据（mm）

结果分析

检验结论

任务评价

一、自我评价

1．总结气门组零件损坏后对发动机性能的影响。

2．总结气门传动组零件损坏后对发动机性能的影响。

3．本任务给你印象最深的是什么？

4．自己对学习本任务的自我评价（包括着装、学习态度、知识以及技能掌握程度、工作页的填写情况等）。

二、小组评价

序　号	评 价 项 目	评 价 情 况		
		好	中	差
1	团队合作精神			
2	学习是否积极主动			
3	服从工作安排的情况			
4	工具、仪器的使用情况			
5	工具整理、现场清理的情况			

三、教师评价

序　号	评 价 项 目	评 价 情 况		
		好	中	差
1	出勤情况			
2	着装情况			
3	课堂秩序			
4	学习是否积极主动			
5	任务书填写			
6	工具、仪器的使用情况			
7	工具整理、现场清理的情况			

任务三　曲柄连杆机构的拆解与检修

◇ 掌握曲柄连杆机构各部分的组成及功用。

◇ 掌握曲柄连杆机构的工作原理。

◇ 掌握曲柄连杆机构的拆解方法及步骤。

◇ 掌握曲柄连杆机构的检修方法。

建议完成本任务的学时为12学时。

内容结构

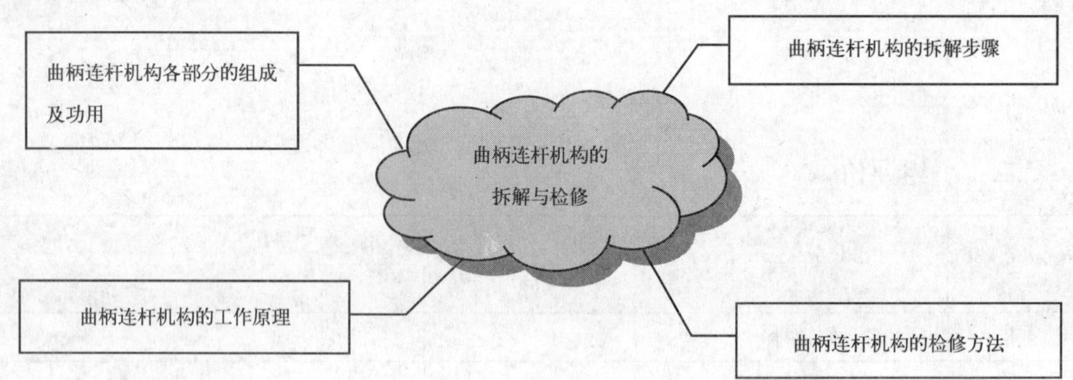

任务描述

一辆桑塔纳2000汽车的发动机在机械方面出现故障需要维修，汽车机电维修工根据维修前台接待提供的维修工单，在汽车机电维修工位以及规定工时内以经济的方式按照专业要求使用通用工具、发动机机械维修专用工具、设备和汽车维修资料等，完成发动机曲柄连杆机构的拆卸、检修作业。对已完成的工作进行记录存档，保持工作场地满足安全作业及 5S 工作要求。

第一部分　任务学习引导

一、曲柄连杆机构的概述

1. 曲柄连杆机构的功用

由柄连杆机构的功用是将燃料燃烧时产生的热能转变为活塞往复运动的机械能，再转变为曲轴旋转运动而对外输出动力。

2. 曲柄连杆机构的组成

（1）机体组

机体组由汽缸体、曲轴箱、油底壳、汽缸套、汽缸盖和汽缸垫等不动件组成，如图2-65所示。

（2）活塞连杆组

活塞连杆组由活塞、活塞环、活塞销和连杆运动件组成，如图2-66所示。

（3）曲轴飞轮组

曲轴飞轮组由曲轴、飞轮等组成，如图2-67所示。

3. 工作条件

曲柄连杆机构是在高温、高压、高速以及有化学腐蚀的条件下工作的。发动机作功时，汽缸内的最高温度可达 2500K 以上，最高压力可达 5～9MPa。汽车发动机转速在 3000～

6000r/min 时，则活塞每秒要经过 100～200 个行程，其线速度是很大的。此外，汽缸、汽缸盖、活塞等部件还将受到化学腐蚀。因此，曲柄连杆机构的工作条件的特点是：高温、高压、高速和化学腐蚀。

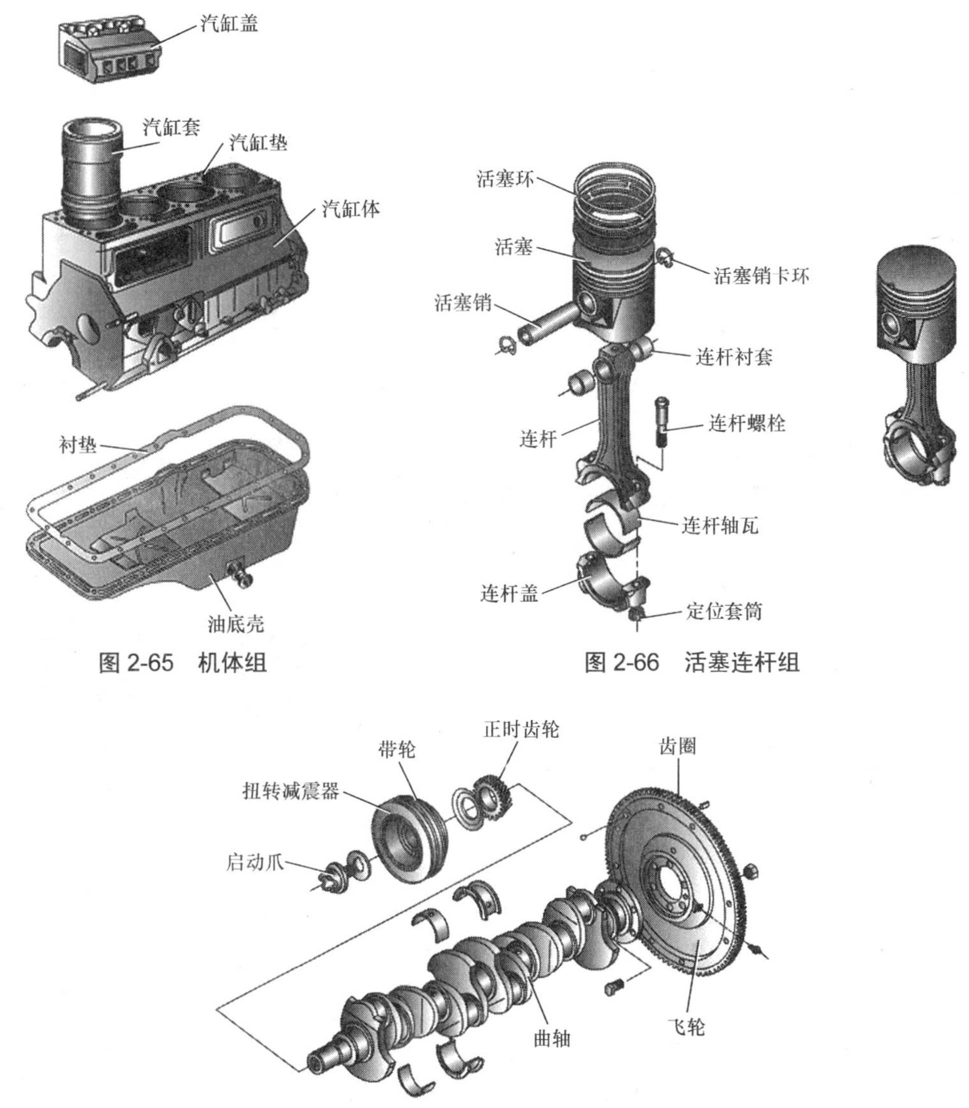

图 2-65　机体组

图 2-66　活塞连杆组

图 2-67　曲轴飞轮组

二、曲柄连杆结构的构造与原理

1. 活塞连杆组的构造原理

活塞连杆组件由活塞、活塞环、活塞销、连杆以及连杆轴瓦等组成，如图 2-68 所示。

(1) 活塞

① 功用

a. 与汽缸盖汽缸壁等共同组成燃烧室。

b. 承受气体压力，并将此力传给连杆，以推动曲轴旋转。

② 材料

汽车发动机活塞广泛采用铝合金。其特点为：质量小（约为铸铁活塞的 50%～70%）、导热性好（约为铸铁的 3 倍）、热膨胀系数大。

③ 组成

根据其作用，活塞可分为顶部、环槽部、裙部和活塞销座 4 部分，如图 2-69 所示。

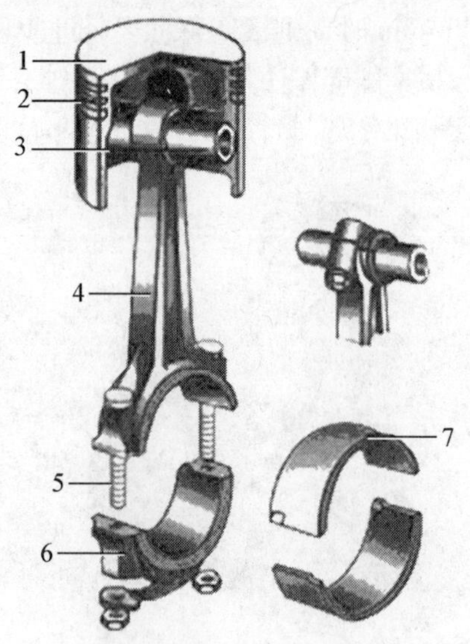

1—活塞；2—活塞环；3—活塞销；4—连杆；5—连杆螺栓；6—连杆盖；7—连杆轴瓦

图 2-68　活塞连杆组件

A．活塞顶部

活塞顶部分平顶、凸顶和凹顶 3 种，如图 2-70 所示。

平顶活塞顶部是一个平面，结构简单，制造容易，但受热面积小，顶部应力分布较为均匀，一般用在汽油机上，柴油机很少采用。

凸顶活塞的顶部凸起，起导向作用，有利于改善换气过程。二冲程汽油机常采用凸顶活塞。

凹顶活塞顶部呈凹陷形，凹坑的形状和位置有利于可燃混合气的形成和燃烧。凹顶的大小还可以用来调节发动机的压缩比。凹顶通常有矩形凹坑、ω形凹坑、双涡流凹坑、球形凹坑等。

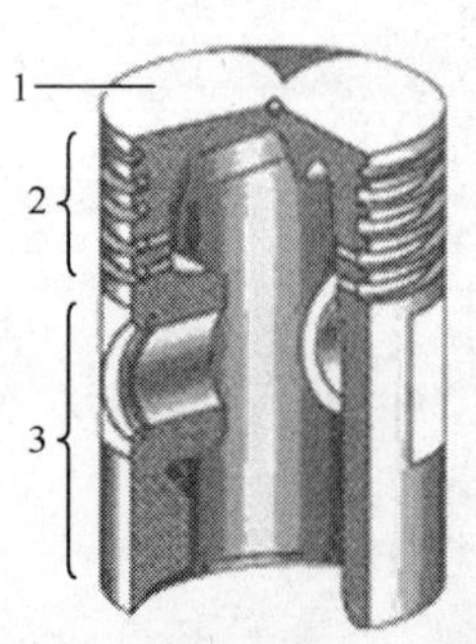

1—活塞顶部；2—活塞头部；3—活塞裙

图 2-69　活塞的结构

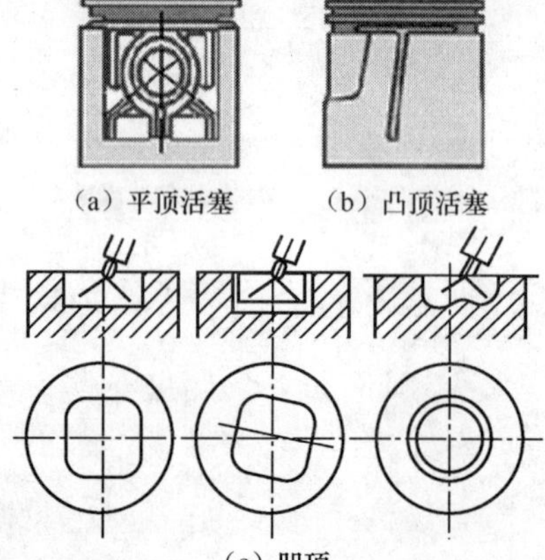

图 2-70　活塞顶部形状

有些活塞顶打有各种记号（如图 2-71 所示），用以显示活塞及活塞销的安装和选配要求，应严格按要求进行。

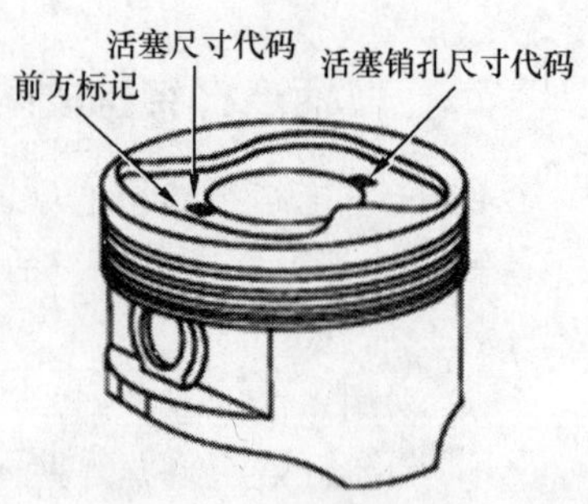

图 2-71　活塞顶部记号

B．活塞头部

活塞头部指第一道活塞环槽到活塞销孔以上的部分，有数道环槽，用以安装活塞环。为了提高第一道环槽的耐热和耐磨性，有的在第一道环槽部位铸入耐热合金钢护圈。

C．活塞裙部

活塞裙部指从油环槽下端面起至活塞最下端的部分。

活塞裙部对活塞在汽缸内的往复运动起导向作用，并承受气体侧压力。

为了使活塞在正常工作温度下与汽缸壁保持比较均匀的间隙，以免在汽缸内卡死或加大局部磨损，必须在冷态下预先把活塞裙部加工成不同的形状，如图 2-72 所示。

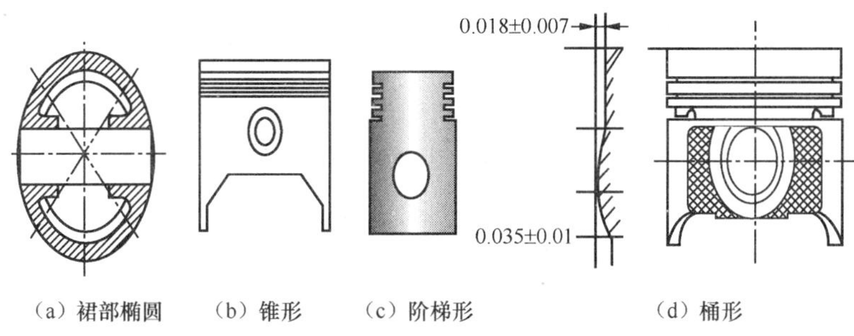

图 2-72　活塞裙部结构之一

a．预先将活塞裙部加工成椭圆形，椭圆的长轴方向与销座垂直。

b．预先将活塞裙部做成锥形、阶梯形或桶形。

c．预先在活塞裙部开槽，如图 2-73（a）所示。在裙部开横向的隔热槽，可以减小活塞裙部的受热量；在裙部开纵向膨胀槽，可以补偿裙部受热后的变形量。槽的形状有 T 形或“Π”形。裙部开竖槽后，会使其开槽的一侧刚度变小，在装配时应使其位于做功行程中承受侧压力较小的一侧。通常柴油机的活塞受力大，裙部一般不开槽。

d．拖板式活塞，如图 2-73（b）所示。在许多高速汽油机上，为了减轻活塞的质量，把裙部不受侧压力的两边切去一部分或开孔，以减小惯性力，减小销座附近的热变形量，称拖板式活塞。该结构裙部弹性好，质量轻，活塞与汽缸的配合间隙较小。

e．裙部铸恒范钢，如图 2-73（c）所示。为了减小铝合金活塞裙部的热膨胀量，有些汽油机活塞在活塞裙部或销座内铸入热膨胀系数低的恒范钢片。恒范钢为低碳铁镍合金，其膨胀系数仅为铝合金的 1/10，而销座通过恒范钢片与裙部相连，牵制了裙部的热膨胀变形量。

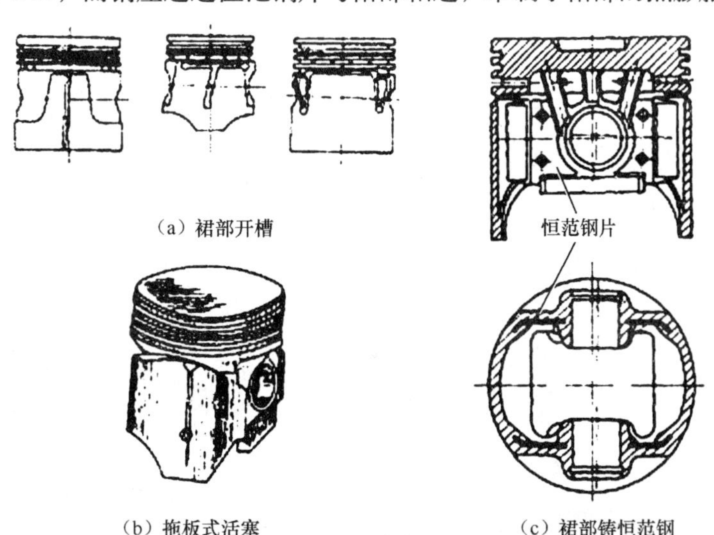

图 2-73　活塞裙部结构之二

f．活塞销孔偏置结构，如图 2-74 所示。有些高速汽油机的活塞销孔中心线偏离活塞中心线平面，向做功行程中受侧压力的一方偏移了 1～2mm。这种结构可使活塞在压缩行程到做功行程中较为柔和地从压向汽缸的一面过渡到压向汽缸的另一面，以减小敲缸声。在安装时要注意，活塞销偏置的方向不能装反，否则换向敲击力会增大，使裙部受损。

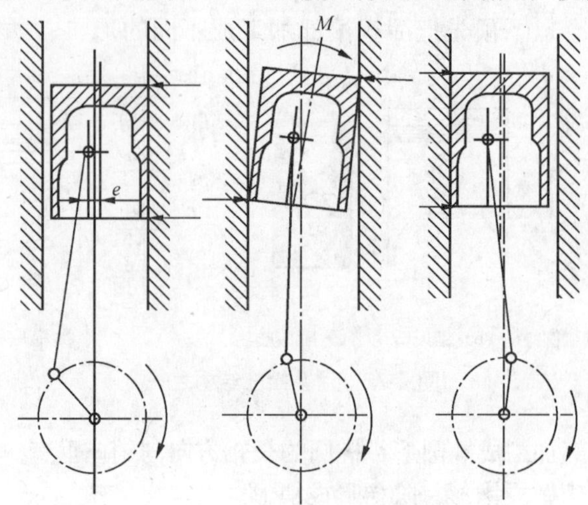

图 2-74 活塞销孔偏置结构

(2) 活塞环

活塞环是具有弹性的开口环，有气环和油环之分。

气环的作用是保证活塞与汽缸壁之间的密封，防止汽缸中的高温、高压燃气大量漏入曲轴箱，同时还将活塞顶部大部分的热量传导到汽缸壁，再由冷却水或空气带走。

油环用来刮除汽缸壁上多余的机油，并在汽缸壁面涂上一层均匀的机油膜，这样既可以防止机油窜入汽缸燃烧，又可以减小活塞、活塞环与汽缸的磨损和摩擦阻力。此外，油环也起到辅助密封的作用。

① 气环的结构原理

气环开有切口，具有弹性，在自由状态下外径大于汽缸的直径，与活塞一起装入汽缸后，外表面紧贴在汽缸壁上，形成第一密封面；被封闭的气体不能通过环周与汽缸之间，便进入了环与环槽的空隙，一方面把环压到环槽端面形成第二密封面，另一方面，作用在环背的气体压力又大大加强了第一密封面的密封作用。汽油机一般采用 2 道气环，柴油机一般采用 3 道气环，如图 2-75 所示。

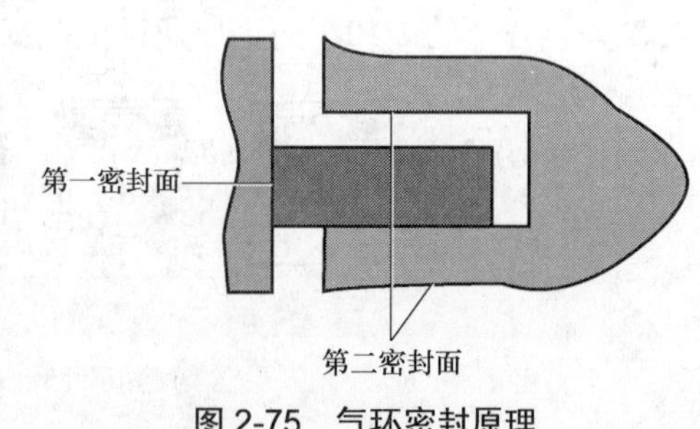

图 2-75 气环密封原理

气环的断面形状很多，常见的有矩形环、扭曲环、锥面环、梯形环和桶面环，如图 2-76 所示。

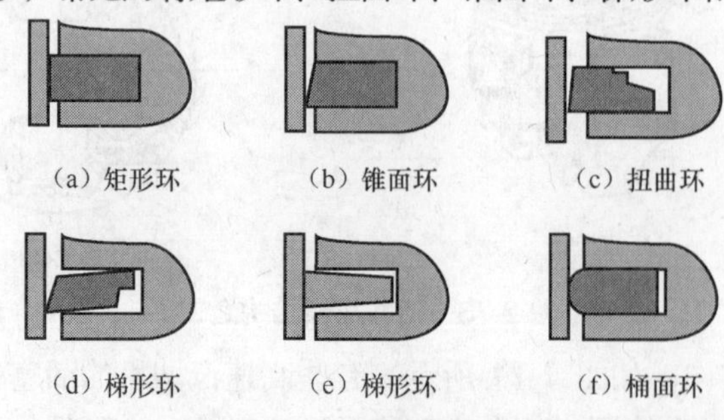

图 2-76 气环的断面形状

A．矩形环，如图 2-76（a）所示。其断面为矩形，结构简单，制造方便，易于生产，应用最广。但矩形环随活塞往复运动时，会把汽缸壁面上的机油不断送入汽缸中（如图 2-77 所示）。这种现象称为“气环的泵油作用”。

B．锥面环，如图 2-76（b）所示。其断面呈锥形，外圆工作面上加工一个很小的锥面（0.5°～1.5°），减小了环与汽缸壁的接触面，提高了表面接触压力，有利于磨合和密封。活塞下行时，便于刮油；活塞上行时，由于锥面的“油楔”作用，能在油膜上“飘浮”过去，减小磨损，安装时，不能装反，否则会引起机油上窜。

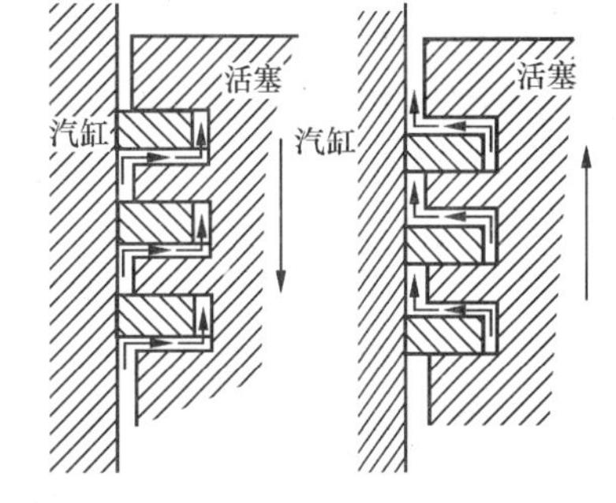

（a）活塞下行　（b）活塞上行

图 2-77　气环的泵油作用

C．扭曲环，如图 2-76（c）所示。扭曲环是在矩形环的内圆上边缘或外圆下边缘切去一部分，使断面呈不对称状，在环的内圆部分切槽或倒角的称为内切环，在环的外圆部分切槽或倒角的称为外切环。装入汽缸后，由于断面不对称，外侧作用力合力 F_1，如图 2-78（b）所示。与内侧作用力合力 F_2 之间有一力臂 e，产生了扭曲力矩，使活塞环发生扭曲变形。活塞上行时，扭曲环在残余油膜上“浮过”，可以减小摩擦和磨损。活塞下行时，则有刮油效果，避免机油上窜。同时，由于扭曲环在环槽中上、下跳动的行程缩短，可以减轻“泵油”的副作用。目前被广泛应用于第 2 道活塞环槽上，安装时必须注意断面形状和方向，内切口朝上，外切口朝下，不能装反。

D．梯形环，如图 2-76（d）、图 2-76（e）所示。其断面呈梯形，工作时，梯形环在压缩行程和做功行程随着活塞受侧压力的方向不同而不断地改变位置，这样会把沉积在环槽中的积炭挤出去，避免了环被粘在环槽中而折断。可以延长环的使用寿命。缺点是加工困难，精度要求高。

E．桶面环，如图 2-76（f）所示。桶面环的外圆为凸圆弧形。当桶面环上下运动时，均能与汽缸壁形成楔形空间，使机油容易进入摩擦面，减小磨损。由于它与汽缸呈圆弧接触，故对汽缸表面的适应性和对活塞偏摆的适应性均较好，有利于密封，但凸圆弧表面加工较困难。

② 油环

油环有普通油环和组合油环两种，如图 2-79 所示。

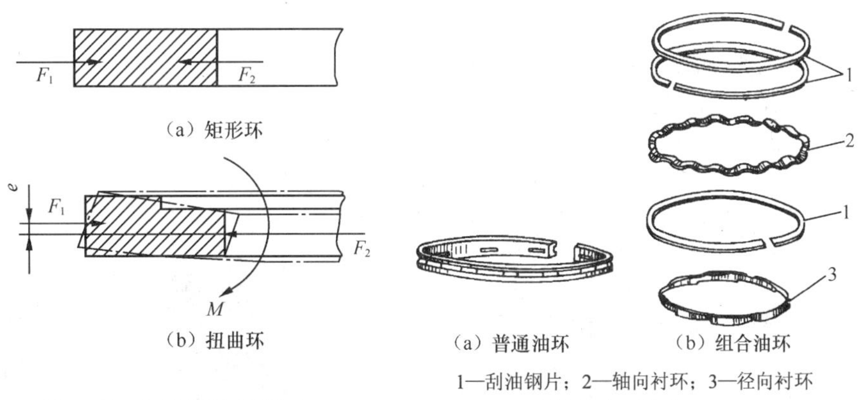

（a）矩形环

（b）扭曲环

图 2-78　扭曲环作用原理

（a）普通油环　（b）组合油环

1—刮油钢片；2—轴向衬环；3—径向衬环

图 2-79　油环

A．普通油环：其外圆上切有环形槽，槽底开有回油用的小孔或窄槽。

B．组合式油环：它由上下数片刮油钢片 1 与中间的扩胀器组成。扩胀器由轴向衬环 2 和径向衬环 3 组成，轴向衬环产生轴向弹力，径向衬环产生径向弹力，使刮油钢片紧紧压向汽缸壁和活塞环槽。刮油钢片 1 表面镀铬，很薄，对汽缸的比压力大，刮油效果好；而且数片刮油钢片彼此独立，对汽缸壁面适应性好；回油通路大，质量轻。近年来汽车发动机上越来越多地采用了组合式油环。其缺点主要是制造成本高。

（3）活塞销

① 活塞销的作用

活塞销的作用是连接活塞和连杆，将活塞承受的气体作用力传给连杆。

② 活塞销的结构

活塞销在高温下承受很大的周期性冲击载荷，润滑条件很差，因此要求有足够的刚度和强度，表面耐磨，质量尽可能轻。为此，活塞销通常做成空心圆柱体，如图 2-80 所示。

③ 活塞销的连接方式

与活塞销座孔及连杆小头衬套孔的连接配合有全浮式和半浮式两种方式，如图 2-81 所示。活塞销、连杆小头和活塞销座都有相对运动，使磨损均匀。活塞销两端装有卡环，进行轴向定位。由于铝活塞热膨胀量比钢大，为了保证高温工作时活塞销与活塞销座孔有正常间隙（0.01～0.02mm），在冷态时为过渡配合，装配时，应先把铝活塞加热到一定程度，再把活塞销装入。

紧固螺栓连接，活塞销只能在两端销座内作自由摆动，而和连杆小头没有相对运动。活塞销不会作轴向窜动，不需要卡环，小轿车上应用较多。

（4）连杆

① 作用

连杆的作用是连接活塞与曲轴，将活塞的往复运动转变成曲轴的旋转运动。

② 结构

连杆主要由连杆小头、连杆杆身、连杆大头等组成，如图 2-82 所示。

a．连杆小头：连杆衬套（青铜）（半浮式活塞销没有）。

b．连杆杆身："工"字形断面，抗弯强度好，质量轻，大圆弧过渡且上小下大，采用压力润滑的连杆，杆身中部制有连通大、小头的油道。

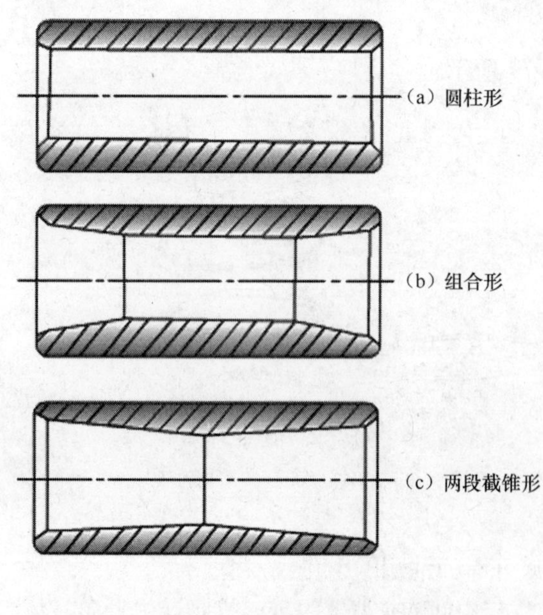

图 2-80　活塞销的内孔图状

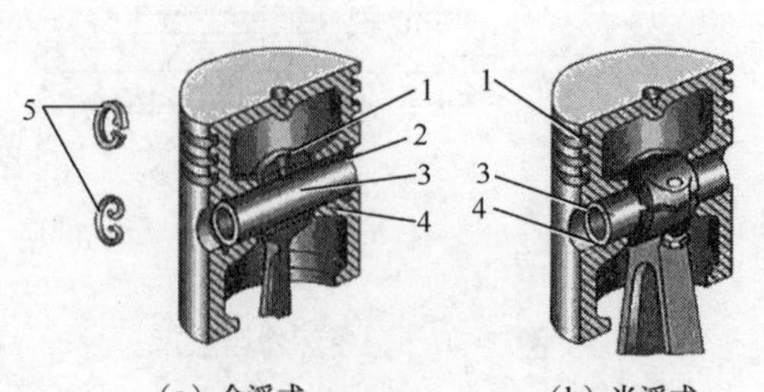

1—连杆小头；2—连杆衬套；3—活塞销；
4—活塞销座；5—卡环

图 2-81　活塞销的连接方式

c. 连杆大头：有整体式和分开式两种。一般都采用分开式，分开式又分为平分和斜分两种，如图 2-83 所示。

平分——分面与连杆杆身轴线垂直，如图 2-83（a）所示，汽油机多采用这种连杆。因为一般汽油机连杆大头的横向尺寸都小于汽缸直径，可以方便地通过汽缸进行拆装。

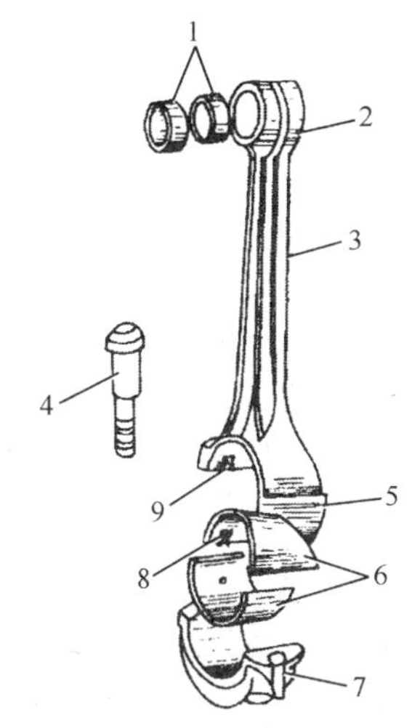

1—连杆衬套；2—连杆小头；3—连杆杆身；
4—连杆螺钉；5—连杆大头；6—连杆轴瓦；
7—连杆盖；8—连杆轴瓦凸键；9—凹槽

图 2-82　连杆的结构

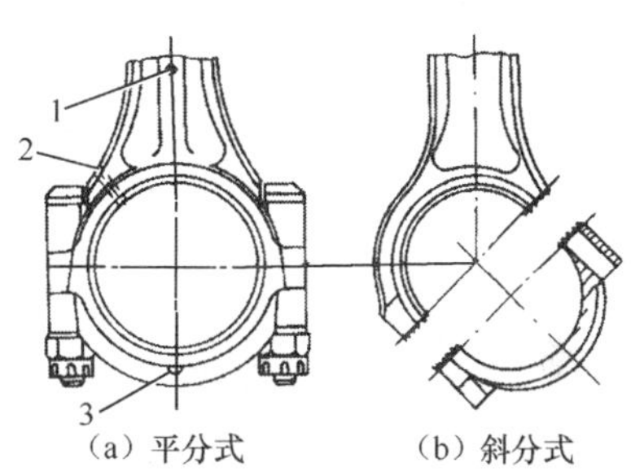

1—连杆装配标志；2—机油喷孔；
3—连杆盖装配标志

图 2-83　连杆大头

斜分——分面与连杆杆身轴线成 30°～60° 角，如图 2-83（b）所示。柴油机多采用这种连杆。因为柴油机的压缩比大，受力较大，曲轴的连杆轴颈较粗，相应的连杆大头尺寸往往超过了汽缸的直径，为了使连杆大头能通过汽缸，便于拆装，一般都采用斜切口。斜切口的连杆盖安装时应注意方向。

连杆盖与连杆的定位。把连杆大头分开可取下的部分称为连杆盖。将连杆与连杆盖配对加工，加工后，在它们同一侧打上配对记号，安装时不得互相调换或变更方向。为此，在结构上采取了定位措施。平切口连杆盖与连杆的定位多采用连杆螺栓定位，利用连杆螺栓中部精加工的圆柱凸台或光圆柱部分与经过精加工的螺栓孔来保证。斜切口连杆常用的定位方法有锯齿定位、圆销定位、套筒定位和止口定位，如图 2-84 所示。

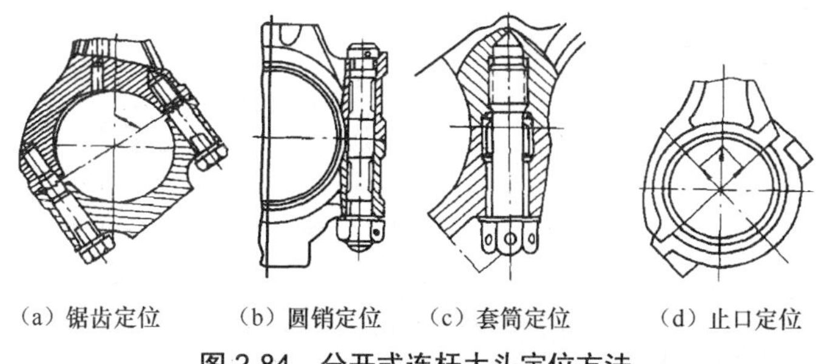

图 2-84　分开式连杆大头定位方法

连杆螺栓采用优质合金钢，并经精加工和热处理特制而成，损坏后绝不能用其他螺栓来代替。安装连杆盖拧紧连杆螺栓螺母时，要用扭力板手分 2～3 次交替均匀地拧紧到规定的扭矩，拧紧后还应可靠的锁紧。

连杆轴瓦（如图 2-85 所示）分上、下两个半片。瓦上制有定位凸键。轴瓦材料目前多采用薄壁钢背轴瓦，在其内表面浇铸有耐磨合金层。耐磨合金层具有质软，容易保持油膜，磨合性好，摩擦阻力小，不易磨损等特点。耐磨合金常采用的有巴氏合金、铜铝合金和高锡铝合金。

V 形发动机叉形连杆有如下 3 种形式（如图 2-86 所示）。

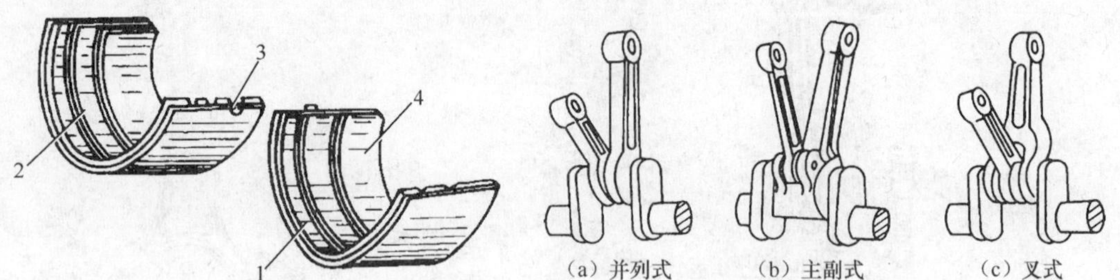

1—钢背；2—油槽；3—定位凸键；4—耐磨合金层

图 2-85　连杆轴瓦

图 2-86　叉形连杆

a．并列式：相对应的左右两缸连杆并列安装在同一连杆轴颈上。

b．主副式：一列汽缸为主连杆，直接安装在连杆轴颈上，另一列连杆为副连杆，铰接在主连杆大头（或连杆盖）上的两个凸耳之间。

c．叉式：左右对应的两列汽缸连杆中，一个连杆大头做成叉形，跨于另一个连杆厚度较小的大头两端。

2．曲轴飞轮组

曲轴飞轮组件主要由曲轴、飞轮和一些附件组成，如图 2-87 所示。

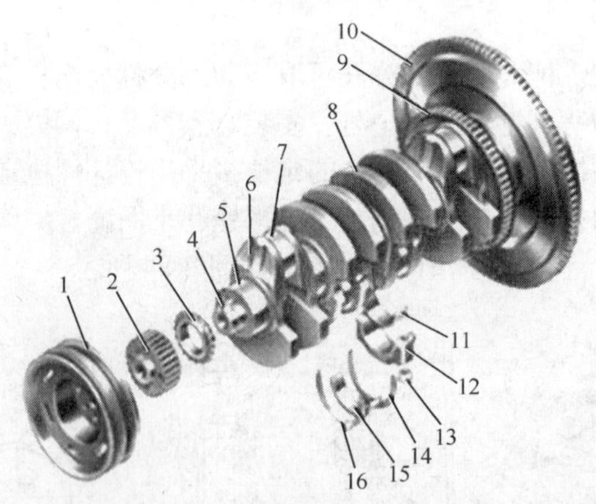

1—曲轴皮带轮；2—曲轴正时齿轮皮带轮；3—曲轴链轮；4—曲轴前端；5—曲轴主轴颈；6—曲柄臂；7—曲柄销（连杆轴颈）；8—平衡重块；9—转速传感器脉冲轮；10—飞轮；11—主轴瓦；12—主轴承盖；13—螺母；14—止推垫片；15—主轴瓦；16—止推垫片

图 2-87　曲轴飞轮组件

（1）曲轴

① 曲轴的材料一般用中碳钢或中碳合金钢模锻而成。轴颈表面经高频淬火或氮化处理，并经精磨加工。

② 曲轴由主轴颈、曲柄销（连杆轴颈）、曲柄臂、平衡重块等组成。

③ 曲轴的支承方式有两种。

全支承曲轴：曲轴的主轴颈数比汽缸的数量多一个，即每一个连杆轴颈两边都有一个主轴颈（如图 2-88 所示）。

非全支承曲轴：曲轴的主轴颈数比汽缸的数量少或与汽缸的数量相等，主轴承载荷较大，但缩短了曲轴的总长度，使发动机的总体长度有所减小。

在一些高档发动机上，还采用加装平衡轴的方法进行惯性力的平衡，使发动机运转得更加平稳，如图 2-89 所示。

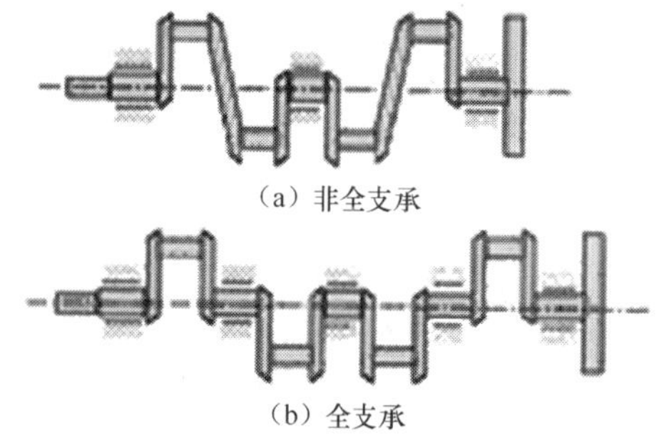

图 2-88　曲轴的支承方式

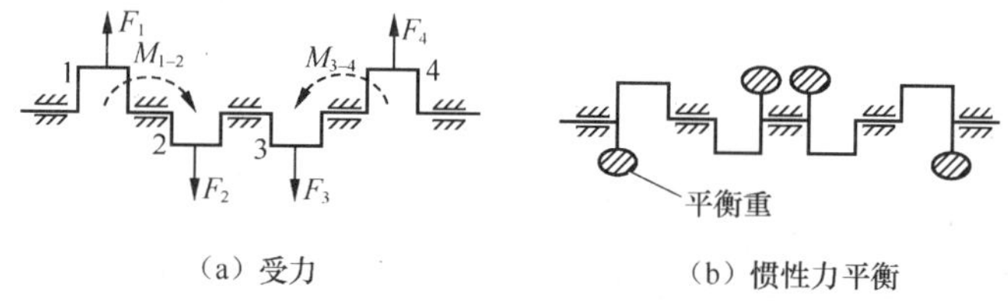

图 2-89　曲轴受力与平衡

曲轴前端：装有定时齿轮、驱动风扇和水泵的带轮以及启动爪、甩油盘等。甩油盘外斜面向后，安装时应注意，否则会产生相反效果。在齿轮室盖上装有油封，防止机油外漏，如图 2-90 所示。

曲轴轴向定位：由于曲轴经常受到离合器施加于飞轮的轴向力的作用，有的曲轴前端采用斜齿传动，使曲轴产生前后窜动，影响了曲柄连杆机构各零件的正确位置，增大了发动机磨损、异响和振动，故必须进行曲轴轴向定位。另外，曲轴工作时会受热膨胀，还必须留有膨胀的余地。

曲轴定位一般采用滑动止推轴承，安装在曲轴前端或中后部主轴承上。止推轴承有两种形式：翻边主轴瓦的翻边部分或具有耐磨合金层的止推片 2、3，如图 2-90 所示，磨损后可更换。

曲轴的后端：安装飞轮，在后轴颈与飞轮凸缘之间制成档油凸缘与回油螺纹，以阻止机油向后窜漏。

曲轴油道：在轴颈上还钻有油孔，并有斜油道相通，再与机体的主油道连通。

曲轴的形状取决于汽缸的数量、汽缸排列和发动机的点火顺序。多缸发动机的点火顺序应均匀分布在 720° 曲轴转角内，并且使连续做功的两缸相距尽可能远，以减轻主轴承的载荷，避免可能发生的进气重叠现象。

四缸四行程发动机的曲柄布置及工作顺序：点火间隔角为 720°/4＝180°，4 个曲柄布置在同一平面内，如图 2-91 所示。1、4 缸与 2、3 缸互相错开 180°，其点火顺序的排列有两种可能，即 1—3—4—2 或 1—2—4—3，其工作循环分别见表 2-7 和表 2-8。

表 2-7　四缸四行程发动机工作循环（点火顺序 1—3—4—2）

曲柄转角（°）	第 1 缸	第 2 缸	第 3 缸	第 4 缸
0～180	做功	排气	压缩	进气
180～360	排气	进气	做功	压缩
360～540	进气	压缩	排气	做功
540～720	压缩	做功	进气	排气

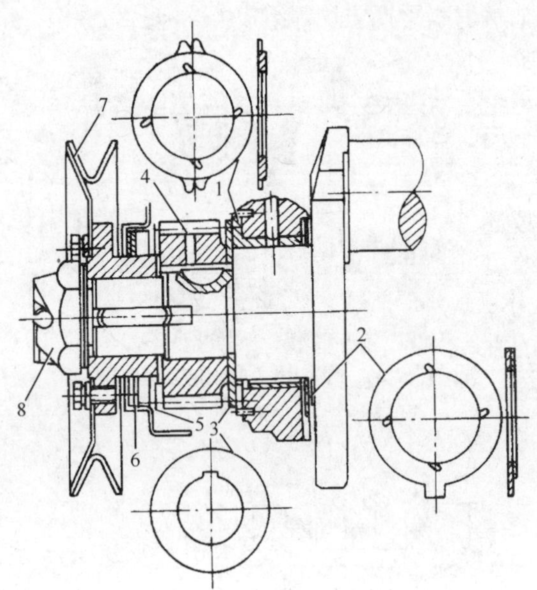

1、2—滑动推力轴承；3—止推片；4—定时齿轮；
5—甩油盘；6—油封；7—带轮；8—启动爪

图 2-90 曲轴前端结构

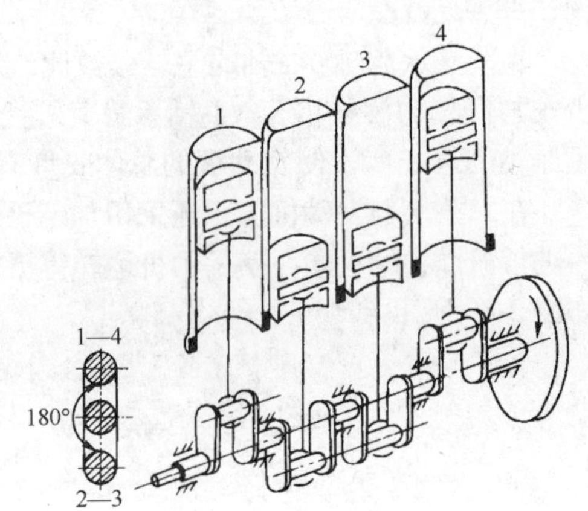

图 2-91 四缸四行程发动机的曲柄布置

表 2-8 四缸四行程发动机工作循环（点火顺序 1—2—4—3）

曲柄转角（°）	第 1 缸	第 2 缸	第 3 缸	第 4 缸
0～180	做功	压缩	排气	进气
180～360	排气	做功	进气	压缩
360～540	进气	排气	压缩	做功
540～720	压缩	进气	做功	排气

六缸四行程发动机曲柄布置及工作顺序：点火间隔角为 720°/6=120°，6 个曲柄分别布置在 3 个平面内，如图 2-92 所示，有两种点火顺序，即 1—5—3—6—2—4 和 1—4—2—6—3—5。国产汽车都采用前一种，其工作循环见表 2-9。

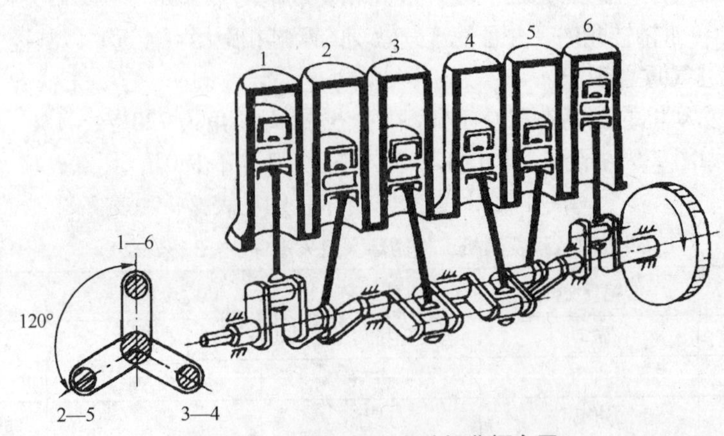

图 2-92 六缸四行程发动机曲柄布置

表 2-9　　　六缸四行程发动机工作循环（点火顺序 1—5—3—6—2—4）

<table>
<tr><th colspan="2">曲柄转角（°）</th><th>第 1 缸</th><th>第 2 缸</th><th>第 3 缸</th><th>第 4 缸</th><th>第 5 缸</th><th>第 6 缸</th></tr>
<tr><td rowspan="3">0～180</td><td>60</td><td rowspan="3">做功</td><td rowspan="2">排气</td><td>进气</td><td>作功</td><td rowspan="2">压缩</td><td rowspan="3">进气</td></tr>
<tr><td>120</td><td rowspan="3">压缩</td><td rowspan="3">排气</td></tr>
<tr><td>180</td><td rowspan="3">进气</td><td rowspan="3">做功</td></tr>
<tr><td rowspan="3">180～360</td><td>240</td><td rowspan="3">排气</td><td rowspan="3">压缩</td></tr>
<tr><td>300</td><td rowspan="3">做功</td><td rowspan="3">进气</td></tr>
<tr><td>360</td><td rowspan="3">压缩</td><td rowspan="3">排气</td></tr>
<tr><td rowspan="3">360～540</td><td>420</td><td rowspan="3">进气</td><td rowspan="3">做功</td></tr>
<tr><td>480</td><td rowspan="3">排气</td><td rowspan="3">压缩</td></tr>
<tr><td>540</td><td rowspan="3">做功</td><td rowspan="3">进气</td></tr>
<tr><td rowspan="3">540～720</td><td>600</td><td rowspan="3">压缩</td><td rowspan="3">排气</td></tr>
<tr><td>660</td><td rowspan="2">进气</td><td rowspan="2">做功</td></tr>
<tr><td>720</td><td>排气</td><td>压缩</td></tr>
</table>

八缸四行程 V 形发动机曲柄布置及工作顺序：点火间隔角为 720°/8=90°，发动机左右两列对应的一对连杆共用一个曲柄，所以 V 形八缸四行程发动机只有 4 个曲柄，如图 2-93 所示。曲柄布置可以与 4 缸发动机相同，4 个曲柄布置在同一平面内，也可以布置在两个互相错开 90° 的平面内，使发动机得到更好的平衡。点火顺序为 1—8—4—3—6—5—7—2。其工作循环见表 2-10。

表 2-10　　　八缸四行程发动机工作循环（点火顺序 1—8—4—3—6—5—7—2）

<table>
<tr><th colspan="2">曲柄转角（°）</th><th>第 1 缸</th><th>第 2 缸</th><th>第 3 缸</th><th>第 4 缸</th><th>第 5 缸</th><th>第 6 缸</th><th>第 7 缸</th><th>第 8 缸</th></tr>
<tr><td rowspan="2">0～180</td><td>90</td><td rowspan="2">做功</td><td>做功</td><td>进气</td><td rowspan="2">压缩</td><td>排气</td><td rowspan="2">进气</td><td rowspan="2">排气</td><td>压缩</td></tr>
<tr><td>180</td><td rowspan="2">排气</td><td rowspan="2">压缩</td><td rowspan="2">进气</td><td rowspan="2">做功</td></tr>
<tr><td rowspan="2">180～360</td><td>270</td><td rowspan="2">排气</td><td rowspan="2">做功</td><td rowspan="2">压缩</td><td rowspan="2">进气</td></tr>
<tr><td>360</td><td rowspan="2">进气</td><td rowspan="2">做功</td><td rowspan="2">压缩</td><td rowspan="2">排气</td></tr>
<tr><td rowspan="2">360～540</td><td>450</td><td rowspan="2">进气</td><td rowspan="2">排气</td><td rowspan="2">做功</td><td rowspan="2">压缩</td></tr>
<tr><td>540</td><td rowspan="2">压缩</td><td rowspan="2">排气</td><td rowspan="2">做功</td><td rowspan="2">进气</td></tr>
<tr><td rowspan="2">540～720</td><td>630</td><td rowspan="2">压缩</td><td rowspan="2">进气</td><td rowspan="2">排气</td><td rowspan="2">做功</td></tr>
<tr><td>720</td><td>做功</td><td>进气</td><td>排气</td><td>压缩</td></tr>
</table>

（2）曲轴扭转减震器

① 曲轴扭转减震器的作用

吸收曲轴扭转振动的能量，消减扭转振动，避免发生强烈的共振及其引起的严重后果（曲轴是一种扭转弹性系统，各曲柄的旋转速度忽快忽慢呈周期性变化。安装在曲轴后端的飞轮转动惯量最大，可以认为是匀速旋转，由此造成曲轴各曲柄的转动比飞轮时快时慢，这种现象称为曲轴的扭转振动。当振动强烈时甚至会扭断曲轴）。

② 曲轴扭转减震器的结构原理

目前用的较多的是橡胶式曲轴扭转减震器（如图 2-94 所示），皮带轮毂 5 固定在曲轴前端，通过橡胶垫 1 和橡胶体 4 分别与皮带轮（前惯性盘）2 和后惯性盘 3 连接。当曲轴转动发生扭转时，因后惯性盘及皮带轮惯性盘转动惯量大，角速度均匀，从而使橡胶体和橡胶垫产生很大的交变剪切变形，消耗了曲轴扭转能量，减轻了共振。

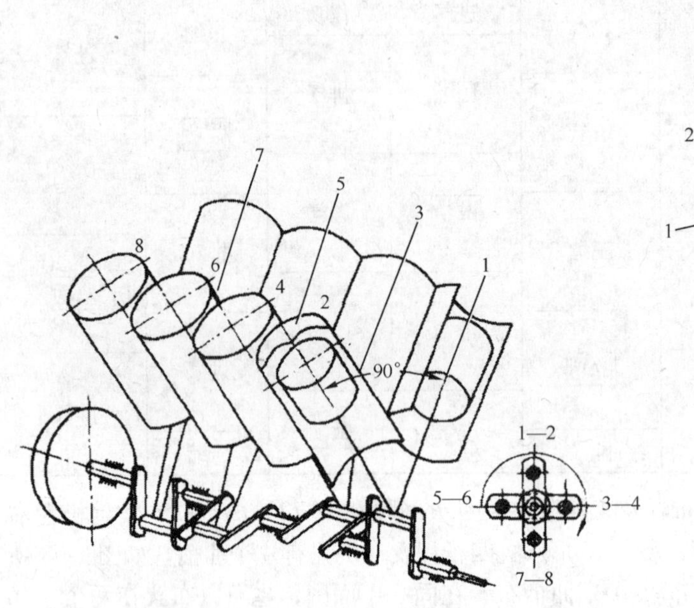

图 2-93　八缸四行程发动机曲柄布置

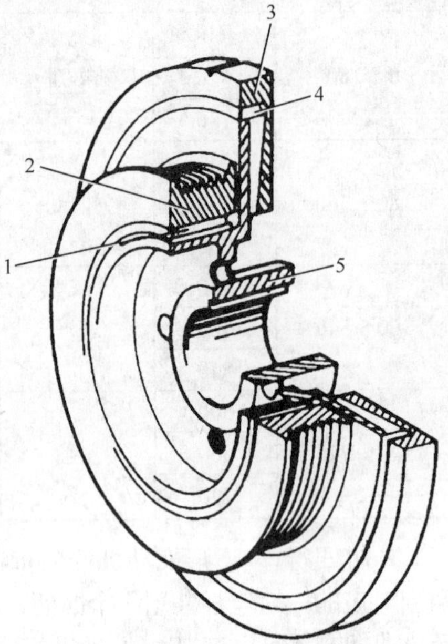

1—橡胶垫；2—皮带轮（前惯性盘）；3—后惯性盘；4—橡胶体；5—皮带轮毂

图 2-94　橡胶式曲轴扭转减震器

(3) 飞轮

飞轮主要功用是用来储存作功行程的能量，用于克服进气、压缩和排气行程的阻力和其他阻力，使曲轴能均匀地旋转。

飞轮外缘压有齿圈，与启动电动机的驱动齿轮啮合，供启动发动机用；汽车离合器也装在飞轮上，利用飞轮后端面作为驱动件的摩擦面，用来对外传递动力。

在飞轮轮缘上作有记号（刻线或销孔）供找压缩上止点用，当飞轮上的记号与外壳上的记号对正时，正好是压缩上止点。有的还有进排气相位记号、供油（柴油机）或点火（汽油机）记号供安装和修理用。

飞轮与曲轴在制造时一起进行过动平衡实验，在拆装时应严格按相对位置安装。飞轮紧固螺钉承受作用力大，应按规定力矩和正确方法拧紧。

三、曲柄连杆结构的拆卸

1. 汽缸体曲轴箱组拆卸

① 先从发动机上拆去燃料供给系统、点火系统、冷却系统等有关部件。

② 拆卸前、后汽缸盖罩总成；拆除摇臂机构，取出推杆。

③ 拆卸汽缸盖及衬垫（拆缸盖螺栓、螺母应从周围向中间交叉均匀拆卸，可用木锤轻敲汽缸盖的四周使其松动，不允许用起子或其他硬物撬缸盖）。拆下汽缸盖后，注意观察燃烧室结构、火花塞及气门位置、汽缸盖上水道、油道等。

④ 放倒发动机，拆下油底壳（若油底壳内有机油，应拧开放油螺塞将油放尽后再拆）。拆除油底壳后，注意观察机油泵安装位置再拆去，观察曲轴支承形式。

2. 活塞连杆组拆卸

① 分别将所有活塞连杆组转到下止点。

② 拆下连杆螺母，取下连杆盖、衬垫与轴承，按顺序放好。

③ 用手锤木柄推出活塞连杆组，将取下的连杆盖、衬垫、轴承和连杆螺栓等按原样装复，不可错乱。

④ 用活塞环装卸钳拆下活塞环。

⑤ 将活塞销锁环拆下，再用活塞销铳将活塞销铳出。

注意观察活塞结构及与连杆连接、安装方向等；活塞环结构形式及安装方向；连杆轴承结构及定位方法。

3. 曲轴飞轮组拆卸

① 放倒发动机，拆下主轴承盖螺栓，取下主轴承盖、衬垫且按顺序放好。

② 拆下曲轴，将轴承盖等装回原位。

③ 拆除飞轮固定螺栓，拆下飞轮。

④ 拆下启动爪、曲轴皮带轮总成、曲轴正时齿轮等。

注意观察曲轴轴向定位装置：曲轴前（后）端轴防漏结构，扭转减震器等。

四、曲柄连杆结构的检修

1. 活塞连杆组的检修

（1）活塞和活塞环的检修

活塞的顶部与汽缸盖一起构成发动机燃烧室。活塞顶部会发生积炭、烧蚀以及龟裂等现象；活塞销孔、活塞销会产生磨损现象；活塞裙部会产生磨损、磕碰损伤现象；活塞环与活塞环槽会产生磨损和积炭现象。

① 检查活塞和活塞环

A．清除活塞环槽内的积炭

如图 2-95 所示，如果积炭将活塞环嵌在环槽中不能转动，可将活塞总成浸泡在煤油中，待其软化后再进行清除和拆卸，不能用刮刀等工具硬撬。

B．检查活塞环侧隙

用厚薄规检查活塞环与活塞的侧隙，如图 2-96 所示。新装时侧隙为 0.02～0.05mm，极限间隙为 0.15mm 时，则应更换活塞环。

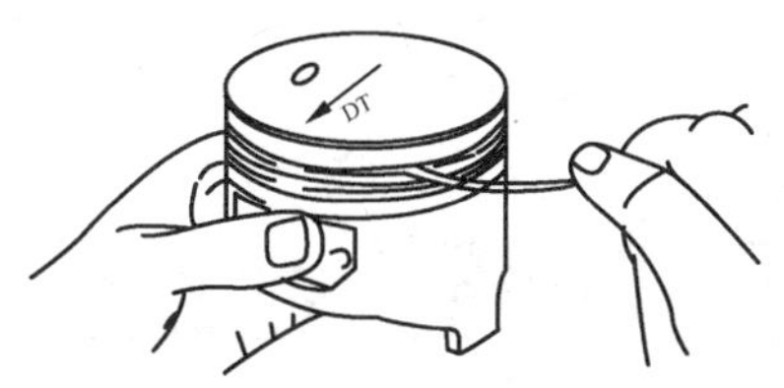

图 2-95　清除活塞环槽的积炭

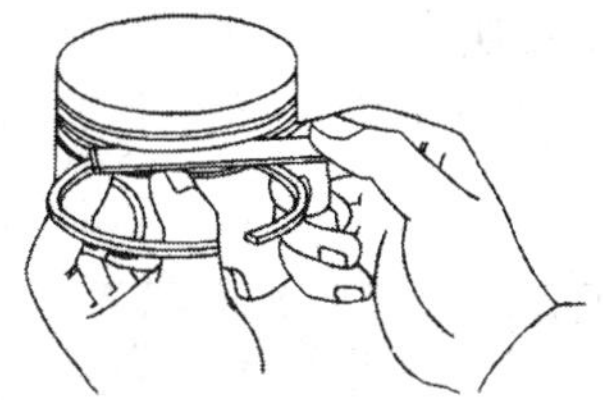

图 2-96　测量活塞环的侧隙

C．检查活塞环端隙

如图 2-97 所示，将活塞环放入汽缸，使其水平停放在距上平面 15mm 的汽缸内，用厚薄规进行测量，其磨损极限为 1.00mm。活塞环的修理标准见表 2-11。

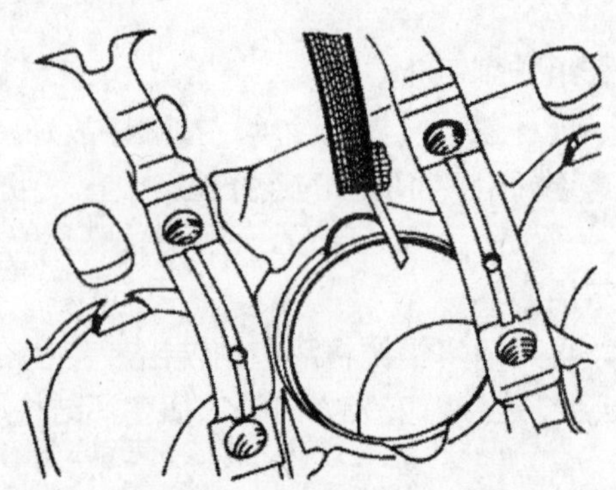

图 2-97 测量活塞环的端隙

表 2-11 活塞环修理标准

车型	第一道气环端隙（mm）	第二道气环端隙（mm）	第三道油环端隙（mm）	侧隙（mm）
桑塔纳	1.30～0.45	0.25～0.40	0.25～0.50	0.02～0.05
捷达	0.30～0.45	0.30～0.45	0.25～0.50	0.02～0.05
富康	0.30～0.45	0.30～0.45	0.30～0.45	0.02～0.05

② 测量活塞

A．检查活塞裙部的磨损：在与活塞销垂直的方向，用外径千分尺测量活塞裙部直径，如图 2-98 所示。直径与标准尺寸的最大偏差量超过标准时，在发动机大修时应更换全部活塞。

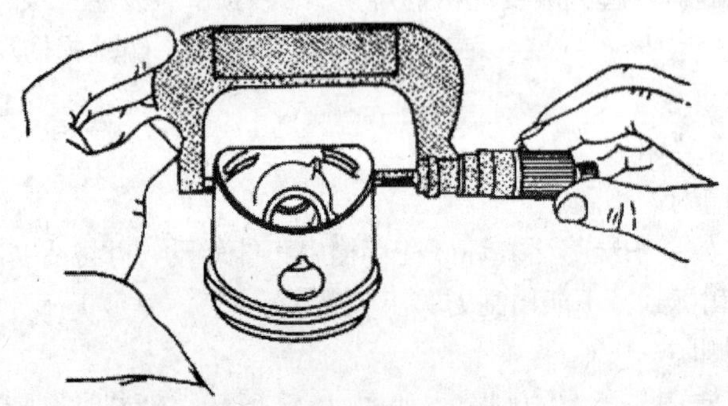

图 2-98 测量活塞裙部尺寸

B．活塞更换时，只能用质量等级和尺寸相同的产品更换，其一台发动机上同组活塞的重量差不得大于标准规定（见表 2-12)。

表 2-12 活塞裙部标准尺寸

车　型	修 理 级 别	活塞（mm）	汽缸（mm）
桑塔纳	标准尺寸	79.48	79.51
	第 1 次修理	79.73	79.76
	第 2 次修理	79.78	80.01
	第 3 次修理	80.48	80.51

续表

车　　型	修理级别	活塞（mm）	汽缸（mm）
捷达	标准尺寸	80.98	81.01
	第 1 次修理	81.23	81.26
	第 2 次修理	81.48	81.51
富康	标准尺寸	75.00	74.95
	第 1 次修理	75.40	75.35

富康轿车发动机活塞顶标记，如图 2-99 所示，*A*、*B*、*C* 分别代表活塞与缸套内径分组尺寸。在选配时应与缸套内径分组尺寸的打印标记对应配套，见表 2-13。

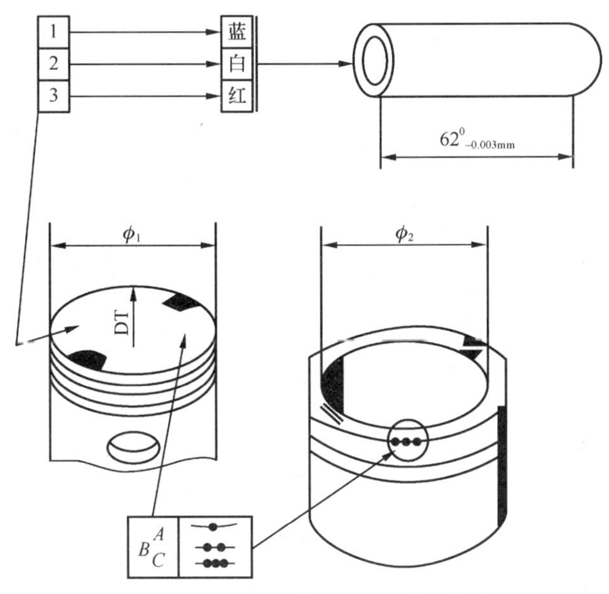

图 2-99　富康轿车发动机活塞顶标记

表 2-13　富康轿车发动机活塞与汽缸内径分组尺寸

活塞标记	活塞外径（mm）	缸套内径（mm）
A	$74.950^{+0.01}$	$75.00^{+0.01}$
B	$74.960^{+0.01}$	$75.01^{+0.01}$
C	$74.970^{+0.01}$	$75.02^{+0.01}$

富康轿车采用分组选配方式，主要是为了使普通修理部门能在较低的加工精度下，获得较高的装配精度，在较低的生产成本下保证较好的使用性能。

（2）活塞销的检修

① 活塞销的外观检查

活塞销的外观检查主要是观察活塞销有无拉伤、烧蚀、裂纹和严重的磨损等现象，并根据情况予以更换。

② 活塞销直径的检查

用千分尺检查活塞销的直径，测量出的活塞销的直径与连杆小头孔的直径，并计算出它们

之间的间隙尺寸，若间隙尺寸超过允许的极限值（0.05mm），则应成组地更换活塞销和连杆。

（3）连杆的检修

连杆在工作中，由于受力较大，容易产生杆身的弯曲、扭曲或弯扭并存等现象。连杆弯曲或扭曲，会使活塞在汽缸内歪斜，造成活塞与汽缸及连杆轴承的偏磨、活塞组与汽缸间漏气和窜油。因此，必须对连杆进行检查和校正。

① 检查连杆弯曲和扭曲

连杆弯曲程度不得大于0.05mm/100mm，连杆扭曲程度不得大于0.05mm/100mm。连杆弯曲，一般产生在大小端轴线所形成的平面内（前后弯），弯曲后，连杆大小端承孔轴线不平行；而连杆扭曲将使大小端轴线不处在同一平面内。

通常用连杆检验器来检验连杆的弯曲与扭曲变形，其步骤如下。

a．将连杆盖装在连杆上，并用标准力矩拧紧，同时装上修配好的活塞销，如图2-100所示。

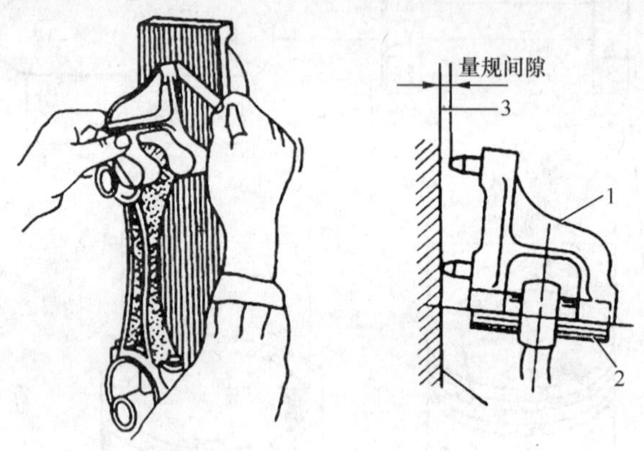

1—量规；2—活塞销；3—测量器平面

图2-100　测量连杆的弯曲量

b．将连杆轴承孔套装在检验器的横轴上，转动轴端螺母，使横轴上的定心块向外张，将连杆固定在检验器上。

c．检验器量规的V形面靠在活塞销顶面上，观察小角铁3个爪头与平面的接触情况，即可查出连杆的弯曲方向和程度。

d．将量规下移，使其侧面与活塞销侧面接触，观察量规与活塞销两端的接触情况，即可测出扭曲方向和扭曲量，如图2-101所示。

② 校正连杆弯曲和扭曲

检验时如发现连杆弯曲和扭曲，应使用专用工具予以校正或更换。对连杆校正的方法，如图2-102所示。

连杆校正后，在杆身中存在残余应力是不易消除的，因此，必须将连杆加热至400～450℃保温0.5～1h，以消除残余应力，才能避免在工作中恢复弯曲状态。

有条件时，为保证发动机修理质量，最好更换弯曲、扭曲较严重的连杆。

2．曲轴飞轮组的检修

（1）曲轴的检修

曲轴是发动机主要零件之一，通常采用高强度的球墨铸铁或优质、高强度的中碳合金钢制成（例如捷达EA827发动机曲轴的材料为球墨铸铁）。发动机工作时，曲轴作高速旋转运动，并受到周期性不断变化的气体压力、往复运动质量惯性力、旋转运动离心惯性力以及力矩的共同作用。曲轴的常见损伤，一般有疲劳裂纹、轴颈磨损、弯曲变形和扭转变形等。

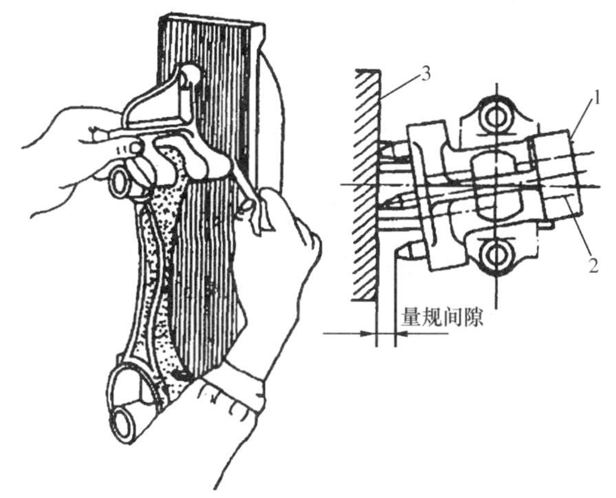

1—量规；2—活塞销；3—测量器平面

图 2-101　检查连杆的扭曲量

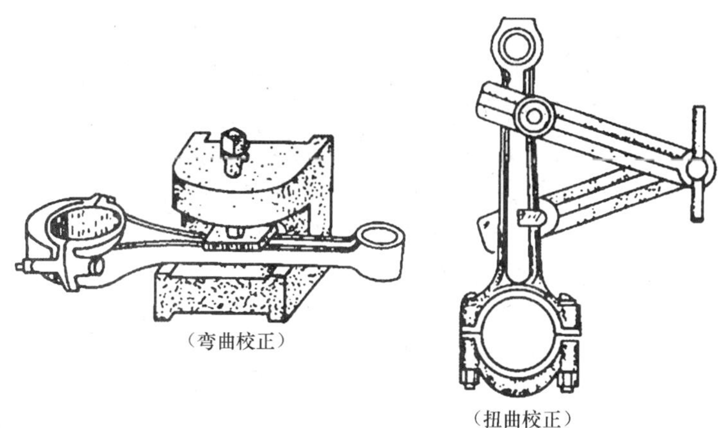

图 2-102　校正连杆

① 裂纹的检修

曲轴的裂纹一般出现在应力集中部位，如主轴颈或连杆轴颈与曲柄臂相连的过渡圆角处，表现为横向裂纹。也有在轴颈中的油孔附近出现沿轴向延伸的裂纹。

常用的检查方法有：磁力探伤仪检查、超声波探伤、X 光探伤和浸油敲击法等。用磁力探伤仪检查时，应使磁力线通过被检查的部位，如果轴颈表面有裂纹，在裂纹处磁力线会偏散而形成磁极，将磁性铁粉撒在表面上，铁粉会被磁化并吸附在裂纹处，从而显现出裂纹的位置和大小。浸油敲击法检查是将曲轴置于煤油中浸一会，取出后擦净并撒上白粉，然后分段用手锤轻轻敲击。如有明显的油迹出现，即该处有裂纹。

曲轴轴颈表面不允许有横向裂纹。对轴向裂纹，其深度如在曲轴轴颈修理尺寸以内，可通过磨削磨掉，否则应予以报废。

② 弯曲变形的检修

将曲轴的两端用 V 形块支承在平板上，用百分表的触头抵在中间主轴颈表面，如图 2-103 所示。然后转动曲轴一周，表上指针的最大与最小读数之差，即为中间主轴颈对两端主轴颈的径向圆跳动误差。若其误差大于 0.10mm，则应更换曲轴。

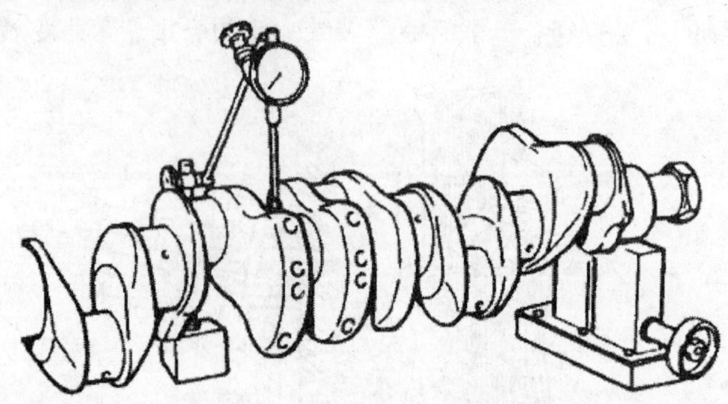

图 2-103 测量曲轴的弯曲度

③ 轴颈磨损的检修

检验曲轴轴颈磨损量，测定主轴颈及连杆轴颈的圆度和圆柱度，其目的在于决定是否需要磨修及磨修的修理尺寸。测量时，用外径千分尺先在油孔两侧测量，然后旋转 90° 再测量，最大直径与最小直径之差的 1/2 为圆度误差。轴颈两端测得的直径差的 1/2 为圆柱度误差。当曲轴主轴颈与连杆轴颈的圆度和圆柱度误差大于 0.025mm 时，应按修理尺寸进行磨修。

磨修曲轴轴颈是在专用曲轴磨床上进行的。除了修复轴颈表面尺寸及几何形状精度（圆度及圆柱度）外，还必须注意修复轴颈的同轴度、平行度、曲柄半径以及各连杆轴颈间的夹角等相互位置精度。同时，还应保证曲轴原轴线位置不变，以保持曲轴原有的平衡性。

曲轴轴颈磨削后，各轴颈的圆柱度误差、表面粗糙度、轴颈两端圆角半径应符合规定；各连杆轴颈轴线对主轴颈轴线的平行度误差、曲柄半径应符合原厂规定；各连杆轴颈轴线对曲轴正时齿轮键槽中心平面的分配角度偏差应符合厂家规定。当磨损轴颈的尺寸超出修理尺寸，必须更换曲轴。

桑塔纳、捷达轿车发动机曲轴轴颈修理分为三级尺寸规格，每 0.25mm 为一个级别，见表 2-14。

表 2-14 桑塔纳、捷达轿车发动机曲轴修理尺寸

尺 寸 级 别	主轴颈直径（mm）	连杆轴颈直径（mm）
标准	$54.00^{-0.22}_{-0.42}$	$47.80^{-0.22}_{-0.42}$
第 1 次减小尺寸	$53.75^{-0.22}_{-0.42}$	$47.55^{-0.22}_{-0.42}$
第 2 次减小尺寸	$53.50^{-0.22}_{-0.42}$	$47.30^{-0.22}_{-0.42}$
第 3 次减小尺寸	$53.25^{-0.22}_{-0.42}$	$47.05^{-0.22}_{-0.42}$

富康轿车发动机曲轴尺寸为标准尺寸和修理尺寸两种，见表 2-15。当曲轴磨损超过 0.05mm 时，则应选择加大+0.30mm 级磨削曲轴、装用+0.30mm 的轴承或更换曲轴。

表 2-15 富康轿车发动机曲轴修理尺寸

尺 寸 级 别	主轴颈直径（mm）	连杆轴颈直径（mm）
标准	$50.00_{-0.019}$	$45.00^{-0.009}_{-0.025}$
修理	$49.70_{-0.019}$	$44.70^{-0.009}_{-0.025}$

④ 曲轴的动平衡

曲轴的动平衡试验，应在专用的动平衡机上进行。曲轴一般都带有平衡重，有的发动机，平衡重与曲轴制成一体；有的发动机，平衡重则用螺栓紧固在曲轴上。进行平衡时，可在曲轴平衡重或曲柄臂上用钻孔或铣削的方法取得平衡。曲柄臂上钻孔深度不宜过深，否则使平衡效果减小。应在曲柄臂外缘表面上对称钻孔，深度一般不超过 15mm。

(2) 飞轮的检修

飞轮常见的损坏主要是齿圈磨损、打坏、松动和端面打毛；飞轮与离合器摩擦片接触的工作表面磨损或损伤，或因铆钉露头将飞轮工作表面划磨成沟槽。

① 齿圈的检修

齿圈牙齿单面磨损，可将齿圈翻面，继续使用。装配时，是将齿圈加热到 300～350℃，热套在飞轮外周的凸缘上。如果齿圈松动或轮齿损坏连续 4 个以上时，则应更换新齿圈。

② 飞轮工作面的检修

飞轮工作面磨损成波浪形或起槽，深度超过 0.5mm 时，应更换飞轮并对曲轴和飞轮进行动平衡试验，否则会影响发动机运转的平稳性能。飞轮上有点火正时记号“0”，换用新飞轮时要检查有无此记号，若没有应用号铳打上，以便校正点火正时，如图 2-104 所示。

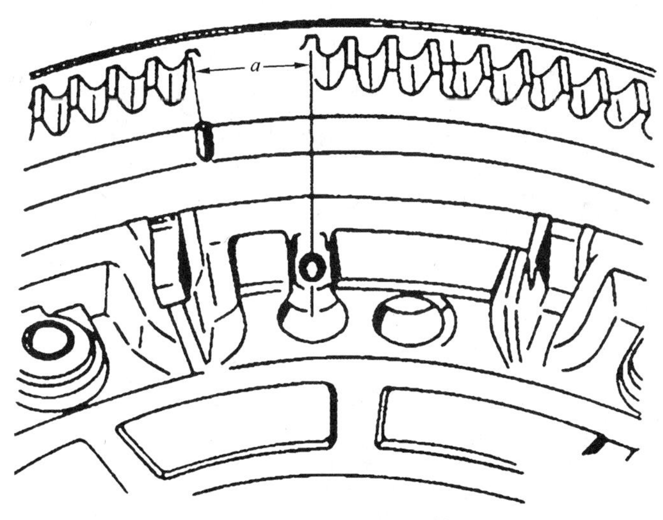

图 2-104　飞轮点火正时标记

飞轮还应进行静平衡试验，其允许不平衡量一般为 0.0098N·m。飞轮与曲轴装合后，飞轮工作面对曲轴两端主轴颈公共轴线的端面圆跳动，在半径 150mm 处，应不得大于 0.15mm，超过时允许在曲轴凸缘盘与飞轮之间加垫片调整，不允许用机械加工方法调整。

第二部分　任务实施

在任务实施的过程中，将学习发动机曲柄连杆机构拆卸步骤以及检修方法。建议分小组进行实施，在规定的时间内完成。

一、工具准备

在实施工作前，每小组按表 2-16 准备好完成本任务所需的资料、工具。

表 2-16　工具准备

资料、工具的名称	数　量
桑塔纳轿车发动机	1 台
连杆检验器	1 套
塞尺	1 把
百分表	1 只
磁性表座	1 套
千分尺	1 把
常用工具	1 套
火花塞套筒	1 个

二、技术要求与标准

① 查阅车型相关维修手册，按规定的顺序拆装。
② 曲柄连杆机构的检验数据精确。
③ 在操作过程中不允许出现安全事故。

三、要完成的工作

1．请对桑塔纳 2000 汽车的发动机的曲柄连杆机构进行拆卸，完成实训报告。
2．检查活塞和活塞环，将检验结果填入表 2-17 中。

表 2-17　检验结果

<table>
<tr><th>检 测 项 目</th><th colspan="6">测量数据（mm）</th></tr>
<tr><td rowspan="3">活塞环三隙</td><td colspan="3">第一道气环</td><td colspan="3">第二道气环</td></tr>
<tr><td>端系</td><td>侧系</td><td>背隙</td><td>端系</td><td>侧系</td><td>背隙</td></tr>
<tr><td></td><td></td><td></td><td></td><td></td><td></td></tr>
<tr><td>活塞裙部直径</td><td></td><td></td><td></td><td></td><td></td><td></td></tr>
</table>

结果分析

____

检测结论

____

3．检查连杆，将检验结果填入表 2-18 中。

表 2-18　　　　　　　　　　　　　　检验结果

检 测 项 目	测量数据（mm）

结果分析

检验结论

4．检查曲轴，将检验结果填入表 2-19 中。

表 2-19　　　　　　　　　　　　　　检验结果

曲轴直径 / 测量界面		测量数据（mm）		计 算 数 据
		D_1	D_2	圆度
曲轴主轴颈	Ⅰ—Ⅱ			
	Ⅱ—Ⅱ			
曲轴连杆主轴颈	Ⅰ—Ⅱ			
	Ⅱ—Ⅱ			
圆度				
弯曲度				
结果分析				
检测结论				

任务评价

一、自我评价

1．曲柄连杆机构的常见损伤有哪些？对发动机有什么影响？如何解决？

2．本任务给你印象最深的是什么？

3．自己对学习本任务的自我评价（包括着装、学习态度、知识以及技能掌握程度、工作页的填写情况等）。

二、小组评价

序　号	评 价 项 目	评 价 情 况		
		好	中	差
1	团队合作精神			
2	学习是否积极主动			
3	服从工作安排的情况			
4	工具、仪器的使用情况			
5	工具整理、现场清理的情况			

三、教师评价

序　号	评 价 项 目	评 价 情 况		
		好	中	差
1	出勤情况			
2	着装情况			
3	课堂秩序			
4	学习是否积极主动			
5	任务书填写			
6	工具、仪器的使用情况			
7	工具整理、现场清理的情况			

任务四　汽缸体的检修

◇ 掌握汽缸体的结构。

◇ 掌握汽缸体的检修方法。

建议完成本任务的学时为 12 学时。

内容结构

任务描述

一辆桑塔纳 2000 的汽车发动机在机械方面出现故障需要维修，汽车机电维修工根据维修前台接待提供的维修工单，在汽车机电维修工位以及规定工时内以经济的方式按照专业要求使用通用工具、发动机机械维修专用工具、设备和汽车维修资料等，完成缸体的检修作业。对已完成的工作进行记录存档，保持工作场地满足安全作业及 5S 工作要求。

第一部分　任务学习引导

一、汽缸体的构造

汽缸体的结构包括汽缸、曲轴支承孔、曲轴箱（曲轴运动的空间）、加强筋、冷却水套、润滑油道等。

汽缸是燃烧作功的场所。为了节省贵金属材料、降低成本、方便维修，现代汽车广泛采用镶入汽缸体内的汽缸套，如图 2-105 所示。

（a）干式汽缸套　（b）湿式汽缸套

1—机体；2—汽缸套；3—水套；4—密封圈

图 2-105　汽缸套

汽缸套：有干式汽缸套和湿式汽缸套两类。

干式汽缸套：外壁不直接与冷却水接触，而和汽缸体的壁面直接接触，壁厚一般为 1～3mm。汽缸体结构形式按汽缸体与油底壳安装平面的位置不同分为以下几种形式（如图 2-106 所示）。

① 一般式汽缸体：油底壳安装平面和曲轴旋转中心在同一高度。优点是机体高度小、质量轻、结构紧凑、便于加工、曲轴拆装方便；但刚度和强度较差。

② 龙门式汽缸体：油底壳安装平面低于曲轴的旋转中心。优点是强度和刚度都好，能承受较大的机械负荷；但工艺性较差、结构笨重、加工较困难。

③ 隧道式汽缸体：曲轴的主轴承孔为整体式，主轴承孔较大，曲轴从汽缸体后部装入。优点是结构紧凑、刚度和强度好；但加工精度要求高、工艺性较差、曲轴拆装不方便。

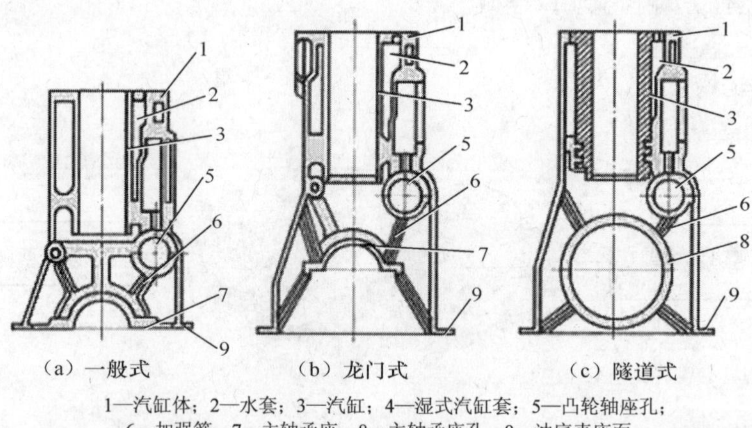

1—汽缸体；2—水套；3—汽缸；4—湿式汽缸套；5—凸轮轴座孔；
6—加强筋；7—主轴承座；8—主轴承座孔；9—油底壳座面

图 2-106 汽缸体的结构形式

二、汽缸体的检查与修理

发动机在使用中，除汽缸发生的“圆度”和“圆柱度”磨损外，汽缸体和汽缸盖还会出现破裂损伤、结合平面变形、水道口腐蚀以及螺孔、火花塞孔缺损等现象。为防止汽缸镗削或更换缸套后，因修理缸体导致汽缸变形现象，在镗缸或更换缸套前应先进行汽缸体和汽缸盖的外部检修。

汽缸体是发动机的基础零件，汽缸盖是发动机的主要零件之一。汽缸体与汽缸盖多用灰铸铁或铝合金铸造（如捷达、桑塔纳车型发动机缸体为灰铸铁制成，汽缸盖为铝合金制成，富康车型发动机的汽缸体和汽缸盖均为铝合金制成）。它们的结构形状复杂，工作时受热和受力情况也比较复杂，不仅各配合副本身会因摩擦而磨损，而且汽缸体还可能因为存在铸造残余应力而产生变形，破坏各配合副的相互关系；各部分因工作温度不均匀引起的热应力还可能导致裂纹。这些都会影响到整个发动机的性能指标、工作可靠性和耐久性。

汽缸盖裂纹经常出现在气门座或气门座圈及火花塞螺孔之间。如果裂纹宽度最大不超过0.5m 或火花塞螺孔虽有裂纹但不超过头圈范围，则汽缸盖可继续使用。

如果汽缸体和汽缸盖其他部位产生裂纹会导致漏气、漏水或漏油现象。裂纹较大时，将使发动机无法工作。汽缸体及汽缸盖容易产生裂纹的部位与其自身的结构有关，不同车型的汽缸体及汽缸盖的易裂部位也不尽相同，但大多发生在水套的薄壁处以及应力集中的部位。

汽缸体和汽缸盖裂纹的检查方法是水压试验法。试验时，将汽缸体与汽缸盖分别进行，用专用的盖板封住水道口，用水压机或压缩空气加压（用压缩空气加压时，管路中要加装单向阀门，以防止水的倒流），要求在 0.3～0.4MPa 的压力下，保持约 5min，检查汽缸体、汽缸盖的外表面及汽缸和燃烧室等部位，应无任何渗漏现象。

水压试验的压力不能过低，并且应该在彻底清除水垢的情况下进行，否则在清除水垢后，可能发现新的裂纹。另外，镶配气门座圈、气门导管或汽缸套时，若过盈量过大都会造成新的裂纹。必要时，在这些工序之后，再进行一次水压试验。

汽缸体和汽缸盖裂纹和破裂的修理方法有黏结、焊接和螺钉填补等几种，应根据破裂的程度、损伤的部位，选择适当的修理方法。

（1）环氧树脂黏结法

此法一般用于受力和受热不大的部位。先在裂纹两端钻ϕ3～4mm的止裂孔，用砂布将裂纹周围砂光，沿裂纹开60°的坡口，坡口深度为壁厚的2/3。坡口开好后最好进行表面喷砂处理，使坡口的表面粗糙度Ra为5～20μm，然后对表面进行清洁和化学处理。在黏前表面准备完毕后，就可涂胶，最后是固化。涂胶时，槽口加热到50～60℃，将事先配好的环氧树脂胶加热到85～90℃，均匀地涂入槽口，固化条件依所用固化剂而定。

（2）焊接法

此法一般用于受力较大的部位。按对焊件预热和不预热方式可分为热焊和冷焊两种。焊修前，应先确定裂纹长度，在裂纹两端各钻一个ϕ4～5mm的止裂孔，并沿裂纹开V形坡口，坡口角度为60°～70°，坡口深度为其壁厚的2/3，坡口两侧25mm以内的表面用钢丝刷或砂布打光露出金属光泽。热焊时，将工件预热到600～700℃。使焊缝金属冷却缓慢，焊缝与工件其他部位温差小，能有效地防止施焊部位出现白口铸铁和裂纹现象，但热焊变形及氧化比较严重。因此，热焊只限于对焊接质量要求高又不便于冷焊的部位。冷焊一般不预热（或预热到400℃左右），采用有色金属焊条，执行严格的焊接工艺，以减少工件的变形。

三、汽缸体和汽缸盖螺纹孔的检修

在发动机修理作业中，由于拆装不当或螺纹在工作中磨损造成螺纹损坏的均可采用镶套法修理。如果螺孔周围及螺栓紧固部位附近龟裂现象严重时，应更换汽缸体或汽缸盖。

螺孔螺纹损伤，通常用目测和将螺栓、火花塞旋入螺孔的方法进行检验。汽缸盖上装火花塞的螺孔螺纹损伤不得多于1牙，汽缸体与汽缸盖上其他螺孔螺纹损伤不得多于2牙。

镶套法修理时，将损坏的螺纹孔扩大，并按规定攻出螺纹，然后装入有外螺纹的螺栓套。其内螺纹与原螺纹孔的螺纹尺寸相同，外螺纹则应与螺孔扩大后攻制的螺纹尺寸相同，必要时在螺套外部加止动螺钉，防止螺套移动，如图2-107所示。

对于某些损伤的螺纹孔，也可以加大加工成修理尺寸的螺纹，然后配用加大的台阶形螺柱，如图2-108所示。

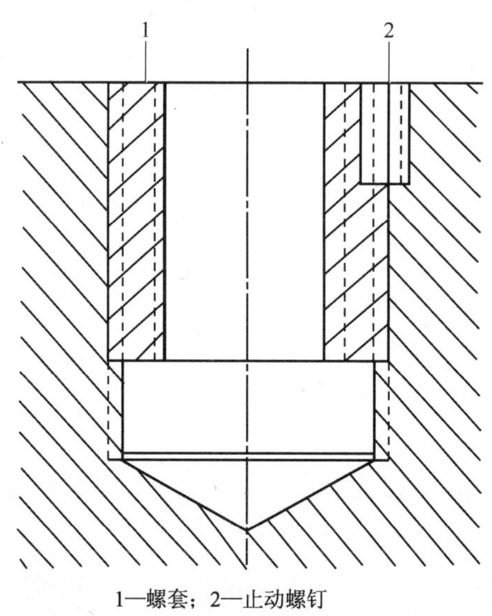

1—螺套；2—止动螺钉

图2-107　镶配螺套图

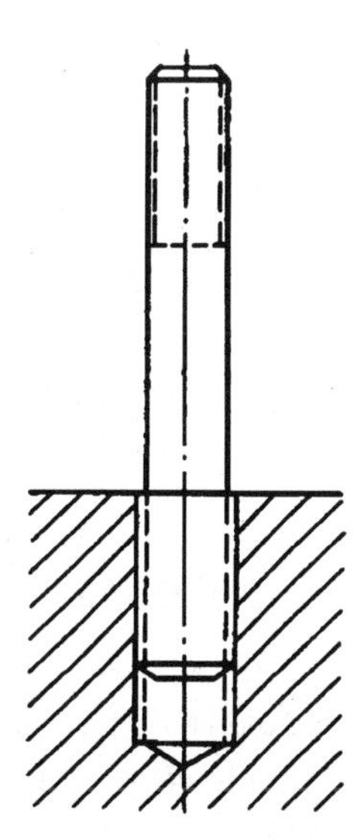

图2-108　台阶形螺柱

四、汽缸体变形的检修

汽缸体及汽缸盖在发动机使用过程中，往往产生变形。这种变形不仅破坏零件的几何形状，而且使配合表面的相对位置偏差增加。通过检验确定形位公差破坏的程度，进行整形修理，使其形位公差得到恢复。

(1) 汽缸盖平面平面度的检修

汽缸盖变形的主要表现为翘曲，其变形程度可通过检测汽缸盖的平面平面度获得。检查时，汽缸盖平面的平面度可用平板做接触检验，或者用直尺和厚薄规测试。捷达、桑塔纳车型发动机的汽缸盖在检查时，沿两条对角线和纵轴线将直尺放置到汽缸盖上，移动厚薄规检查，最大允许偏差为 0.10mm。如果捷达、桑塔纳车型的汽缸盖的最小厚度大于 132.60mm，可对汽缸盖进行修磨。

a. 汽缸盖平面的平面度超过允许限度时，会引起发动机漏水、漏气甚至冲坏汽缸衬垫等故障，其修理方法如下。

b. 汽缸盖平面的平面度在整个平面上不大于 0.05mm 或仅有局部不平时，可用刮研法修复。

铸铁汽缸盖的平面度误差较大时，应根据具体的情况分别采用磨削或铣削的方法修平，最大修磨量为 0.15mm。

采用磨削或铣削的方法进行修整时，应当注意磨去或铣去的金属应尽量少，以免使燃烧室的容积减少过多，影响发动机工作。修整后的汽缸盖，一般应检查燃烧室的容积，其简便方法为：彻底清除燃烧室内的积炭和污垢，将汽缸盖放平，用水平仪找正，使其处于水平位置；将火花塞装在汽缸盖上，用量杯加入 80%的煤油和 20%的机油的混合油，加入量约为燃烧室容积的 95%，然后再用注射器（或量杯）将剩余的混合油徐徐加入至油平面与汽缸盖平面接近平齐，用玻璃板覆盖在燃烧室平面上，此时检查液面并略微增减油量至液面与玻璃板相接触。总注入油量即为燃烧室容积。如果活塞顶部有凹坑，还应测量凹坑的容积。

燃烧室容积一般规定不得小于公称容积的 5%，同一汽缸盖各缸燃烧室之间的公差约为公称容积的 1%～2%。

(2) 汽缸体基准面的检修

富康轿车铝质 TU32/K 发动机的汽缸体上部的高度为 206.98mm，汽缸体的上平面不允许修磨。

检查汽缸套上平面翘曲程度的要求与汽缸盖相同。检查汽缸体上下平面的平行情况时，首先用高度规或游标卡尺检查汽缸体两端的高度，以确定汽缸体顶平面与底平面的平行度；然后将汽缸体翻转，检查底平面至主轴承平面的距离，以确定主轴承座孔与汽缸体底平面的平行度。镗缸时这些平面是定位基准之一，直接影响到汽缸中心线与主轴承座孔中心线的垂直度。

一般要求汽缸体顶平面与底平面的平行度在全长上不应大于 0.05mm，在整个平面上应不大于 0.05mm。超过上述标准应进行修整。

汽缸体局部不平时，可用刮刀刮平；顶平面螺纹孔周围的突起，可用油石、平面砂轮推磨，或用粗锉刀修整；较大的表面不平可以用平面磨床或铣床进行磨削和铣削。但一定要注意削去的金属不得太多，以免汽缸体报废，平面磨削缸体顶面最大加工量0.15mm。

（3）汽缸体主轴承座孔、凸轮轴轴承座孔同轴度的检修

将主轴承盖装上并按规定扭矩拧紧，先检查轴承座孔圆度及圆柱度，可用内径千分尺沿圆周测量3～5点，沿轴线方向测量3处，然后检验主轴承座孔及凸轮轴轴承座孔的同轴度。

图2-109所示的是一种常用的汽缸体轴承座孔同轴度测量仪器。在轴承座孔中装入定心轴套2、7，定心轴1支承在轴套内，可轴向滑动。在定心抽上装存本体6、等臂杠杆4及百分表5。测量时，使等臂杠杆的球形触头3触及被测孔的表面，当转动定心轴时，如果孔不同轴，等臂杠杆的球形触头便产生径向移动，移动量经杠杆传给百分表，便能指示出孔的同轴度偏差。

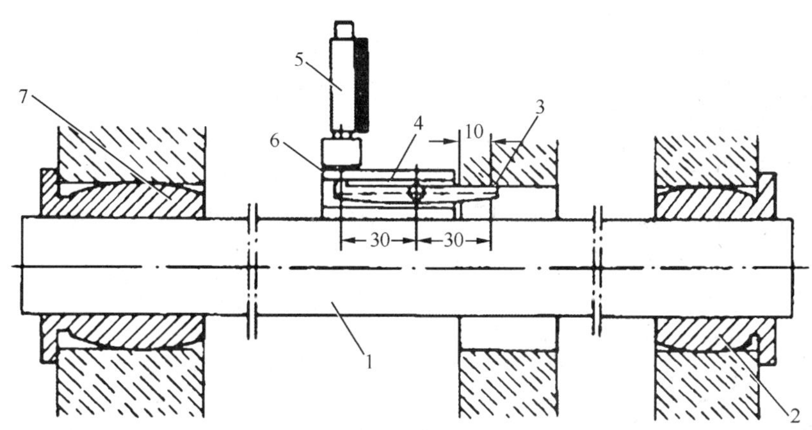

1—定心轴；2、7—定心轴套；3—球形触头；4—等臂杠杆；5—百分表；6—本体

图2-109 汽缸体轴承座孔同轴度测量

主轴承座孔的圆度及圆柱度对于铸铁汽缸体不大于 0.01mm，对于铝合金缸体不大于0.015mm。

（4）清除汽缸盖燃烧室的积炭

积炭会使发动机产生不正常燃烧并降低发动机的性能。在检修时可采用化学溶剂或煤油润湿燃烧室的积炭，然后用竹片或金属刷清除。

（5）检修气门座圈、气门导管等部件

五、水套水垢、锈蚀现象的处理

如果发动机长期使用普通水，容易产生水垢。如果发动机添加了劣质的防冻液，对其会产生严重的腐蚀现象（特别是铝合金汽缸体和汽缸盖）。水垢过多、腐蚀现象均会影响发动机的性能和使用寿命，导致发动机过热等一系列不良现象出现。因此，应在检修中彻底清除水垢和腐蚀现象。

汽缸体和汽缸盖出现严重腐蚀现象时，应更换新件或对腐蚀部位实施焊补；水套水垢较多时，可用专用的除水垢溶液进行清洗除垢。

六、汽缸磨损的检查与修理

汽缸磨损的程度是决定发动机是否需要进行大修的主要依据。当汽缸的磨损超过一定的允许限度后，将破坏同活塞和活塞环的正常配合，使活塞环不能严密地紧压在汽缸壁上，造成漏气、窜油，使发动机功率下降，油耗增加，发动机不能正常工作。

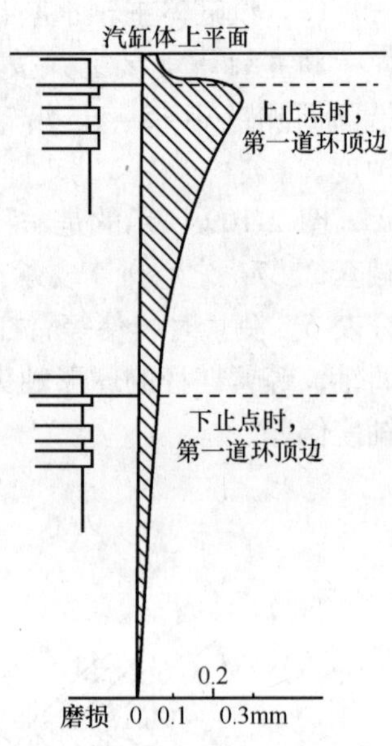

图 2-110 汽缸的锥形磨损

汽缸的磨损程度对汽车的动力性影响最大。汽缸磨损使其与活塞、活塞环的配合间隙增大，使汽缸压缩时的压力降低，导致发动机动力性下降。造成汽缸磨损的原因很多，主要有润滑不良、机械磨损、酸性腐蚀和磨料磨损等。

汽缸在使用过程中，其表面在活塞环运动的区域内形成不均匀的磨损。沿汽缸轴线方向磨成上大下小的锥形，磨损最大部位是当活塞在上止点位置时第一道活塞环相对应的汽缸壁，如图2-110 所示。

活塞环不接触的上口，几乎没有磨损而形成台阶。汽缸沿圆周方向磨损也不均匀，形成不规则的椭圆形，最大径向磨损区通常位于接近进气门的对面处，如 2-111 所示。

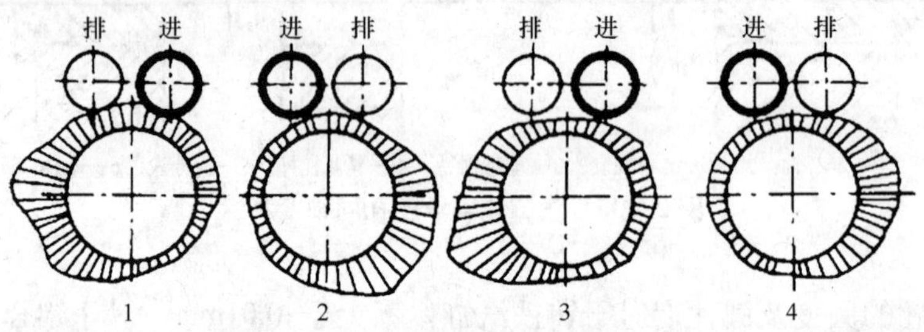

图 2-111 汽缸磨损呈失圆状态

镗缸并配以加大尺寸的活塞及环，在发动机汽缸修理中称之为加大修理尺寸。需进行镗缸的原因，是由于汽缸孔在使用中产生偏磨现象，磨损较大的汽缸形状不是正圆形，压缩时出现漏气现象。因此，需要用专用镗缸机将汽缸孔扩大 0.25～1.00mm，以延长汽缸的使用寿命。

1. 汽缸磨损的检测

汽缸磨损的程度，国内一般是用圆度和圆柱度两个指标来衡量的。而桑塔纳、捷达和富康等引进车型则以标准尺寸与汽缸最大尺寸的差值来衡量。

（1）量缸的部位

测量时用适当量程的量缸表按图 2-112 所示的部位和要求进行测量，即在汽缸上部距汽缸上平面 10mm 处、汽缸中部和汽缸下部距缸套下部 10mm 处等 3 点，按 A、B 两个方向分别测量一次。注意不要在发动机修理台架上测量发动机汽缸的内径，以防因汽缸体被夹紧变形而导致测量不准。

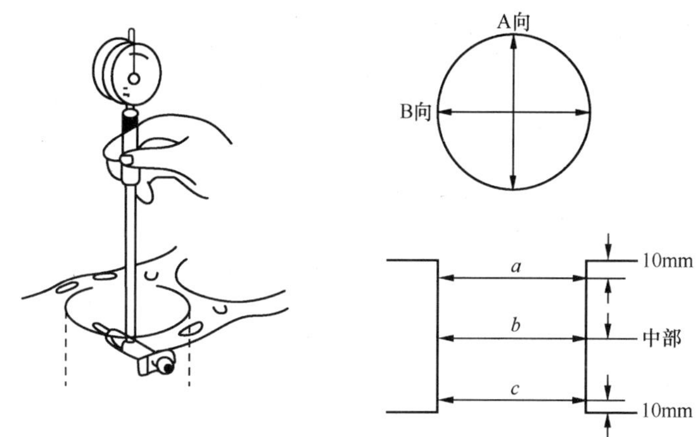

图 2-112 汽缸内径测量部位示意图

（2）量缸的方法

汽缸测量时，先用千分尺按汽缸标准尺寸将量缸表指针对准刻度“0”处（应使量缸表测杆压缩 1～2mm 以留出测量余量），然后测量缸径。这样测出的读数加上汽缸的公称尺寸，即为磨损后的汽缸直径。

测量时，必须使测杆与汽缸中心线垂直。测量时应稍微摆动表杆，量缸表指示的最小读数，即为正确的汽缸直径。

用量缸表在 A 方向测量，记住表针所指刻度。旋转表面，使“0”对准表针所指的刻度。这个刻度作为测量的基数，然后将测杆在此横截面上转动 90°，此时表针所指的刻度与“0”位刻度之差的 1/2 即为该汽缸的圆度误差。量缸表测量完上部之后，将测杆下移到汽缸中部和下部，再次测量。

对于多缸发动机的测量应以误差最大的一个缸为准。一般发动机前、后两缸磨损最大，测量时可重点测量这两只汽缸。

捷达、桑塔纳车型汽缸测量结果与标准尺寸的差值最大为 0.08mm。如果超过 0.08mm 则应进行镗、研磨修理，使其与加大尺寸的活塞相配。富康车型汽缸实际尺寸超过标准尺寸时，就应更换活塞—缸套组。

2. 汽缸的修理级别（尺寸）

汽缸磨损超过允许限度后或汽缸壁上有严重的刮伤、沟槽和麻点时，均应将汽缸按修理级别镗削修理，并选配与汽缸相符合加大尺寸的活塞及活塞环，以恢复正确的几何形状和正常的配合间隙。

（1）常见轿车发动机汽缸修理级别（尺寸）

捷达车型汽缸修理尺寸分为两级，它是在汽缸直径标准尺寸的基础上，每加大 0.25mm 为一级，逐级递增至 0.50mm，如+0.25、+0.50（如表 2-20 所示）。

表 2-20 捷达 1.6L 发动机汽缸、活塞修理尺寸

修 理 级 别	汽缸直径（mm）	活塞直径（mm）
标准尺寸	81.01	89.98
第 1 次加大尺寸	81.26	81.23
第 2 次加大尺寸	81.51	81.48

桑塔纳车型汽缸修理尺寸分为 3 级，它是在汽缸直径标准尺寸的基础上，加大+ 0.25、+0.50、+1.00（如表 2-21 所示)。

表 2-21　　桑塔纳 1.8L 发动机汽缸、活塞修理尺寸

修理级别	汽缸直径（mm）	活塞直径（mm）
标准尺寸	81.01	89.98
第 1 次加大尺寸	81.26	81.23
第 2 次加大尺寸	81.51	81.48
第 3 次加大尺寸	82.01	81.98

注意发动机在更换活塞和缸套时，只要有一个汽缸需要镗、研磨或更换湿式缸套，其余各缸应同时更换，以保持发动机各缸工作的一致性。

汽缸磨损如超过最大一级修理尺寸时，则应镶装缸套。

(2) 修理尺寸的选择

汽缸的修理尺寸可按下式进行计算：

修理尺寸=汽缸最大直径+镗、研磨余量

镗、研磨余量一般为 0.10～0.20mm。

计算出的修理尺寸应与修理级数相对照，如果与某一修理级数相符，可按某级数修理；如与修理级数不相符，比如计算出的修理尺寸在两级修理级数之间，则应按其中大的修理级数进行汽缸的修理。

3. 湿式缸套的更换

富康 TU32/K 发动机汽缸超过最大磨损尺寸或缸壁上具有深的沟痕和小裂痕时，应更换新的活塞—缸套组（湿式缸套），以恢复汽缸的技术状况。更换缸套的工艺如下。

① 拆除旧缸套时，可轻轻敲击缸套底部，用手或拉具取出。刮去汽缸体与缸套结合面上的铁锈，用细砂布擦至露出光泽。

② 选配新缸套装上新橡胶密封圈后，装入汽缸体，用专用工具压紧。

③ 压紧后用专用工具测量缸套端面高出汽缸体顶面的距离。一般应高出汽缸体平面 0.03～0.10mm，各缸缸套凸起量差值最大不超过 0.05mm，如图 2-113 所示。过高或过低可用合适的钢质或铜质垫片装入缸套下定位止口处调整，然后再测量其凸起量和各缸差，差值应在规定标准范围内。

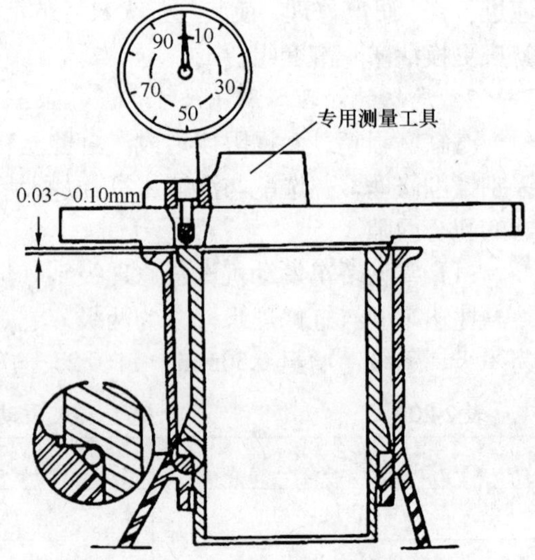

图 2-113　测量缸套平面凸起量

缸套装配不良时可能会造成故障现象出现，缸套凸起不足时，会造成汽缸体内漏（高温、高压气体冲入水套或冷却液进入燃烧室；缸套凸起过高时会造成汽缸体外部漏水)。

4. 汽缸壁表面处理

汽缸磨损失效的形式为磨料磨损、黏着磨损和腐蚀磨损，减少前两种磨损的主要办法是提高汽缸壁的表面硬度。进行镗缸大修的汽缸壁，在镗缸时已将汽缸壁原有的硬化层键去，使汽缸壁不耐磨，使用不久就会窜油冒烟，只能用镶缸套的方法来进行处理。因此，为提高汽缸壁表面的耐磨性，许多修理厂家将镗缸后的汽缸壁进行激光表面照射处理，以此来提高汽缸壁表面的耐磨性，使发动机的使用寿命得到延长。

当普通灰铸铁经激光表面照射处理后，可产生极细的隐针状马氏体组织，被处理表面便具有极高的硬度和耐腐蚀性能。如果采用网络状或条纹状几何轨迹的激光扫描处理，还可以形成软硬相间的组织结构，即未经激光加工的灰铸铁构成的软基本组织，而经过处理的则构成硬质骨架。摩擦时软的首先磨损而形成储油结构。

此外，由于硬的杂质或磨料易于嵌入软的基体中去，特别是网络状激光扫描轨迹，将缸套内表面分割成为众多的小菱形，使汽缸壁表面具有良好的抗拉伤能力。因此，使汽缸壁具有较强的耐磨、耐拉能力。

第二部分　任务实施

在任务实施的过程中，将学习汽缸体检修方法。建议分小组进行实施，在规定的时间内完成。

一、工具准备

在实施工作前，每小组按表 2-22 准备好本任务所需的资料、工具。

表 2-22　　工具准备

资料、工具的名称	数　量
汽缸体	1 个
量缸表	1 把
外径千分尺	1 把
游标卡尺	1 把

二、技术要求与标准

① 查阅车型相关维修手册，按规定的顺序拆装。
② 汽缸体检验数据精确。
③ 在操作过程中不允许出现安全事故。

三、要完成的工作

测量汽缸体，并将数据记录到表 2-23 中。

表 2-23 测量数据

检测项目	检测部位	测量数据（mm）				
缸径		1	2	3	4	5
圆度						
圆柱度						
结果分析						
检测结论						

任务评价

一、自我评价

1．总结造成汽缸磨损的原因。

2．本任务中给你印象最深的是什么？

3．自己对学习本任务的自我评价（包括着装、学习态度、知识以及技能掌握程度、工作页的填写情况等）。

二、小组评价

序号	评价项目	评价情况		
		好	中	差
1	团队合作精神			
2	学习是否积极主动			
3	服从工作安排的情况			
4	工具、仪器的使用情况			
5	工具整理、现场清理的情况			

三、教师评价

序 号	评价项目	评价情况		
		好	中	差
1	出勤情况			
2	着装情况			
3	课堂秩序			
4	学习是否积极主动			
5	任务书填写			
6	工具、仪器的使用情况			
7	工具整理、现场清理的情况			

任务五 润滑系统的拆解与检修

学习目标

◇ 掌握润滑系统各部分的组成及功用。
◇ 掌握润滑系统的工作原理。
◇ 掌握润滑系统各部件的拆解方法及步骤。
◇ 掌握润滑系统的检修方法。
建议完成本任务的学时为 6 学时。

内容结构

任务描述

一辆桑塔纳 2000 汽车的润滑系统出现了故障，汽车机电维修工根据维修前台接待提供的维修工单，在汽车机电维修工位以及规定工时内以经济的方式按照专业要求使用通用工具、发动机机械维修专用工具、设备和汽车维修资料等，完成发动机润滑系各部件的拆卸、检修作业。对已完成的工作进行记录存档，保持工作场地满足安全作业及5S工作要求。

第一部分　任务学习引导

一、润滑系统概述

发动机工作时，传力零件相对运动表面之间不能直接接触。因为，任何零件的工作表面，即使经过极为精密的加工，也难免存在一定程度的表面粗糙度，在相互接触且相对运动时，必然产生摩擦和磨损。而摩擦产生的阻力，既要消耗动力，阻碍零件的运动，又使零件发热，甚至导致工作表面烧损。因此，必须进行润滑，即在两个零件的工作表面之间加入一层润滑油使其形成油膜，将零件完全隔开，处于完全的液体摩擦状态。这样，功率消耗和磨损就会大为减少。

1. 润滑系统的作用

① 润滑

将润滑油不断地供给各零件的摩擦表面，形成润滑油膜，减小零件的摩擦、磨损和功率消耗。

② 清洁

发动机工作时，不可避免地要产生金属磨屑，空气所带入的尘埃及燃烧所产生的固体杂质等。这些颗粒若进入零件的工作表面，就会形成磨料，大大加剧零件的磨损。而润滑系统通过润滑油的流动将这些磨料从零件表面冲洗下来，带回到曲轴箱。在这里，大的颗粒沉到油底壳底部，小的颗粒被机油滤清器滤出，从而起到清洁的作用。

③ 冷却

由于运动零件的摩擦和混合气的燃烧，使某些零件产生较高的温度。而润滑油流经零件表面时可吸收其热量并将部分热量带回到油底壳散入大气中，起到冷却的作用。

④ 密封

发动机汽缸壁与活塞、活塞环与环槽之间间隙中的油膜，减少了气体的泄漏，保证汽缸的应有压力，起到了密封的作用。

⑤ 防蚀

由于润滑油黏附在零件表面上，避免了零件与水、空气、燃气等的直接接触，起到了防止或减轻零件锈蚀和化学腐蚀的作用。

2. 发动机的润滑方式

由于发动机各运动零件的工作条件不同，对润滑强度的要求也就不同，因而要相应地采取不同的润滑方式。常用的润滑方式有下列3种形式。

① 压力润滑

利用机油泵，将具有一定压力的润滑油源源不断地送往摩擦表面。例如，曲轴主轴承、连杆轴承及凸轮轴轴承等处承受的载荷及相对运动速度较大，需要以一定压力将机油输送到摩擦面的间隙中，方能形成油膜以保证润滑。这种润滑方式称为压力润滑。

② 飞溅润滑

利用发动机工作时运动零件飞溅起来的油滴或油雾来润滑摩擦表面的润滑方式称为飞溅润滑。这种润滑方式可使裸露在外面承受载荷较轻的汽缸壁，相对滑动速度较小的活塞销以及配气机构的凸轮表面、挺柱等得到润滑。

③ 定期润滑

发动机辅助系统中有些零件则只需定期加注润滑脂（黄油）进行润滑，例如水泵及发电机轴承就是采用这种方式定期润滑。近年来在发动机上采用含有耐磨润滑材料（如尼龙、二硫化钼等）的轴承来代替加注润滑脂的轴承。压力润滑是对负荷大，相对运动速度高（如主轴承、连杆轴承、凸轮轴轴承等）的零件，以一定压力将机油输送到摩擦面间隙中进行润滑的方式。

二、润滑系统的结构及工作原理

1. 润滑系统的组成

润滑系统主要由油底壳、集滤器、机油泵、机油滤清器、机油散热器、主油道、分油道、限压阀和旁通阀等组成，如图 2-114 所示。

现代汽车发动机润滑系统的组成及油路布置方案大致相似，只是由于润滑系统的工作条件和具体结构的不同而稍有差别。

2. 润滑油路

如图 2-114 所示，发动机工作时，机油经集滤器初步过滤后进入机油泵，机油泵输出的机油全部流经机油滤清器，然后进入纵向主油道。主油道中的机油分别由各分油道进入曲轴主轴承和连杆轴承，再通过连杆杆身的油道润滑活塞销，并对活塞进行喷油冷却。

中间轴的润滑由发动机前边第一条横向斜油道和从机油滤清器出来的油道供给。汽缸盖上的纵向油道与主油道相通，并通过横向油道润滑凸轮轴轴颈及向液力挺柱供油。在汽缸盖和汽缸体的一侧布置了回油孔，使汽缸盖上的机油流回曲轴箱。

3. 两个油压开关

（1）油压开关 1 位于汽缸盖后端；打开点火开关，仪表板中的机油压力警告灯即闪烁。启动发动机，当机油压力大于 30kPa 时，油压开关 1 触点开启，该警告灯自动熄灭。当发动机低速运转时，若机油压力低于 30kPa 时，则油压开关 1 触点闭合，机油压力警告灯闪烁。

（2）油压开关 8 位于机油滤清器支架上。当发动机转速超过 2150r/min 时，如果机油压力达不到 180kPa，油压开关 8 触点断开，机油警告灯闪烁，且警报蜂鸣器也同时报警。

4. 润滑系主要零部件的结构

（1）机油泵

机油泵将一定压力和数量的润滑油供到润滑表面。

① 齿轮式机油泵

齿轮式机油泵由油泵壳体、主动轴、从动轴、主动齿轮、从动齿轮和油泵盖等组成，如图 2-115 所示。

主动轴下端用半圆键固装着主动齿轮，上端由长槽与分电器传动轴连接。

从动轴固装在壳油泵体上，从动齿轮松套在从动轴上。

密封衬垫：油泵盖与油泵壳体之间的密封衬垫做得很薄，衬垫既可防止漏油，又可调整齿轮端隙。齿轮与油泵壳体内壁及油泵盖间的间隙很小，以保证产生必要的油压。

油泵盖上有限压阀组件，以维持主油道内的正常压力（150～600kPa）。它是在试验台上通过调整垫片来改变弹簧预紧力而实现的。

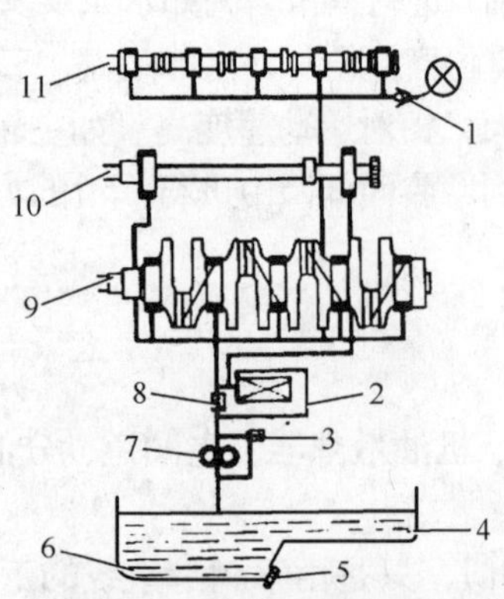

图 2-114　润滑系统的组成

1—油压开关；2—机油滤清器；3—限压阀；4—油底壳；5—放油螺塞；6—集滤器；7—机油泵；8—油压开关；9—曲轴；10—中间轴；11—凸轮轴

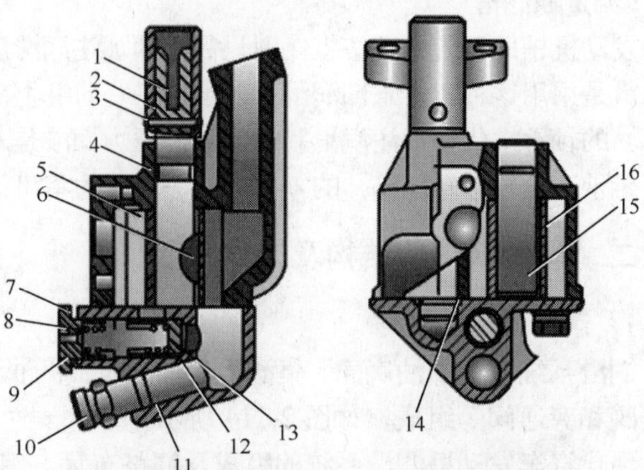

图 2-115　齿轮式机油泵

1—主动轴；2—连轴套；3—铆钉；4—油泵壳体；5—主动齿轮；6—半圆键；7—单簧座；8—密封垫圈；9—螺塞；10—限压阀弹簧；11—调整垫片；12—管接头；13—油泵盖；14—球阀；15—卡圈；16—从动轴

油泵盖上有泄压槽，当齿轮进入啮合，啮合齿间的润滑油产生很高的压力，给齿轮的运动带来阻力，并通过齿轮作用在主、从动轴上，加剧了轴与齿轮孔间的磨损。因此，通常在油泵盖上铣泄压槽，使啮合齿隙与出油腔连通，以降低其油压。

齿轮式机油泵的工作原理如图 2-116 所示。齿轮与油泵壳体内壁的间隙很小，油泵壳体上有进出油孔。当发动机工作时，齿轮按图 2-116 中箭头方向旋转。

吸油：机油泵进油腔齿轮的轮齿脱开啮合，其容积增大，产生真空吸力，机油便经进油口被吸入进油腔。

压油：机油泵齿轮的轮齿将机油带入到出油腔，出油腔齿轮的轮齿进入啮合，其容积减小，油压增大，机油便经出油口被压送到发动机油道中。

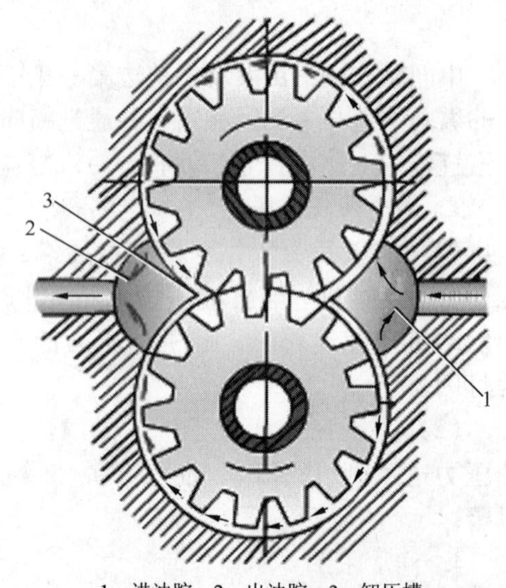

1—进油腔；2—出油腔；3—卸压槽

图 2-116　齿轮式机油泵的工作原理

② 转子式机油泵

转子式机油泵的结构紧凑，吸油真空度高，泵油量大，对安装位置无特殊要求，可布置在曲轴箱外或吸油位置较高的地方。

如图 2-117 所示，转子式机油泵的主动轴通过轴套和卡环安装在机油泵壳体和盖板上。内转子用半圆键固装在主动轴上。外转子装在油泵壳体内自由转动，内外转子均由粉末冶金压制而成。

为了保证内外转子之间以及外转子与油泵壳体之间安装的正确性，油泵壳体与油泵盖之间用两个定位销定位，并用螺栓紧固。

油泵盖与油泵壳体之间有纸质衬垫，用以密封和调整转子与油泵壳体端面的间隙。主动轴前端通过半圆键固装着传动齿轮，由曲轴经中间齿轮驱动。

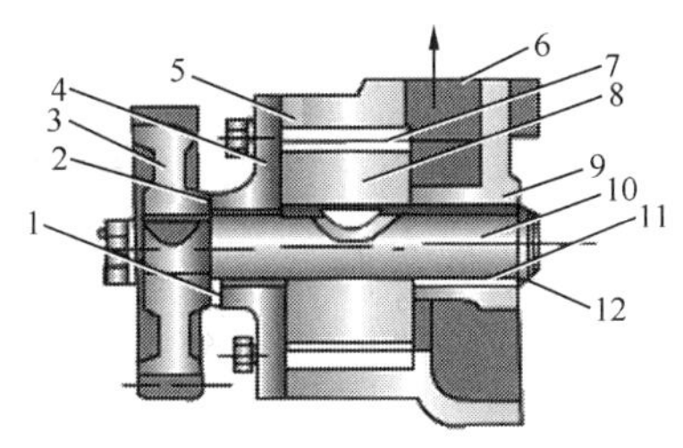

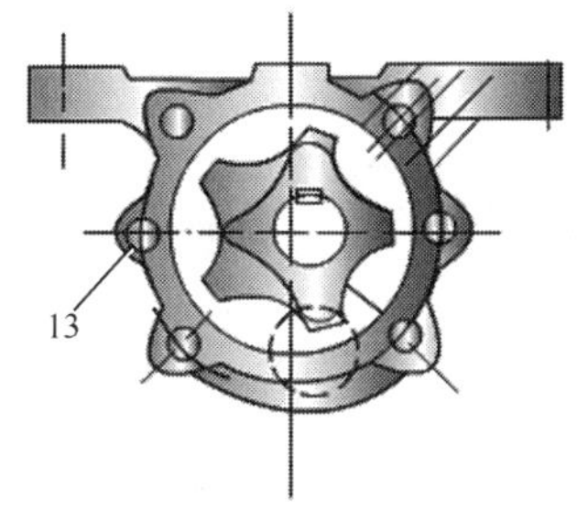

1—止推轴承；2、11—轴套；3—驱动齿轮；4—盖板；5、6—调整垫片；
7—外转子；8—内转子；9—外壳；10—主动轴；12—卡环；13—定位销

图 2-117 转子式机油泵构造

转子式机油泵的工作原理如图 2-118 所示。主动的内转子有 4 个凸齿，从动的外转子有 5 个内齿，外转子在油泵壳体内可自由转动，内外转子间有一定的偏心距。当内转子旋转时，带动外转子一起旋转，无论转子转到任何角度，内外转子每个齿的齿形轮廓线上总有接触点，于是内外转子间便形成了 4 个工作腔。由于内外转子的速比大于 1（i=1.25），所以外转子总是慢于内转子，且由于偏心距的存在，使工作腔的容积产生较大变化。当某一工作腔从进油腔转过时，容积增大，产生真空，机油便经进油孔被吸入。当该工作腔与出油腔 6 相通时，腔内容积减小，油压升高，机油经出油孔压出去。

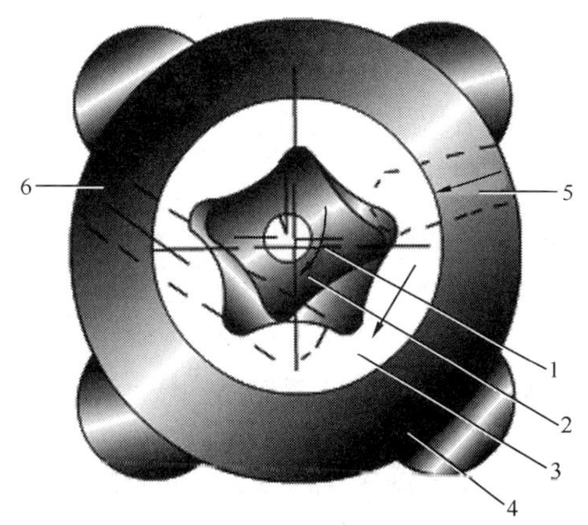

1—主动轴；2—内转子；3—外转子；
4—机油泵壳体；5—进油腔；6—出油腔

图 2-118 转子式机油泵工作原理

（2）机油滤清器

发动机工作过程中，金属磨屑、尘土、高温下被氧化的积炭和胶状沉淀物、水等不断混入润滑油。机油滤清器的作用就是滤掉这些机械杂质和胶质，保待润滑油的清洁，延长其使用期限。机油滤清器应具有滤清能力强，流通阻力小，使用寿命长等性能。一般润滑系中装有几个不同滤清能力的滤清器——集滤器、粗滤器和细滤器，分别并联或串联在主油道中。

① 集滤器

浮式集滤器由浮子、滤网、罩及焊在浮子上的吸油管所组成，如图 2-119（a）所示。浮子是空心的，以便浮在油面上。固定管通往机油泵，安装后固定不动。吸油管活套在固定管中，使浮子能自由地随油面升降。

浮子下面装有金属丝制成的滤网。滤网有弹性，中央有环口，平时依靠滤网本身的弹性，使环紧压在罩上。罩的边缘有缺口，与浮子装合后形成缝隙。

当机油泵工作时，机油从罩与浮子之间的狭缝被吸入，经过滤网滤去粗大的杂质后，通过油管进入机油泵；滤网堵塞时，滤网上方的真空度增大，克服滤网的弹力，滤网便上升而环口离开罩。此时机油不经滤网面直接从环口进入吸油管内，保证机油的供给不致中断。浮式集滤器能吸入油面上较清洁机油，但油面上泡沫易被吸入，使机油压力降低，润滑欠可靠。

固定式集滤器装在油面下面，滤网相对油底壳的位置不变，吸入中层或中下层润滑油，吸入的机油清洁度稍逊于浮式，但可防止泡沫吸入，润滑可靠，结构简单，故基本取代了浮式集滤器，如图 2-119（b）所示。

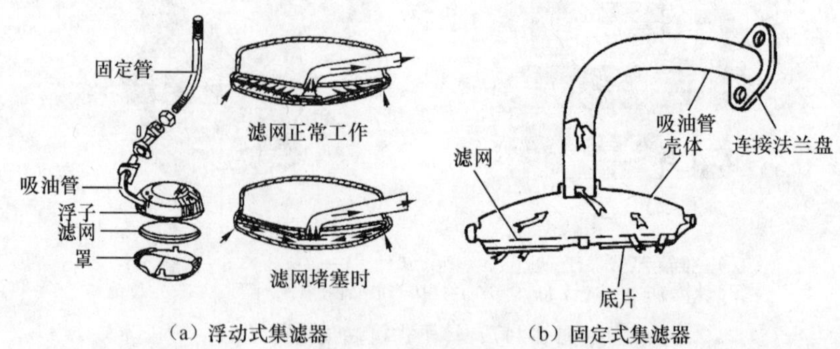

（a）浮动式集滤器　　（b）固定式集滤器

图 2-119　集滤器

② 粗滤器

粗滤器属于全流式滤清器，串联于机油泵与主油道之间，对机油的流动阻力较小，用以滤去机油中粒度较大（直径为 0.05～0.lmm）的杂质。

粗滤器根据滤清元件（滤芯）的不同，可以有各种不同的结构形式。汽车发动机常用的有金属片缝隙式和纸质式粗滤器。金属片缝隙式粗滤器由于质量大，结构复杂，制造成本高等缺点已基本被淘汰，目前许多汽车发动机都采用纸质式粗滤器。

纸质粗滤器由纸质滤芯、安全阀（或旁通阀）等组成，如图 2-120 所示。纸质滤芯用于过滤润滑油中的杂质；安全阀则在纸质滤芯堵塞时打开，是为了不妨碍润滑油正常循环工作而设置的旁通阀。

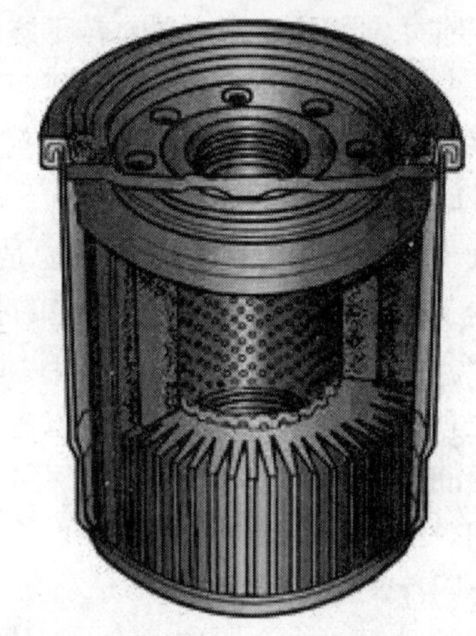

图 2-120　纸质滤清器

③ 细滤器

细滤器属于分流式滤清器，与主油道并联，对润滑油的流动阻力较大，用以滤除直径在 0.001mm 以上的细小杂质。将经粗滤器过滤的润滑油的一小部分引入细滤器，使此部分润滑油得到充分过滤。经过一段时间的运转后，所有润滑油都将通过一次细滤器，从而保证了润滑油的清洁度。

三、润滑系统主要零部件的检修

1. 机油泵的检修

（1）机油泵的拆卸与检查

机油泵是润滑系中的重要部件，其技术状况直接影响润滑系的正常工作。机油泵经长期工作受到磨损时，将造成泵油压力降低和泵油量减少以及其他机械故障。

拆下机油集滤器和油管，用厚薄规检查机油泵传动齿轮齿间间隙与机油泵的轴向间隙，如图 2-121 和图 2-122 所示。

机油泵传动齿轮齿间间隙磨损极限为 0.20mm，机油泵轴向间隙磨损极限为 0.15mm。

拆下机油泵紧固螺钉，分开泵盖和泵壳，取下衬垫和被动齿轮。如果更换传动齿轮，应用锉刀锉掉传动齿轮横销头部，铣出横销，压下传动齿轮。

清洗分解后的全部零件，以便对零件进行检测。

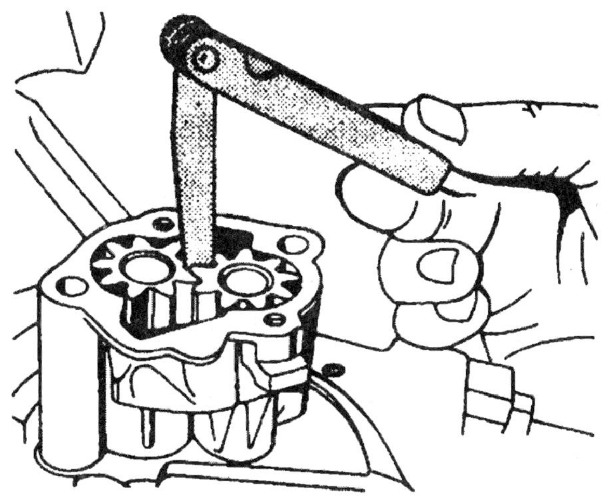

图 2-121 检查机油泵的齿间间隙

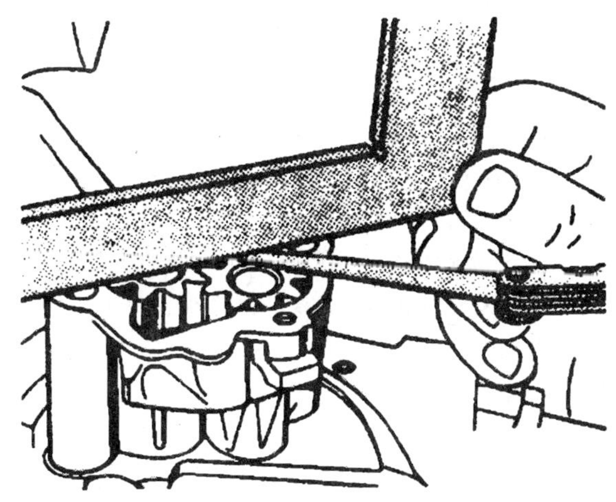

图 2-122 检查机油泵的轴向间隙

（2）机油泵零件的修理

① 机油泵壳

检查油泵孔的磨损程度，螺孔是否损坏，泵壳有无裂纹。机油泵壳主动轴孔与轴的配合间隙应为 0.03～0.075mm，最大不得超过 0.20mm。间隙超过规定或晃动泵轴有明显空旷感觉时，应更换或将主动轴涂镀加粗。机油泵壳螺纹损坏，应更换为新品或进行堆焊，重新钻孔攻丝修复，泵壳破裂应更换或焊修。

② 机油泵盖

齿轮式机油泵驱动齿轮啮合时，产生的轴向力一般都向下，使齿轮端面与泵盖内表面磨损。泵盖如有磨损或翘曲，凹陷超过 0.05mm，应以车、研磨等方法进行修复。泵盖上装有限压阀时，还应检查弹簧的弹力和阀体有无损坏，必要时应更换新品。

③ 机油泵轴

用千分表检查泵轴是否弯曲，如果指针摆差超过 0.06mm，应进行校正。主动轴与轴套孔的配合间隙，使用限度为 0.15mm。被动轴如有明显的单面磨损，可将其压出，把磨损面掉转 180°再压入孔内继续使用。主动轴上端铆固的传动齿轮与泵壳尾端之间的间隙一般为 0.025～0.075mm，最大不超过 0.15mm，超过时可在泵壳尾端焊补或加垫调整。

④ 机油泵齿轮

检查主、被动齿轮啮合间隙，可用厚薄规在互成 120° 处分 3 点测量。发动机机油泵啮合间隙的标准值为 0.05mm，磨损量最大不得超过 0.20mm。齿隙增大的原因是由于齿轮的磨损或主动轴与泵壳，被动轴与齿轮轴孔之间磨损引起的。如果齿轮磨损不严重，可将齿轮转面使用；如果磨损超过使用限度，应成对更换齿轮。主、被动齿轮与传动齿轮齿面上如有毛刺，可用油石光磨。

检查富康轿车发动机机油泵减压阀：检查减压阀柱塞滑动面是否有擦伤和其他损伤，如有应予更换；检查减压阀弹簧是否有弯曲、疲劳、失效等现象，如有应予更换；对清洗后的减压阀，在柱塞上涂抹机油，柱塞应能依靠自重顺利落入柱塞孔内，否则应予以更换。

(3) 机油泵的装配与试验

装配时按分解的相反顺序进行，边装边复查各部位的配合情况，如齿轮的啮合间隙，主、被动轴与壳体，主动轴与齿轮轴孔的配合等。更应检查调整主、被动齿轮与泵盖之间的间隙，一般应在 0.05mm 左右，最大不得超过 0.15mm。若此间隙过大，机油泵工作时，润滑油便会从此间隙窜漏，使供油压力降低，此故障可通过减薄泵盖与壳体之间的衬垫加以调整。检查方法是：在主动齿轮与泵盖之间，加入一段铅丝，装上泵盖拧紧螺钉，然后拆下泵盖，测量被压以后的铅丝的厚度，即为间隙。

机油泵装复后，是否恢复了技术状态，必须经过试验。通常采用经验检查法，用手转动装复后的机油泵传动齿轮，应转动自如，无卡阻现象。将润滑油灌入机油泵内，用拇指堵住油孔，转动泵轴应有油压出，并感到有压力。

机油泵装车后，外接压力表观察润滑油的压力。在发动机温度正常的情况下，怠速时，润滑油压力不应低于 30kPa。当发动机高速运转时，润滑油的压力不应大于 200kPa。如不符合标准，应调整限压阀。其调整方法是：润滑油的压力过低，可以在限压阀弹簧一端加厚垫圈，增大弹簧的张力，使润滑油的压力增加；润滑油的压力过高，可在限压阀螺塞与泵盖之间加垫片，减小弹簧的张力，使润滑油压力降低。如果由于球阀关闭不严而影响润滑油的压力，应更换新件。若机油泵和限压阀均无故障，应检查润滑油是否过稀，机油表和传感器是否良好，曲轴轴承和连杆轴承间隙是否过大等。

2. 机油滤清器的更换

发动机润滑系统在使用了一段时间后，其中混有发动机零件摩擦产生的金属屑和其他机械杂质以及机油本身产生的胶质。这些杂质若随同机油进入润滑油路，将加速发动机零件的磨损，还可能堵塞油管和油道。为了不使这些杂质进入主油道，发动机润滑油路中装有机油滤清器。

机油滤清器应在汽车每行驶 7500km 后更换一次，对于经常行驶在恶劣道路条件下的汽车，还应经常检查机油的情况，必要时，缩短更换机油滤清器的期限。

四、润滑系统常见故障分析与排除

1. 机油变质

(1) 故障现象

机油取样，颜色变黑（多级机油比较容易变黑，检查时应注意区别），含水分的机油呈乳浊状且有泡沫。

(2) 故障原因

如图 2-123 所示，机油使用的时间过长，在高温和氧化作用下，加快了机油氧化和机油碳化，使机油逐渐变质；活塞和汽缸间隙变大，活塞环漏气，燃油下泄量大，稀释机油；缸垫密封不严或汽缸体有裂纹、砂眼等造成冷却液漏入曲轴箱，使润滑油和冷却液搅拌后乳化；曲轴箱通风不良，机油中混杂有废气中的燃油，使机油变质；机油滤清器堵塞，机油未经过滤而直接通过旁通阀，润滑短路，造成机油内杂质过多；机油泵磨损，供油能力下降。

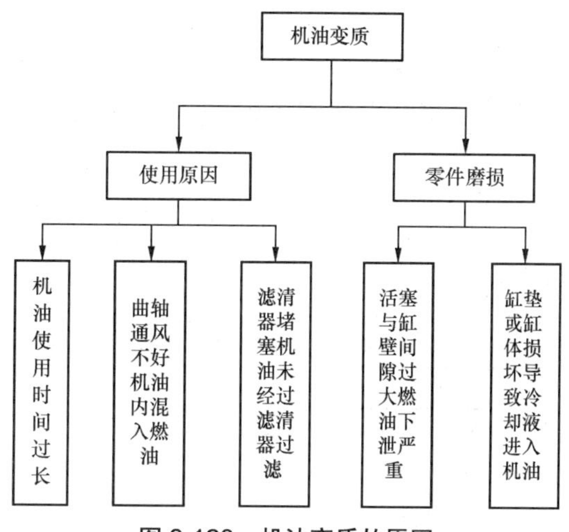

图 2-123 机油变质的原因

故障诊断检查机油中是否含有水分，进而检查冷却系统如汽缸体等是否有裂缝。取机油样品数滴，滴在滤纸上，若其扩散的油迹为中心黑色杂质多，则说明机油内的杂质多、已变质；用手捻取样机油，失去黏性感，说明机油内混有燃油。应检查曲轴箱通风是否良好，活塞的漏气量是否过大，检查滤清器是否失效及油道是否堵塞。

2. 机油压力低

(1) 故障现象

仪表盘上机油压力警报灯闪烁；机油警报蜂鸣。

(2) 故障原因

机油油面过低；机油压力传感装置故障；机油泵损坏或内部零件磨损；机油黏度低或被稀释；机油泵限压阀失效或弹簧过软；发动机曲轴等轴承间隙过大；机油集滤器网被胶状物糊住；机油泵内形成空气间隙，失去泵油功能等，如图 2-124 所示。

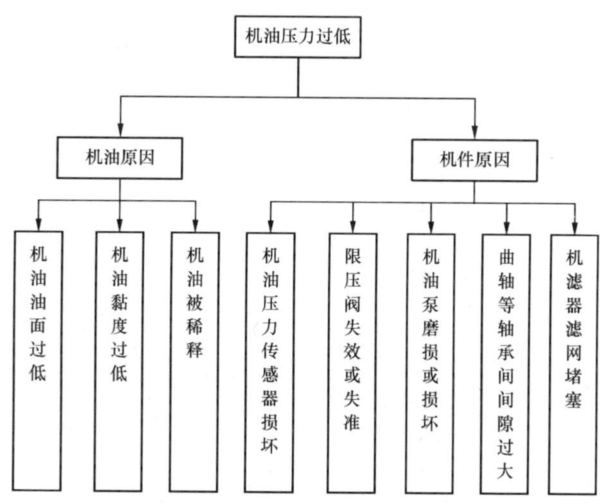

图 2-124 机油压力过低的原因

(3) 故障诊断与处置（如图 2-125 所示）

3. 机油压力高

(1) 故障现象

机油压力若超过 0.4MPa；机油警报灯闪亮且蜂鸣器鸣响。

(2) 故障原因（如图 2-126 所示）

(3) 故障诊断（如图 2-127 所示）

4. 机油消耗超标

(1) 故障现象

百公里机油消耗超过 0.1～0.5L 的限度；积炭增多；排气管冒蓝烟。

(2) 故障原因

活塞与缸孔间隙变大；气门杆油封失效；气门导管磨损等。

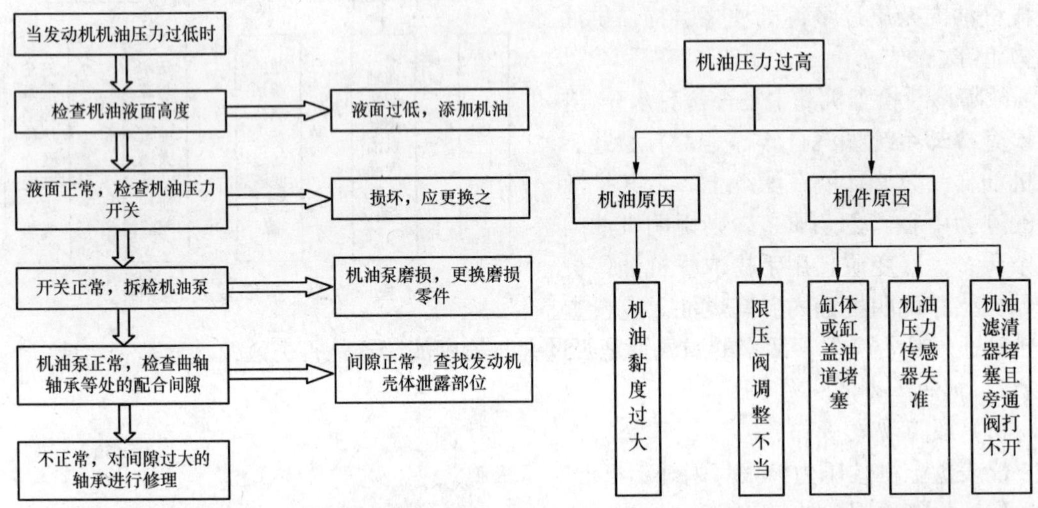

图 2-125 机油压力过低故障诊断

图 2-126 机油压力过高的原因

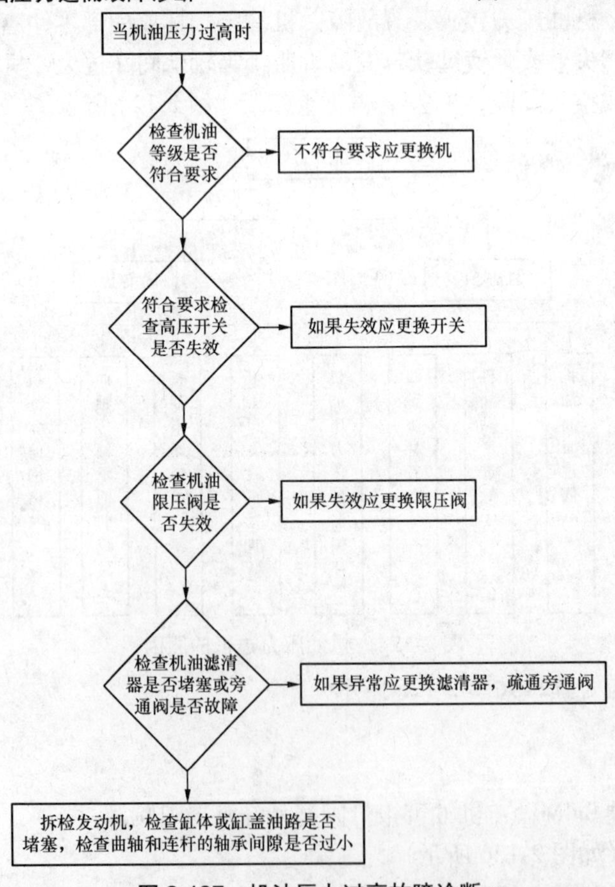

图 2-127 机油压力过高故障诊断

第二部分 任 务 实 施

本任务的实施通过理论实践一体实现，利用实物教学，让学生观察各部件的位置并思考其作用，同时在学习过程中让学生练习拆装程序和检测方法。

一、工具准备

在实施工作前，每小组按表2-24准备好本任务需的资料、工具。

表2-24 工具准备

资料、工具的名称	数 量
桑塔纳汽车发动机试验台架	1台
厚薄规	1把
机油滤清器	1个
机油泵	1个
常用工具	1套
机油扳手	1套

二、技术要求与标准

① 查阅车型相关维修手册，按规定的顺序拆装。
② 检验数据。
③ 在操作过程中不允许出现安全事故。

三、要完成的工作

1．拆卸桑塔纳汽车发动机的机油泵，步骤请参照“第一部分 任务学习引导”里的内容。
2．对桑塔纳汽车发动机的机油泵进行检验，并填写表2-25。

表2-25 检验结果

检 测 项 目	测 量 数 据（mm）

结果分析

检验结论

3．更换桑塔纳汽车发动机的机油滤清器。

任务评价

一、自我评价

1．针对实习发动机，写出该发动机润滑系统的润滑路线。

2．简述发动机的润滑方式并说明各种润滑方式的应用范围。

3．画出机油消耗异常的故障诊断图。

4．自己对学习本任务的自我评价（包括着装、学习态度、知识以及技能掌握程度、工作页的填写情况等）。

二、小组评价

序号	评价项目	评价情况		
		好	中	差
1	团队合作精神			
2	学习是否积极主动			
3	服从工作安排的情况			
4	工具、仪器的使用情况			
5	工具整理、现场清理的情况			

三、教师评价

序号	评价项目	评价情况		
		好	中	差
1	出勤情况			
2	着装情况			
3	课堂秩序			
4	学习是否积极主动			
5	任务书填写			
6	工具、仪器的使用情况			
7	工具整理、现场清理的情况			

任务六 冷却系统的拆解与检修

◇ 掌握冷却系统各部分的组成及功用。
◇ 掌握冷却的工作原理。
◇ 掌握冷却系统各部件的拆解方法及步骤。
◇ 掌握冷却系统的检修方法。

建议完成本任务的学时为 6 学时。

内容结构

任务描述

一辆桑塔纳 2000 汽车的冷却系统出现了故障，汽车机电维修工根据维修前台接待提供的维修工单，在汽车机电维修工位以及规定工时内以经济的方式按照专业要求使用通用工具、发动机机械维修专用工具、设备和汽车维修资料等，完成发动机冷却系统各部件的拆卸、检修作业。对已完成的工作进行记录存档，保持工作场地满足安全作业及 5S 工作要求。

第一部分　任务学习引导

一、冷却系统概述

1. 冷却系统的作用

冷却系统的作用是保持发动机在最适宜的温度范围内工作。

发动机工作时，由于燃料的燃烧，汽缸内的气体温度高达 2200～2800K（1927～2527℃），使发动机的零部件温度升高，特别是直接与高温气体接触的零件，若不及时冷却，则难以保证发动机的正常工作。

2. 冷却系统的分类

根据所用冷却介质不同，冷却系统可分为风冷式和水冷式。

（1）水冷式

水冷式以水为冷却介质，热量先由机件传给水，靠水的流动把热量带走而后散入大气中。散热后的水再重新流回到受热机件处。适当调节水路和冷却强度，就能保持发动机的正常工作温度。同时，还可用热水预热发动机，便于冬季启动。

水冷式发动机保持正常工作，其冷却水的温度应为 353～363K（80～90℃）。此时，汽缸壁温度不超过 473～573K（200～300℃）；汽缸盖、活塞顶部的温度不超过 573～673K（300～400℃）；润滑油的温度为 343～363K（70～90℃），保证发动机具有较好的动力性、经济性和净化性，使零件的运动和磨损正常。

（2）风冷式

某些大型柴油机或者小型汽油机采用风冷却系统。它是以空气作为冷却介质，直接对汽缸体和汽缸盖进行冷却的。为了加强冷却效果，并使各缸冷却均匀，有些发动机的风冷系统设有轴流式风扇、导流罩和分流板。与水冷系统相比，风冷系统的冷却不可靠，冷却强度不容易调节和控制。

风冷发动机铝汽缸壁的温度允许为 423～453K（150～180℃），铝汽缸盖的温度则为 433～473K（160～200℃）。

二、冷却系统的组成及工作原理

目前汽车发动机上采用强制循环式水冷却系统，如图 2-128 所示。

1. 冷却系统的组成

冷却系统由风扇（有的装风扇离合器）、水泵、水套（在汽缸盖或汽缸体上制出的夹层空间）、散热器、百叶窗、节温器、水管、水温表和传感器等组成。

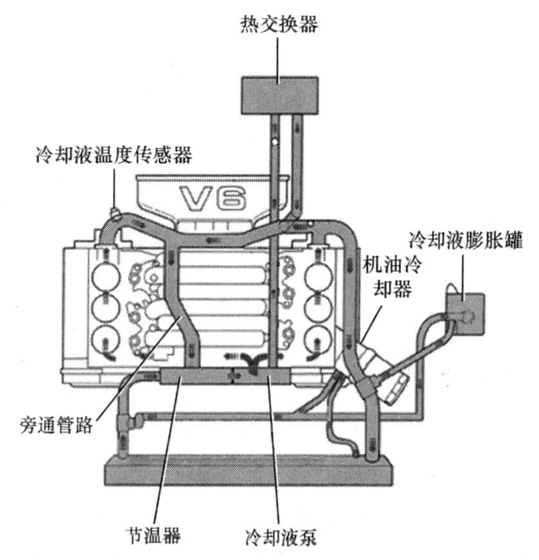

图 2-128　强制循环式水冷却系统的示意图

2. 冷却系统的工作情况

强制循环式水冷却系统是用水泵把该系统的冷却液体加压，使其在水套中流动，冷却水从汽缸壁吸收热量，温度升高后，热水向上流入汽缸盖，继而从汽缸盖流出并进入散热器。由于风扇的强力抽吸，空气从前向后高速流过散热器，不断地将流经散热器的水的热量带走。冷却了的水由水泵从散热器底部重新泵入水套。水在冷却系统中不断循环。为了控制冷却水温度，冷却系统中设有冷却强度调节装置，如百叶窗、节温器和风扇离合器等。

3. 水冷却系统的大、小循环

（1）水冷却系统的大循环

冷却水经水泵—水套—节温器—散热器，又经水泵压入水套的循环，其水流路线长，散热强度大，称为水冷却系统的大循环，如图 2-129 所示。

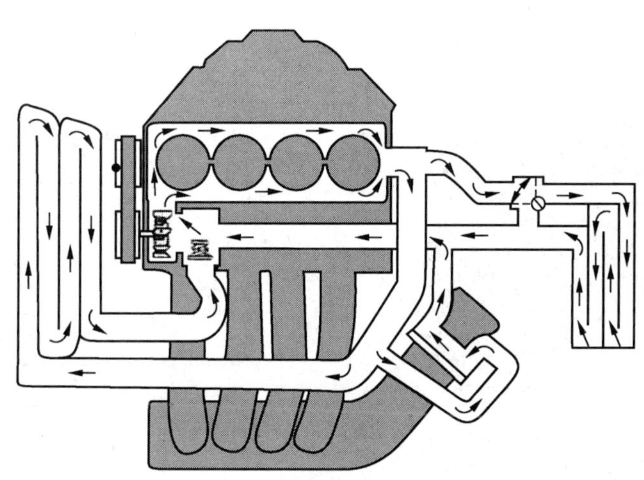
图 2-129　冷却系统的大循环

(2) 水冷却系统的小循环

冷却水经水泵—水套—节温器后不经散热器，而直接由水泵压入水套的循环，其水流路线短，散热强度小，称为水冷却系统的小循环，如图 2-130 所示。

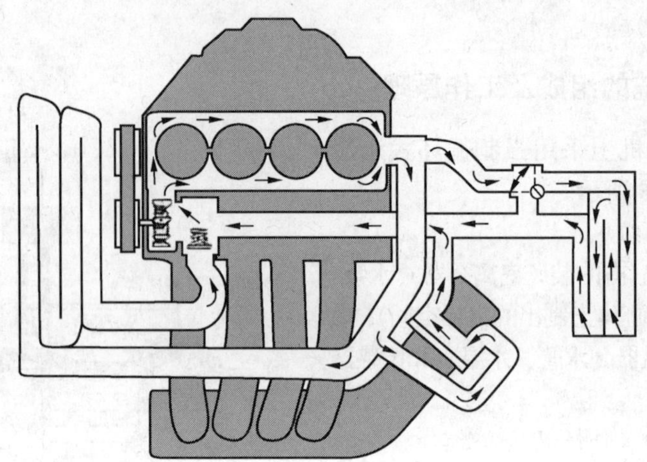

图 2-130　冷动却系统的小循环

4. 冷却系统主要零部件的构造

(1) 散热器

将水套出来的热水自上而下或横向地分成许多小股并将其热量散给周围的空气。散热器由上水室、下水室和散热器芯等组成，如图 2-131 所示。

散热器上水室（左）装有散热器的入水管，通过橡胶管与汽缸盖出水管连接；上水室的上部有加水管，加水管口一般装有泄气管。当冷却水沸腾时，水蒸气可以从此管排出。加装防冻液的冷却系，此管接膨胀水箱。下（右）水室有出水管，用软管与水泵进水口连接，两水室之间焊接散热器芯管。

芯管的结构形式很多，常用的为管片式，如图 2-132 所示。其芯管多为扁圆形直管（防冻裂性好），周围制有散热片。芯管可竖置或横置。

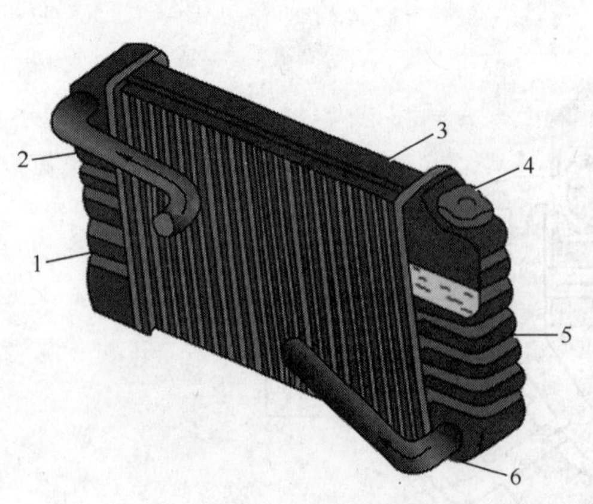

1—上水室；2—进水管；3—散热器芯；
4—散热器盖；5—下水室；6—出水室

图 2-131　散热器

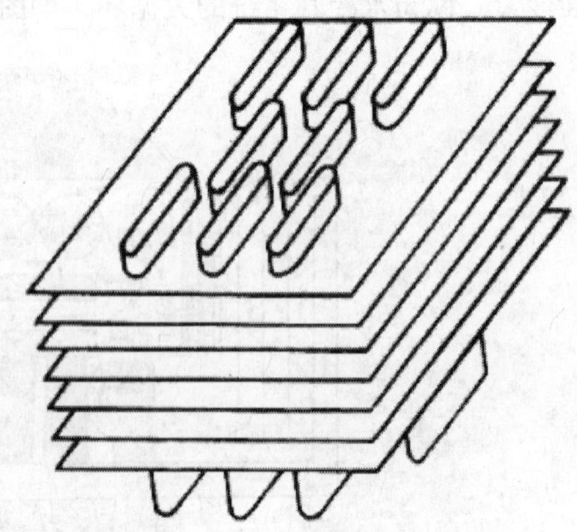

图 2-132　管片式散热器芯

散热器盖安装在加水口上。对于闭式冷却系统来说，系统与外界大气不直接相通，所以散热器盖上带有蒸汽—空气阀，如图 2-133 所示。使冷却系的压力高于大气压力，冷却水的沸点有所提高。

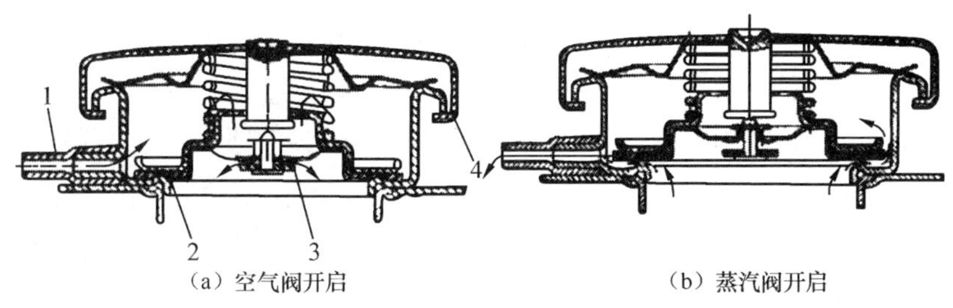

（a）空气阀开启　　（b）蒸汽阀开启

1—泄气管；2—蒸汽阀；3—空气阀；4—散热器盖

图 2-133　具有空气—蒸汽阀的散热器盖

蒸汽阀 2 一般在散热器内压力达到 126～137kPa 时，阀门开启，部分水蒸气经泄气管排入大气，避免损坏散热器。

空气阀 3 在散热器内气压降到 87～99kPa 时，空气阀打开，散热器与大气相通，防止散热器芯管被大气压坏。散热器材料多采用耐腐蚀，导热性好的铜或铝片制成。

（2）水泵

水泵对冷却水加压，使其在冷却系统中循环流动。

由于离心式水泵具有尺寸小，出水量大，结构简单，损坏后不妨碍水在冷却系统中自然循环的特点，故为强制循环式冷却系统普遍采用。常见的水泵在机体外安装与风扇同轴驱动，也有装在机体内（内藏式）单独驱动的。

水泵由壳体、叶轮、泵盖板、水泵轴、支承轴承和水封等组成，如图 2-134 所示。

水泵与风扇同轴，通过三角皮带传动。

泵盖上有出水孔。泵壳上有进水腔 A，用橡胶管与散热器出水管相连。泵壳上面有旁通孔，与汽缸盖上的出水管相连，当冷却水温度低于 349K（76℃）时，部分冷却水由此直接进入水泵。

叶轮工作室的进水腔 B 与进水孔、旁通孔相通；出水室由出水孔与水套相连。

水泵轴通过两个轴承支承在壳体上，轴承间有隔套定位。

水泵轴上装有抛水圈，以防水封渗漏时浸湿轴承，渗出的水被抛水圈从检视孔甩出，可避免破坏轴承润滑。

水封装在叶轮的前面，水封通常由密封垫圈、水封皮碗和弹簧等组成。

水泵叶轮常用铸铁或塑料制成。采用向后弯曲的半圆弧、双圆弧或多圆弧形叶片的叶轮，其叶型与水流方向一致，效率较高。

离心式水泵的工作原理（如图 2-135 所示）如下。

压水：当叶轮旋转时，水泵中的水被叶轮带动一起旋转，由于离心力的作用，水被甩向叶轮边缘，在蜗形壳体内将动能转变为压能，经外壳上与叶轮成切线方向的出水管被压送到发动机水套内。

吸水：与压水同时，叶轮中心处压力降低，散热器中的水便经进水管 3 被吸进叶轮中心部分。

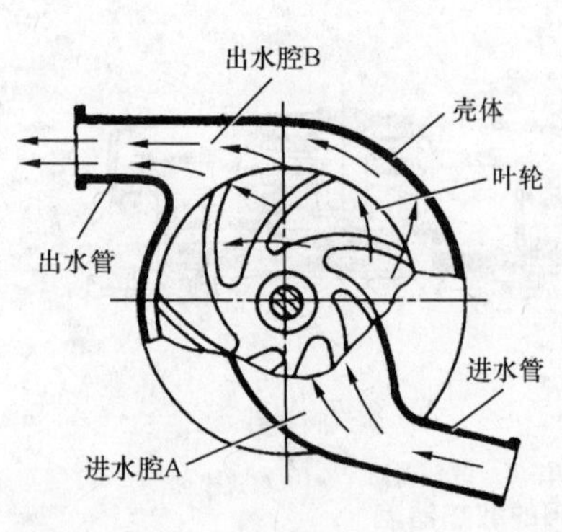

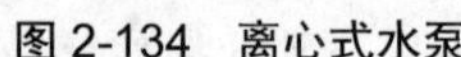
图 2-134　离心式水泵

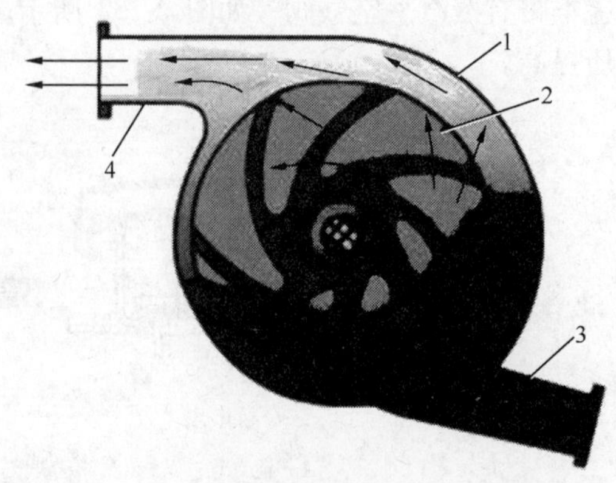

1—水泵壳体；2—叶轮；3—进水管；4—出水管

图 2-135　离心式水泵的工作原理

（3）节温器

强制式水冷却系统的冷却强度，一般受汽车的行驶速度，曲轴、水泵和风扇的转速及外界气温的影响。当使用条件变化时，如外界气温高，发动机在低速大负荷情况下工作，要求冷却强度要强，否则发动机易于过热。而当外界气温低，发动机负荷又不大时，其冷却强度应弱，不然就会使发动机过冷。因此，要保证发动机在最佳的温度下工作，不出现过热过冷现象，就必须能根据使用条件的变化自动调节发动机冷却强度。

冷却强度的调整方法：一是改变流经散热器的空气流量和流速；二是改变冷却液的流量和循环路线。

随发动机负荷和水温的大小而自动改变冷却液的流量和循环路线，保证发动机在适宜的温度下工作，减少燃料消耗和机件的磨损。

蜡式节温器由上支架、下支架、主阀门、旁通阀、感应体、中心杆、橡胶管和弹簧等组成，如图 2-136 所示。节温器的上支架和下支架与阀座铆成一体。中心杆上端固定在上支架的中心，其下部插入橡胶管的中心孔内，中心杆下端呈锥形。橡胶管与感应体外壳之间的空腔里装有石蜡。为了提高导热性，石蜡中常掺有铜粉和铝粉。感应体外壳上下部有联动的主阀门和旁通阀门。

主阀门上有通气孔，其作用是在加水时使水套内的空气经小孔排出，保证能加满水。为了防止通气孔阻塞，有的加装一个摆锤。

蜡式节温器的工作原理如下。

当水温低于 349K（76℃）时，如图 2-137 所示，主阀门完全关闭，旁通阀完全开启，由汽缸盖出来的水经旁通管直接进入水泵，故称小循环。由于水只是在水泵和水套之间流动，不经过散热器，且流量小，所以冷却强度弱。

当冷却水温度在 349～359K（76～86℃）之间时，大小循环同时进行，如图 2-138 所示。当发动机水温达 349K（76℃）左右时，石蜡逐渐变成液态，体积随之增大，迫使橡胶管收缩，从而对中心杆下部锥面产生向上的推力。由于杆的上端固定，故中心杆对橡胶管及感应体产生向下的反推力，克服弹簧张力使主阀门逐渐打开，旁通阀开度逐渐减小。

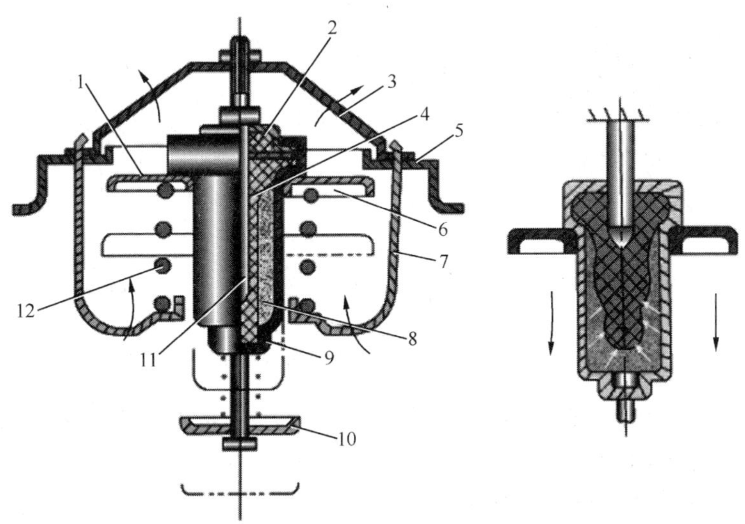

1—主阀门；2—盖和密封垫；3—上支架；4—胶管；5—阀座；6—通气孔；7—下支架；8—石蜡；9—感应体；10—旁通阀；11—中心杆；12—弹簧

图 2-136　蜡式节温器

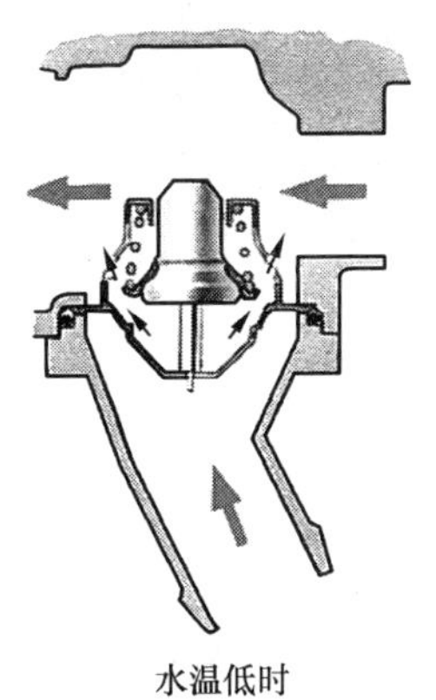

图 2-137　水温低时的工作示意图

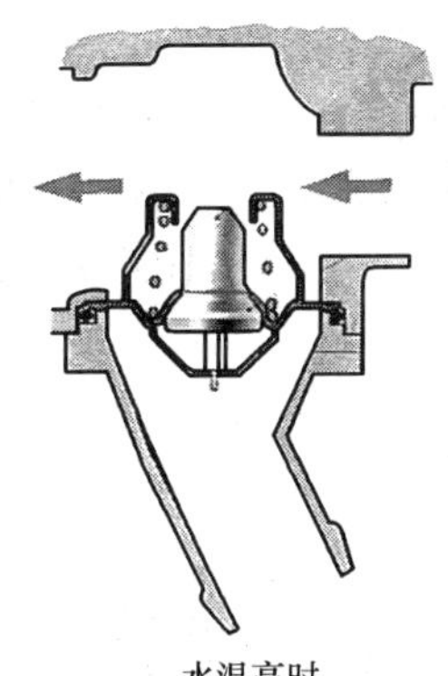

图 2-138　水温高时的工作示意图

当发动机内的水温升高到 359K（86℃），主阀门完全开启，旁通阀完全关闭，冷却水全部流经散热器，称为大循环。由于此时冷却水流动路线长、流量大、冷却强度高。

（4）风扇

提高流经散热器的空气流速和流量，以增强散热器的散热能力并冷却发动机附件。风扇多为轴流式，装在发动机与散热器之间，与水泵同轴驱动。风扇的扇风量主要与风扇的直径、转速、叶片形状、叶片安装角及叶片数量有关。风扇的形式如图 2-139 所示。

目前汽车水冷发动机上常用螺旋桨式风扇。

风扇叶片材料有钢板、塑料和铝合金。为了减轻振动噪声，叶片间的夹角不等。叶片数量为 4～6 片。

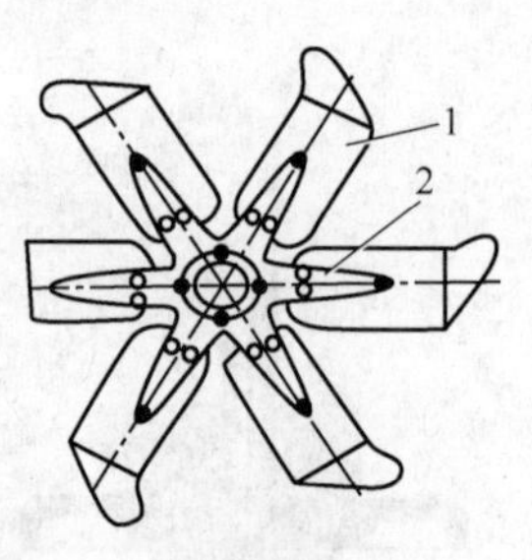

（a）叶尖前弯的风扇

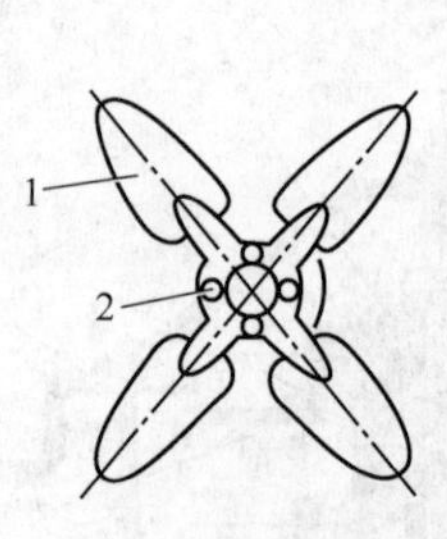

（b）尖窄根宽的风扇

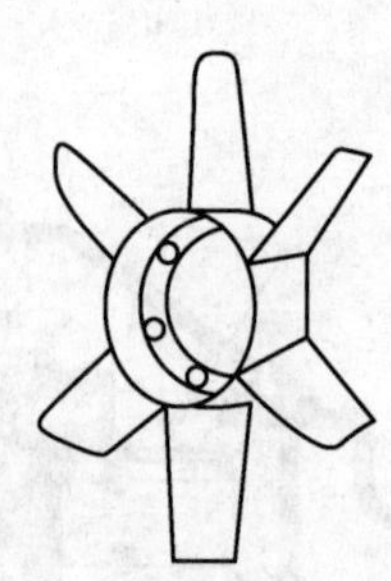

（c）尼龙压铸整体风扇

1—叶片；2—连接板

图 2-139　风扇形式

叶片与叶轮旋转平面之间有一偏扭角，偏扭角可为定值，也可制成变偏扭角。因风扇旋转时叶和叶尖的气流速度外大内小，为了提高风扇的效率，叶片从叶根到叶尖偏扭角逐渐减小。

风扇的安装与风扇皮带的调整如下。

① 安装风扇用螺钉安装在水泵轴前端的皮带轮或凸缘盘上。风扇常和发电机一起由曲轴通过三角带传动，如图 2-140 所示。

② 调整目的：若传动带过松，传动带将在传动带轮上打滑，使风扇和水泵等的转速下降，扇风量和泵水量减小，使发动机过热；皮带过紧，将增加轴承和皮带的磨损。

③ 措施：常将发电机支架做成可移动式的，以便调节皮带的紧度。

一些轿车由于发动机横置或后置，多采用电动风扇，如图 2-141 所示。电动机的开关由散热器的水温开关控制，并且有高低速两个挡位，低速挡在沸点内使用，高速挡在沸点外使用，需要冷却时自动起作用。这样，在一般行驶条件下，电动风扇几乎不转，功率消耗减少，油耗率降低，而在低速大负荷时又能得到充分的冷却。

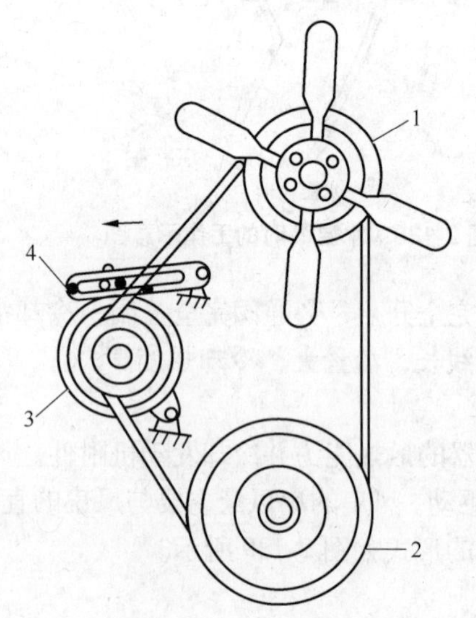

1—风扇及皮带轮；2—曲轴皮带轮；
3—发电机；4—移动支架

图 2-140　风扇的驱动和皮带张紧力的调整

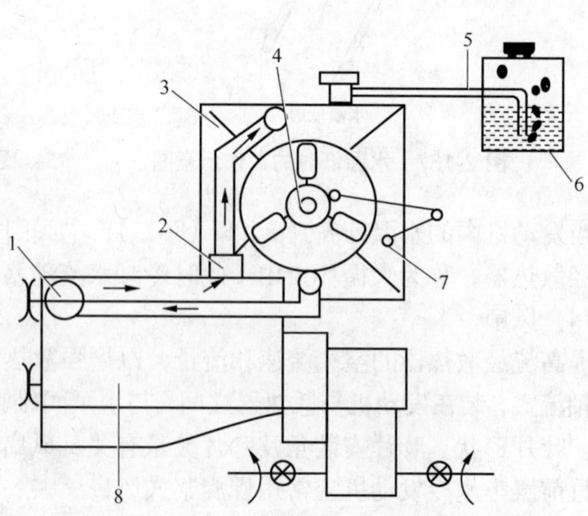

1—水泵；2—节温器；3—散热器；4—电动机和风扇；
5—蒸汽排出和回吸管；6—膨胀水箱；7—温控开关；8—发动机

图 2-141　电动风扇

（5）膨胀水箱

① 作用

a．把冷却系统变成永久性封闭系统，减少了冷却液的损失。

b．避免空气不断进入，避免了机件的氧化腐蚀。

c．减少了穴蚀。

d．使冷却系中水、气分离，保持系统内压力稳定，提高了水泵的泵水量。

膨胀水箱多用半透明材料（如塑料）制成。透过箱体可直接方便地观察到液面高度，无须打开散热器盖。如图 2-142 所示，膨胀水箱的上部用一个较细的软管与水箱的加水管相连，底部通过水管与水泵的进水侧相连接，通常位置略高于散热器。

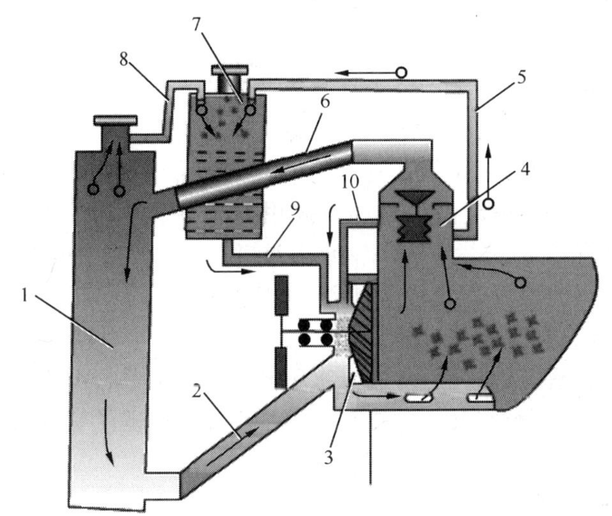

1—散热器；2—水泵进水管；3—水泵；4—节温器；5—水套出气管；6—水套出水管；
7—进水口处；8—散热器出气管；9—补充水管；10—旁通管

图 2-142 膨胀水箱示意图

② 膨胀水箱的作用原理

一般冷却系统中冷却液的流动是靠水泵的压力来实现的。水泵吸水的一侧压力低，易产生蒸汽泡，使水泵的出水量显著下降，并引起水泵叶轮和水套的穴蚀，在其表面产生麻点或凹坑，缩短了叶轮和水套的使用寿命。加装膨胀水箱后，由于膨胀水箱和水泵进水口之间存在补充水管，使水泵消除了蒸汽泡的产生。散热器中的蒸汽泡和水套中的蒸汽泡通过导管和进入膨胀水箱，从而使气水彻底分离。由于膨胀水箱温度较低，进入的气体得到冷凝，一部分变成液体，重新进入水泵。而积存在膨胀水箱液面上的气体起缓冲作用，使冷却系内压力保持稳定状态。

三、冷却系统主要零部件的检修

1. 散热器的检修

散热器的主要异常是管道沉积水垢，散热片与散热管堵塞，散热管裂纹或脱焊而漏水以及机械损伤等。

（1）清洁散热器外表

① 首先用水冲洗散热器芯，清除其表面的灰尘，如有油污，应用汽油洗净，然后从外部

查看散热器上、下水室及芯子，不得有渗漏现象，散热器框架不得有断裂和脱焊现象。散热器芯上如果嵌有杂物，可用细钢丝进行清理。如果散热器片有倒伏应予扶正，散热器如有扭斜、变形，应压校平整。

② 检查散热器的紧固情况，散热器应当紧固可靠，前后晃动时应无松动现象。散热器与水泵风扇叶片间距离应保持适当。

③ 检查散热器盖。散热器盖与散热器加水管间的密封垫如有损坏应更换。在汽车使用中，如果发现发动机出水管被吸瘪，则说明散热器盖的进气阀门损坏，应检修或更换散热器盖。

④ 检查补偿散热器的连接管是否有漏气或堵塞现象。发现有漏气或堵塞现象应予以排除，以防补偿散热器的冷却液回不到散热器内。

（2）清洗散热器

发动机大修时必须清洗散热器，以去除散热器内的水垢。先拆除节温器，往冷却系统加入专用清洗剂和水后，运转发动机 20min。待冷却后排出水和清洗剂，再把水从软管上直接引入散热器，冲洗出松动脱落的水垢。还要进行逆向冲洗，即水在压力作用下以与正常流向相反的方向冲洗散热器。清洗散热器还可采用拆卸下散热器放入洗涤器中清洗的方法，即将洗涤器内加入含有 3%～5%的碳酸钠水溶液并加热到 80～90℃；将散热器放入洗涤器中 5～8h 后取出；再将散热器放入温水池中清洗干净。

（3）检查散热器泄漏情况

散热器经外部清洗及清除水垢后，进行水压试验，检查是否漏水。其方法是，在散热器水道中通入 49～98kPa 的压缩空气，并浸在水中，观察散热器的冒气泡情况及部位，冒气泡处即为漏水部位，应及时作出标记，以便焊修。

（4）散热器损伤的修理

上、下水室和外层散热管破漏可用锡焊修复。破漏处较大时，可用铜皮烫锡后，对破漏处进行锡焊修补；如果内层水管破漏，可将外层散热片剪下，用尖烙铁直接焊修。在损坏严重时，允许将个别水管压扁、焊死继续使用或更换新水管。这种方法因为散热片与散热管修复不易全面，散热效率降低，所以更换和堵焊的散热管数量受一定限制。一般散热器散热管的更换数量应不多于 25%，堵焊的散热管应不多于 3 根。超过此限度，应更换散热器。

散热器修复后，应再次进行密封性试验，按规定压力加压后，1min 内不允许有渗漏现象。

对多处有泄漏的散热器应予更换。对少量几处泄漏的散热器，应予以焊补或用散热器堵漏剂进行修复。

2. 水泵的检修

汽车在使用中如果水泵出现故障或损坏，可做以下检查和修理。

（1）水泵的检查

① 检查泵体及皮带轮有无磨损及损伤，必要时应更换。

② 检查水泵轴有无弯曲、轴颈磨损程度、轴端螺纹有无损坏。

③ 检查叶轮上的叶片有无破碎，轴孔磨损是否严重。

④ 检查水封和胶木垫圈的磨损程度，如超过使用限度应更换新件。

⑤ 检查轴承的磨损情况，可测量轴承的间隙，如超过 0.10mm，则应更换轴承。

（2）水泵及座的修理

水泵取出后，可按顺序进行分解。分解后应将零件进行清洗，再逐一检查，看其是否有裂纹、损坏及磨损等缺陷，如有严重缺陷者应予更换。

（3）水封及座的修理

水封如磨损起槽，可用砂布磨平，如磨损过量应予更换；水封座如有毛糙刮痕，可用平面铰刀或在车床上修理。在大修时应更换新的水封组件。

在泵体上具有下列损伤时允许焊修：长度在 30mm 以内，不伸展到轴承座孔的裂纹；与汽缸盖接合的突缘有破缺部分；油封座孔有损伤。

水泵轴的弯曲不得超过 0.05mm，否则应更换。

叶轮叶片破损应予更换。

水泵轴孔径磨损严重应更换或镶套修复。

检查水泵轴承是否转动灵活或有异常响声，如有说明轴承有问题，应予更换。

水泵装配好后，用手转动一下，泵轴应无卡滞、叶轮与泵壳应无碰擦，然后检查水泵排水量，如有问题，应检查原因并排除。

3. 散热器盖的使用和检修

（1）散热器盖的安装

散热器盖安放在加水口上后，对准加水口上的外缘缺口，用手向下轻压，然后旋转一个角度，使盖与加水口上缘扣紧，当旋转到盖的对称的凸耳的中心线与溢流管，中心线相一致时，即为正确的安装位置。

（2）散热器盖的拆卸

在发动机热状态下开启散热器盖时，应停机 15min 后或温度低于 100℃时，用抹布保护手慢慢松开散热器盖直到安全锁舌处，在这个位置任何蒸汽和沸腾的冷却液均可通过溢流管排出，然后拆下散热器盖。

（3）散热器盖的检修

检查散热器盖上的密封垫是否有老化变形、弯曲和起泡等现象，如有应予更换；检查散热器盖上压力阀和真空阀是否有变形、损伤和锈蚀等现象，如有应予更换；检查弹簧是否有变形、弹力失效和阀门工作不正常等现象，如有应更换；检查盖与阀座间水垢存积状况，清除水垢，保持阀的正常工作。

4. 节温器的检修

（1）节温器的拆卸

① 在发动机处于停机、冷态时，进行节温器的拆卸作业。

② 将蓄电池负极导线拆下。

③ 按规定的程序，把冷却系统的冷却液排放干净。

④ 取下散热器的连接管，拆掉出水套管。

⑤ 将节温器取出。

（2）节温器的安装

安装程序与拆卸程序相反，但应注意：发动机大修后的节温器，应使用新的密封垫；安装完毕后，加注冷却液，启动发动机运转看看是否有渗漏现象。

（3）节温器的检修

① 外观检查

检查节温器的阀门、弹簧是否有变形、失效、污物等，如有应予以清理或更换。

② 检查节温器

将节温器置于盛水容器内，逐渐加热，观察节温器始开和全开时的温度，如果开启温度不符合规定，则应更换节温器，如图 2-143 所示。

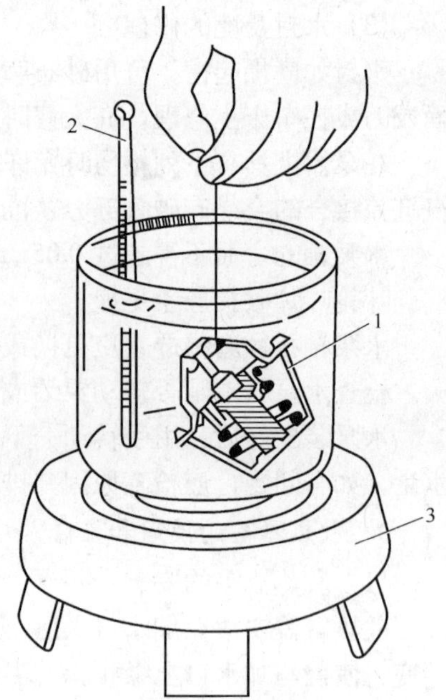

1—节温器；2—温度计；3—加热器

图 2-143 检查节温器

四、冷却系统常见故障分析与排除

冷却系统常见故障是冷却液泄漏、发动机温度过高、过低和发动机升温缓慢等。

1. 冷却液泄漏

(1) 故障现象

一般发动机的冷却系统是全封闭的，在正常情况下，冷却液不需经常添加。如果冷却液液面下降很快，即表明冷却系统有泄漏故障。

(2) 故障原因

a. 散热器盖及密封垫损坏

散热器盖及其密封垫损坏，将破坏冷却系统的密封，在发动机工作时，冷却液蒸发逸出或汽车摇晃造成冷却液洒出造成损失。为检验散热器盖是否密封，可进行散热器盖加压检查，如图 2-144 所示。

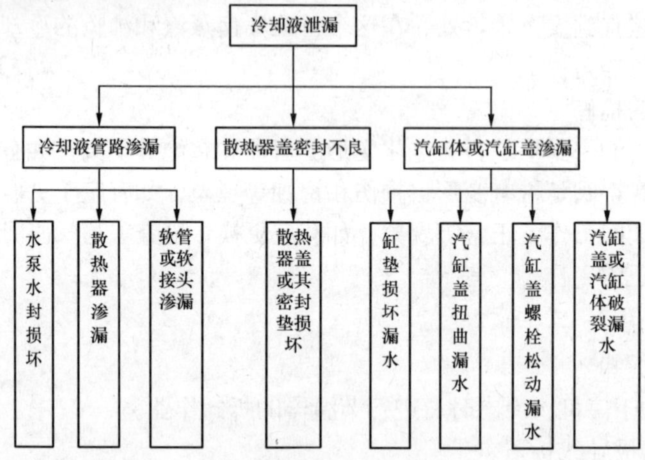

图 2-144 冷却液泄漏

b. 外部渗漏

由于冷却液加有染料着色，很容易看到渗漏部位。常见的渗漏点是软管、软管接头、散热器芯和水泵等部位。

c. 内部渗漏

若冷却液从冷却系统内渗漏到发动机内，可检查汽缸盖螺栓是否拧紧，缸垫是否密封，汽缸盖是否翘曲，汽缸盖、汽缸体是否破裂。

2. 发动机的温度过高

(1) 故障现象

冷却液温警报灯闪烁或水温表指针长时间在红区，冷却液沸腾出现蒸汽。在上述情况下，发动机动力不足。

（2）故障原因（如图 2-145 所示）

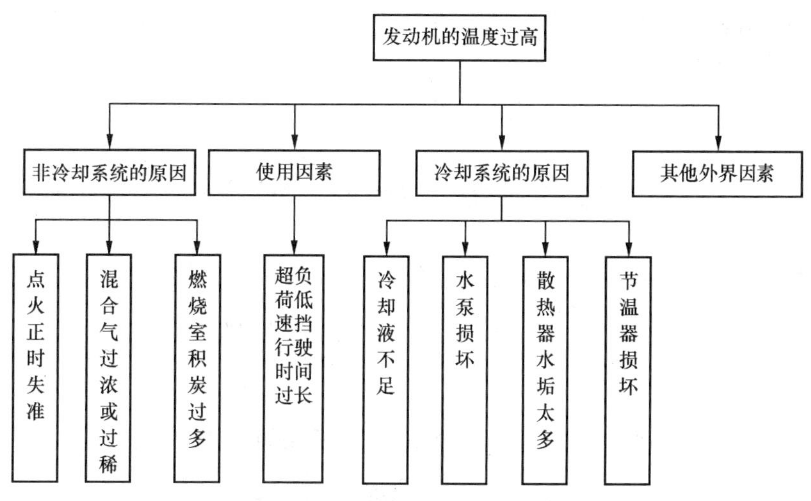

图 2-145 发动机的温度过高

冷却系统的故障导致发动机过热的原因如下。冷却液量不足，水泵损坏，冷却液泵堵塞或损坏，散热器或汽缸体内水套结垢多、堵塞，使冷却液冷却效果降低。节温器失效、卡死或堵塞，节温器不能正常开启，冷却液不能流过散热器。节温器能否正常工作，可由试验确定，其表现应符合技术规定。散热器风扇电动机或散热器双温热敏开关出现故障。温控风扇的损坏不能正常工作，从而使发动机过热。

非冷却系统故障引起的发动机过热的原因有超负荷、低速挡行驶时间过长，点火过早或过晚。因此，必要时应检查点火提前角并予以调整。混合气过浓或过稀，燃烧室积炭过多等也会引起发动机过热。

汽车使用条件如气候、风向、道路、负荷等因素也影响发动机的温度。

3. 发动机的温度过低

发动机升温缓慢，会使发动机在低温下长期工作，导致发动机磨损加快。

（1）故障现象

发动机行驶乏力，发动机油耗增加，发动机工作很长时间或全部工作时间内，冷却水温达不到正常工作温度范围，低于 85℃。该故障现象多发生在寒冷地区或冬季行驶。

（2）故障原因

节温器失效，卡在全开位置，冷却液在低温状态下也进行大循环；散热器风扇电动机发生故障、风扇电机只能以Ⅱ挡运转；水温表或水温传感器失效；环境温度太低且逆风行驶，如图 2-146 所示。

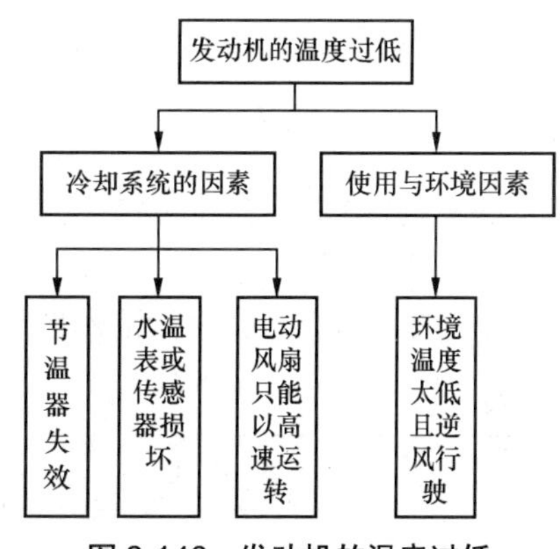

图 2-146 发动机的温度过低

（3）故障诊断与排除

a．检查散热器风扇电动机的工作状态是否正常。

b．发动机启动时，检查散热器的出水管和暖风散热器出水管温度是否相同。若相同，则说明节温器常开，冷却系统直接进入大循环；检查发动机冷却液，缺少时应添加。

c．打开点火开关，油压指示灯即闪亮，启动发动机，当机油压力大于 30kPa 时，该指示灯灭。当发动机低速运转时，如果机油压力低于 30kPa，则 30kPa 压力开关触点闭合，油压指示灯闪亮。当发动机转速大于 2000r/min 时，如果机油压力达不到 160～200kPa，则 180kPa 油压开关断开，油压指示灯即亮，并且警报蜂鸣器也同时报警。

第二部分 任务实施

本任务的实施通过理论实践一体教学，利用实物教学，让学生观察各部件的位置并思考其作用，同时在学习过程中让学生练习拆装程序和检测方法。

一、工具准备

在实施工作前，每小组按表 2-26 准备好本任务所需的资料、工具。

表 2-26 工具准备

资料、工具的名称	数 量
桑塔纳汽车发动机台架	1 台
水泵	1 只
节温器	1 只
温度计	1 支
常用工具	1 套

二、技术要求与标准

① 查阅车型相关维修手册，按规定的顺序拆装。

② 检验数据精确。

③ 在操作过程中不允许出现安全事故。

三、要完成的工作

1．拆卸桑塔纳 2000 的节温器，更换一个新的节温器，更换方法请参照“第一部分 任务学习引导”里的说明。

2．检测节温器，方法请参照“第一部分任务学习引导”里的说明，并填写表 2-27。

表 2-27 检验结果

检 测 项 目	检 查 结 果
1．节温器外观检查	
2．检测节温器开始打开的温度	℃
3．检测节温器全开的温度	℃

续表

检测项目	检查结果
结果分析	
检验结论	

3．给桑塔纳汽车冷却系统释放冷却液和添加冷却液，请写出操作步骤。

一、自我评价

1．针对实习发动机，列出该发动机冷却系统路线。

2．水冷却系统由哪几部分组成？各部分的作用是什么？

3．自己对学习本任务的自我评价（包括着装、学习态度、知识以及技能掌握程度、工作页的填写情况等）。

二、小组评价

序　号	评 价 项 目	评 价 情 况		
		好	中	差
1	团队合作精神			
2	学习是否积极主动			
3	服从工作安排的情况			
4	工具、仪器的使用情况			
5	工具整理、现场清理的情况			

三、教师评价

序　号	评 价 项 目	评 价 情 况		
		好	中	差
1	出勤情况			
2	着装情况			
3	课堂秩序			
4	学习是否积极主动			
5	任务书填写			
6	工具、仪器的使用情况			
7	工具整理、现场清理的情况			

项目三　发动机的装配与调试

任务一　曲柄连杆机构的安装

◇ 掌握曲柄连杆机构的安装步骤。
◇ 掌握安装曲柄连杆机构的注意事项。
◇ 会对曲柄连杆机构的安装结果进行调试。
建议完成本任务的学时为 6 学时。

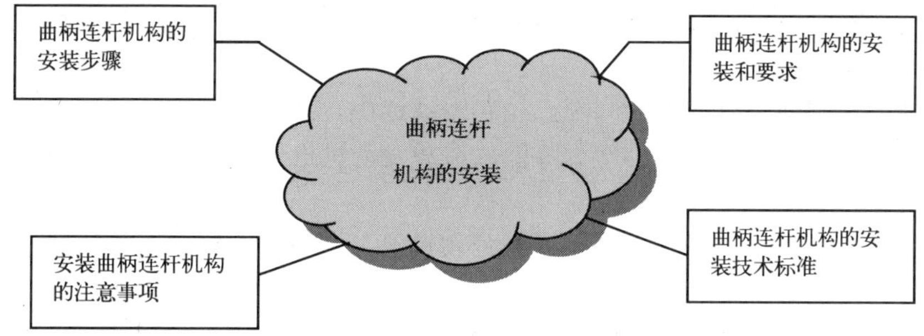

任务描述

现有一辆大众桑塔纳汽车的发动机经过大修后，要对其进行安装。汽车机电维修工根据维修前台接待提供的维修工单，在汽车机电维修工位以及规定工时内以经济的方式按照专业要求使用通用工具、发动机机械维修专用工具、设备和汽车维修资料等，完成曲柄连杆机构的安装。安装过程中，保持工作场地满足安全作业及 5S 工作要求。

第一部分　任务学习引导

一、曲轴飞轮组的装配

1. 曲轴的安装

将汽缸体清洗干净并倒置在工作台上，把5道主轴承上瓦片涂上机油放在擦干的轴承座上，再把擦拭干净的曲轴放在轴瓦上，扣上对应的并涂有机油的下瓦片及轴承盖。3号主轴瓦为止推轴承。新的止推轴承为翻边轴瓦，两边设有半圆止推环。老式止推轴承两侧另有半圆止推环，安装时开口必须朝向轴瓦。用过的轴瓦不能互换。因此，在维修保养发动机时，各轴瓦必须按原位安装。曲轴主轴承盖螺栓应分几次均匀拧紧，最后扭矩为65N·m。轴承盖螺栓全部拧紧后，用手扳动曲轴臂，曲轴应能较轻松转动。

为了保证装配后的发动机能正常工作，曲轴装配后，还必须留有合适的轴向间隙和径向间隙。

（1）轴向间隙的检查与调整

轴向间隙过小，会使机件因受热膨胀而卡死；轴向间隙过大，发动机工作中使曲轴轴向窜动量增大，给活塞连杆组造成不正常的磨损。曲轴轴向间隙的检查方法如下。

① 将千分表触针抵在曲轴平衡块上，前后撬动曲轴，查看表针的数值。

② 用厚薄规在3号止推轴承处直接检查，将厚薄规插在半圆止推环与曲轴臂之间，查看厚薄规的厚度，即为曲轴的轴向间隙。曲轴正常的轴向间隙为0.07～0.17mm，磨损极限间隙为0.25mm。若轴向间隙过小或过大，可通过修刮或更换半圆止推环进行调整。

（2）检查曲轴径向间隙

曲轴的径向也必须留有适当的间隙。径向间隙过小，会使曲轴的转动阻力增大，加重磨损。径向间隙过大，会使润滑油的压力降低，造成发动机机件因润滑不良而损坏。径向间隙的检查方法如下。

将塑料间隙片放在擦拭干净的曲轴主轴颈和轴承之间。装上轴承盖并按规定力矩拧紧螺栓（注意不得转动曲轴），然后拆下轴承盖，测出被挤压过的塑料间隙片的厚度，此厚度即为曲轴的径向间隙。正常的径向间隙为0.03～0.08mm，磨损后的极限间隙为0.17mm。为了使用方便，塑料间隙片制有不同的颜色和厚度范围：绿色为0.025～0.076mm，红色为0.050～0.150mm，蓝色为0.100～0.230mm。

2. 飞轮的安装

在曲轴后端结合盘上装上飞轮。飞轮上有点火正时记号“-0-”，换用飞轮时要检查有无此记号，如果没有应打上，以便校正发动机的点火正时。飞轮固定螺栓涂上ER5黏合剂后拧紧，拧紧力矩为75N·m。

飞轮装好后要检查其偏摆度，用千分表在飞轮半径150mm处检查，其摆差不得大于0.15mm。最后在飞轮内孔装上滚针轴承，将轴承打印有“朝外”的一面装在外面，并且轴承外端面应低于飞轮端面1.5mm。

二、活塞连杆组的装配

1. 活塞连杆的组装

按标记把同一汽缸的活塞、连杆用活塞销组装起来。组装时，活塞上的箭头标记和连杆上的浇铸标记必须朝向同一个方向。桑塔纳发动机的活塞销为全浮式，在常温下安装比较紧，因此，必须使用专用工具，同时还要将活塞加热，使活塞销座孔受热膨胀变大，以便安装。一般是将活塞置于60～80℃的热水中放置一段时间，取出后迅速将座孔擦净并涂少许机油，把活塞销推入一个座孔，随即把连杆小头衬套内涂一层机油并把连杆小头伸入活塞内，将活塞销推穿过连杆小头直至另一个座孔的边缘，再装上卡环。卡环与活塞销端面应有 0.15mm 的间隙，以适应活塞销和活塞热胀冷缩的需要。若间隙过小或没有间隙，活塞销可能会顶出卡环，造成“拉缸”事故。若间隙过小，可将活塞销磨短少许。

2. 检查活塞是否偏缸

把汽缸体侧放，将未装活塞环的活塞连杆组装入相应的汽缸内，装好连杆轴承及盖，按规定用 30N·m 的扭矩将连杆螺母拧紧。

① 检查连杆小头与活塞座孔端面的距离，一般每边都不应小于 1mm。如果小于 1mm，多为汽缸中心偏移或连杆弯扭造成的，一般可通过校正连杆予以排除。

② 转动曲轴，查看活塞在汽缸中的运动情况，活塞在上、下止点和汽缸中部 3 个位置时，活塞与汽缸之间的间隙差不得超过 0.1mm。否则，应查明原因，予以排除。一般也可通过校正连杆进行排除。

3. 安装活塞环

将事先选配好的活塞与活塞环清洗干净，用活塞环钳把活塞环装配到各个汽缸的活塞环槽上。安装时，必须把镀铬的断面矩形环装在第一道环槽内，把断面为梯形的气环装在第二道环槽内。活塞环上有“TOP”记号的一面必须朝上安装。三道活塞环的开口在活塞上相错 120°，以防开口重叠造成漏气，影响发动机的正常工作。

4. 安装活塞连杆组

先将活塞环、活塞裙部及连杆轴承涂上机油，按活塞及连杆上的标记将活塞连杆组装入相应的汽缸，活塞上的箭头标记和连杆大头的浇铸标记必须朝皮带轮的方向。扣上各对应的连杆轴承盖，穿上螺栓，用 30N·m 的扭矩将螺母扭紧后，再扭转 180°。

连杆螺栓有两种，即应力螺栓和刚性螺栓。JV 型发动机多使用应力螺栓，修理时必须更换。应力螺栓与刚性螺栓的区别如下。

① 应力螺栓 a 段螺纹为 M8×1，长度为 25mm，刚性螺栓的螺纹为 M9×1，长度为 15mm。

② 应力螺栓中部 b 段光滑，而刚性螺栓有滚花。

③ 应力螺栓的头部 c 段为锥形，刚性螺栓头部则为半圆形。

如果使用应力螺栓检查连杆轴承径向间隙时，只允许重复使用 1 次，但必须在螺栓头上打上标记，下次必须更换。

连杆轴承的轴向间隙不能超过 0.37mm，径向间隙为 0.03～0.08mm，磨损极限间隙为 0.12mm。检查时用塑料间隙片，方法与检查主轴承相同。

三、注意事项

① 安装时注意发动机安放平稳，注意人身安全。

② 保持作业场地清洁和整齐。

③ 正确使用安装工具，保证安全操作。

④ 注意零部件之间的配合关系和装配记号，必要时应作记号。

第二部分 任 务 实 施

在任务实施的过程中，将学习曲柄连杆机构的安装。建议分小组进行实施，在规定的时间内完成。

一、工具准备

在实施工作前，每小组按表 3-1 准备好本任务需的资料、工具。

表 3-1 工具准备

资料、工具的名称	数 量
桑塔纳汽车发动机台架	1台
厚薄规	1把
活塞环压缩器	1套
橡皮锤	1把
常用工具	1套
扭矩扳手	1把

二、技术要求和标准

① 查阅车型相关维修手册，按规定的顺序安装。
② 发动机曲柄连杆机构安装工作在 30min 内完成。
③ 装配过程中注意安全。

三、要完成的工作

1．请完成桑塔纳 2000 汽车发动机曲柄连杆机构的安装，安装方法请参照“第一部分 任务学习引导”里的说明，并完成实训报告。

2．请检查曲轴安装后的轴向间隙与径向间隙，并填写表 3-2。

表 3-2 检验结果

检 测 项 目	检测数据（mm）
1．轴向间隙	
2．径向间隙	

结果分析

检验结论

任务评价

一、自我评价

1．本任务给你印象最深的是什么？

2．自己对学习本任务的自我评价（包括着装、学习态度、知识以及技能掌握程度、工作页的填写情况等）。

二、小组评价

序号	评 价 项 目	评 价 情 况		
		好	中	差
1	团队合作精神			
2	学习是否积极主动			
3	服从工作安排的情况			
4	工具、仪器的使用情况			
5	工具整理、现场清理的情况			

三、教师评价

序号	评 价 项 目	评 价 情 况		
		好	中	差
1	出勤情况			
2	着装情况			
3	课堂秩序			
4	学习是否积极主动			
5	任务书填写			
6	工具、仪器的使用情况			
7	工具整理、现场清理的情况			

任务二　配气机构的安装

学习目标

◇ 掌握配气机构的安装步骤。

◇ 掌握安装配气机构的注意事项。

◇ 会对配气机构的安装结果进行调试。

建议完成本任务的学时为 6 学时。

内容结构

任务描述

现有一辆汽车的发动机经过大修后，要对其进行安装。汽车机电维修工根据维修前台接待提供的维修工单，在汽车机电维修工位以及规定工时内以经济的方式按照专业要求使用通用工具、发动机机械维修专用工具、设备和汽车维修资料等，完成配气机构的安装。安装过程中，自觉保持安全作业及 5S 工作要求。

第一部分　任务学习引导

一、顶置气门上置凸轮轴式配气机构的拆装（以桑塔纳车为例）

1. 安装气门

① 安装气门前应检查气门和导管的配合间隙为 0.035～0.070mm。

② 气门导管装上新的气门油封。安装气门油封时，要套上塑料管，再用专用工具压入。

③ 然后装上气门弹簧座，在气门杆部涂机油，插入气门导管（注意不要损伤油封）。

④ 最后装上气门弹簧（弹簧旋向相反）和锁片，锁片装好后，用塑料锤轻敲几下，以确保锁止可靠。

2. 安装凸轮轴和油封

① 安装好桶式液力挺柱，装好凸轮半圆键，将凸轮轴颈涂少许润滑油放入汽缸盖的各

轴承座上。

② 安装凸轮时，第一汽缸的凸轮必须朝上。

③ 安装凸轮轴轴承盖时，注意轴孔上下两半对准。

④ 先对角交替拧紧4、2轴承盖，然后再交替拧紧5、3、1轴承盖，拧紧力矩为20N·m。

⑤ 凸轮轴与支承孔间隙为0.06～0.08mm，轴向间隙应小于0.15mm。

⑥ 在密封圈唇边和外圈涂油，将密封圈平压入，注意不要压到底，否则会堵塞油道。

⑦ 放入半圆键，安装凸轮轴正时齿轮，并用80N·m的转矩加以紧固。

⑧ 注意：安装凸轮轴时，第一汽缸的凸轮必须朝上；凸轮轴转动时，曲轴不可置于上止点，否则会损坏气门或活塞顶部。

二、顶置气门下置凸轮轴式配气机构的拆装（以EQ6100-1型发动机为例）

① 安装前各零部件应保持清洁并按顺序放好。

② 安装凸轮轴：先装上正时齿轮室盖板，润滑凸轮轴轴颈和轴承，转动曲轴，在第一汽缸的压缩上止点时，对准凸轮轴正时齿轮和曲轴正时齿轮上的啮合记号，平稳地将凸轮轴装入轴承孔内；紧固止推突缘螺钉，再转动曲轴，复查正时齿轮啮合情况并检查凸轮轴轴向间隙；最后堵上凸轮轴轴承座孔后端的堵塞（堵塞外圆柱面应均匀涂以硝基胶液）。

③ 安装气门挺柱。安装挺柱时，挺柱上应涂以润滑油并对号入座。挺柱装入后，应能在挺柱孔内均匀自由地上下移动和转动。

④ 装复正时齿轮室盖、曲轴传动带轮及启动爪。

⑤ 装复机油泵及其附件，装复油底壳。

⑥ 气门组的装配。润滑气门杆，按记号将气门分别装入气门导管内。然后翻转缸盖，装上气门弹簧、挡油罩和弹簧座。用气门弹簧钳分别压紧气门弹簧，装上锁片（锁片装入后应落入弹簧座孔中，并使两瓣高度一致，固定可靠）。

⑦ 安装汽缸盖。

⑧ 装配摇臂机构。

摇臂机构的安装步骤及注意事项如下。

① 对摇臂、摇臂轴、摇臂轴支座等要清洗干净，并检查这些机件的油孔是否畅通。

② 将摇臂轴涂以润滑油，按规定次序将摇臂轴支座、摇臂、定位弹簧等装在摇臂轴上。安装时，EQ6100-1型发动机的摇臂轴上的油槽要向下，出油孔向上偏发动机左侧，即进排气道一侧，如装反则摇臂机构会润滑不良。

③ 将推杆放入挺柱凹座内，摇臂上的气门间隙调整螺栓拧松，以免固定支座螺栓时把推杆压弯。然后固定摇臂机构，自中间向两端均匀固定，达到规定的拧紧力矩。EQ6100-1型发动机摇臂轴支座的拧紧力矩为29～39N·m；CA6102型发动机摇臂轴支座的拧紧力矩中间为29～30N·m，两端为20～30N·m。

④ 支座固定后，摇臂应能转动灵活。

第二部分 任务实施

在任务实施的过程中，将学习配气机构的安装。建议分小组进行实施，在规定的时间内完成。

一、工具准备

在实施工作前，每小组按表 3-3 准备好本任务需的资料、工具。

表 3-3　　工具准备

资料、工具的名称	数　量
发动机	2 台
常用工具	2 套
气门安装钳	1 个
扭力扳手	1 个
维修手册	1 本

二、技术要求和标准

① 查阅车型相关维修手册，按规定的顺序安装。
② 发动机配气机构安装工作在 30min 内完成。
③ 装配过程中注意安全。

三、要完成的工作

1．请写出安装凸轮轴和油封时应注意的事项。
2．完成一台发动机的配气机构的安装，并把完成的过程写下来。

任务评价

一、自我评价

1．安装配气机构时应该注意什么？

2．本任务给你印象最深的是什么？

3．自己对学习本任务的自我评价（包括着装、学习态度、知识以及技能掌握程度、工作页的填写情况等）。

二、小组评价

序号	评价项目	评价情况		
		好	中	差
1	团队合作精神			
2	学习是否积极主动			
3	服从工作安排的情况			
4	工具、仪器的使用情况			
5	工具整理、现场清理的情况			

三、教师评价

序号	评价项目	评价情况		
		好	中	差
1	出勤情况			
2	着装情况			
3	课堂秩序			
4	学习是否积极主动			
5	任务书填写			
6	工具、仪器的使用情况			
7	工具整理、现场清理的情况			

任务三　汽缸盖的安装

学习目标

◇ 掌握汽缸盖的安装步骤。

◇ 掌握汽缸盖安装注意事项及安装螺栓的力矩要求。

◇ 能正确使用安装工具对汽缸盖进行安装。

建议完成本任务的学时为 4 学时。

内容结构

任务描述

现有一辆汽车的发动机经过维修后，要对其进行安装。汽车机电维修工根据维修前台接待提供的维修工单，在汽车机电维修工位以及规定工时内以经济的方式按照专业要求使用通用工具、发动机机械维修专用工具、设备和汽车维修资料等，完成汽缸盖的安装。并对已完成的工作进行记录存档，保持工作场地满足安全作业及 5S 工作要求。

第一部分　任务学习引导

以桑塔纳 2000 车型上的 AJR 发动机的汽缸盖安装为例，介绍汽缸盖的安装步骤。

① 在安装汽缸盖前，要将曲轴转动到第一汽缸的上止点位置。

② 安装汽缸盖衬垫时，有标号（配件号）的一面必须可见。

③ 更换汽缸盖紧固螺栓，不能重复使用已经按照拧紧力矩拧紧过的螺栓。

④ 按照图 3-1 所示的顺序以 40N·m 的力矩拧紧汽缸盖螺栓，然后再用扳手再拧紧 180°。

⑤ 安装正时齿带（调整配气相位），安装气门罩盖。

⑥ 调整节气门拉索，加注新的冷却液。

⑦ 执行节气门控制单元匹配。

⑧ 查询故障代码。拔下电控单元电子元件插头会导致故障存储，查询故障代码，必要时删除故障代码。

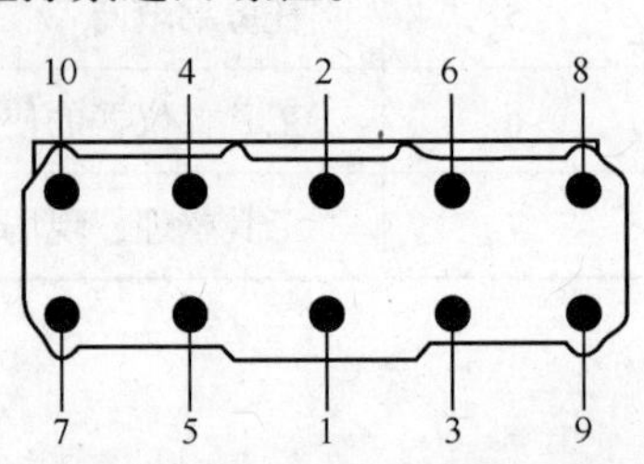

图 3-1　汽缸盖螺栓的拧紧顺序

⑨ 注意主要部件螺栓的拧紧力矩。前排气管与排气歧管紧固螺栓拧紧力矩为 20N·m，进气歧管支架与发动机之间的螺栓紧固拧紧力矩为 20N·m，进气歧管支架与进气歧管紧固螺栓拧紧力矩为 30N·m。

第二部分 任务实施

在任务实施的过程中，将学习汽缸盖的安装。建议分小组进行实施，在规定的时间内完成。

一、工具准备

在实施工作前，每小组按表 3-4 准备好本任务需的资料、工具。

表 3-4 工具准备

资料、工具的名称	数 量
AJR 发动机总成	2 台
新缸垫	1 个
新螺栓	1 套
常用工具	1 套
维修手册	1 本
高压气枪	1 把
棉布	1 块
煤油	1 罐

二、技术要求和标准

① 查阅车型相关维修手册，按规定的顺序安装。
② 发动机汽缸盖安装工作在 1h 内完成。
③ 装配过程中注意安全。

三、要完成的工作

1. 清洁汽缸盖，用压缩空气吹通各油道和水道。
2. 安装新的汽缸垫（注意：汽缸垫的正确定位）。
3. 安装汽缸盖螺栓。

- 按规定顺序拧紧螺栓。
- 在螺栓头部下平面和螺纹处涂抹少量机油。
- 小心放置缸盖，以免损坏缸盖底部平面。
- 分 2～3 次拧紧螺栓。

4. 收拾工具，量具和部件，完成本任务的实训报告。

任务评价

一、自我评价

1．在安装汽缸盖的过程中需要注意哪些问题？

2．本任务给你印象最深的是什么？

3．自己对学习本任务的自我评价（包括着装、学习态度、知识以及技能掌握程度、工作页的填写情况等）。

二、小组评价

序号	评 价 项 目	评 价 情 况		
		好	中	差
1	团队合作精神			
2	学习是否积极主动			
3	服从工作安排的情况			
4	工具、仪器的使用情况			
5	工具整理、现场清理的情况			

三、教师评价

序号	评 价 项 目	评 价 情 况		
		好	中	差
1	出勤情况			
2	着装情况			
3	课堂秩序			
4	学习是否积极主动			
5	任务书填写			
6	工具、仪器的使用情况			
7	工具整理、现场清理的情况			

任务四　正时皮带的安装与调整

学习目标

◇ 掌握正时皮带的安装步骤。
◇ 掌握安装正时皮带的方法。
◇ 会对正时皮带定期检查、调整。
建议完成本任务的学时为 6 学时。

内容结构

学习描述

现有一辆汽车的发动机经过维修后，要对正时皮带进行安装。汽车机电维修工根据维修前台接待提供的维修工单，在汽车机械维修工位以及规定工时内以经济的方式按照专业要求使用通用工具、发动机机械维修专用工具、设备和汽车维修资料等，完成正时皮带的安装与调整。并对已完成的工作进行记录存档，保持工作场地满足安全作业及5S工作要求。

第一部分　任务学习引导

一、正时皮带的功用

正时皮带（Timing belt）是发动机配气系统的重要组成部分，通过与曲轴的连接并配合一定的传动比来保证进、排气时间的准确。

正时皮带的作用是起到承上启下的，上部连接是发动机汽缸盖的正时轮、下部连接是曲轴正时轮。汽车发动机工作过程中，进气、压缩、爆炸、排气4个行程不断循环，并且每个行程的时机都要与活塞的运动状态和位置相配合，使进气与排气及活塞的升降相互协调起来，正时皮带在发动机里面扮演了一个“桥梁”的作用，在曲轴的带动下将力量传递给相应机件。有许多高档汽车为保证正时系统工作稳定，采用金属链条来替代皮带。由于汽车正时齿形皮带断裂后会造成发动机内部气门损坏，危害较大，故一般厂家都对正时皮带规定了更换周期。

二、正时皮带的定期维护

正时皮带属于耗损品，而且正时皮带一旦断裂，凸轮轴不会照着正时运转，极有可能导致气门与活塞撞击而造成严重毁损，所以正时皮带一定要依据原厂指定的里程或时间更换。

正时皮带属于橡胶部件，随着发动机工作时间的增加，正时皮带和正时皮带的附件，如正时皮带张紧轮、正时皮带张紧器和水泵等都会发生磨损或老化。因此，凡是装有正时皮带的发动机，应按严格要求，在规定的周期内定期更换正时皮带及附件。更换周期则随着发动机的结构不同而有所不同，一般在车辆行驶到6万～10万公里时应该更换，具体的更换周期应该以车辆的保养手册说明为准。

正时皮带没有破裂，并不意味着它没有问题。随着皮带越用越旧，其拉伸的程度势必超过张紧装置能够补偿的范围，因而产生正时链轮打滑。而轮齿磨损、有润滑油附着等也会导致打滑。检查时，如果皮带有硬度降低、磨蚀、纤维断裂、或者裂纹、裂缝的现象，就表明皮带已破损，不可以继续使用。接下来，检查链轮故障。损坏的链轮能“烧毁”皮带材料，并加剧皮带齿磨损。链轮故障还可能使气门机构对正时皮带产生更大的阻力。

三、正时皮带的安装方法

① 确保正时标记对齐1，如图3-2所示。
② 将正时皮带装配到曲轴链轮与附件驱动轴链轮上。
③ 暂时用一个螺栓轻轻拧紧曲轴链轮。
④ 确保在曲轴皮带轮上的正时标记与在附件驱动轴链轮上的标记相对齐。
⑤ 将正时皮带装配到凸轮轴链轮与张紧器皮带轮。

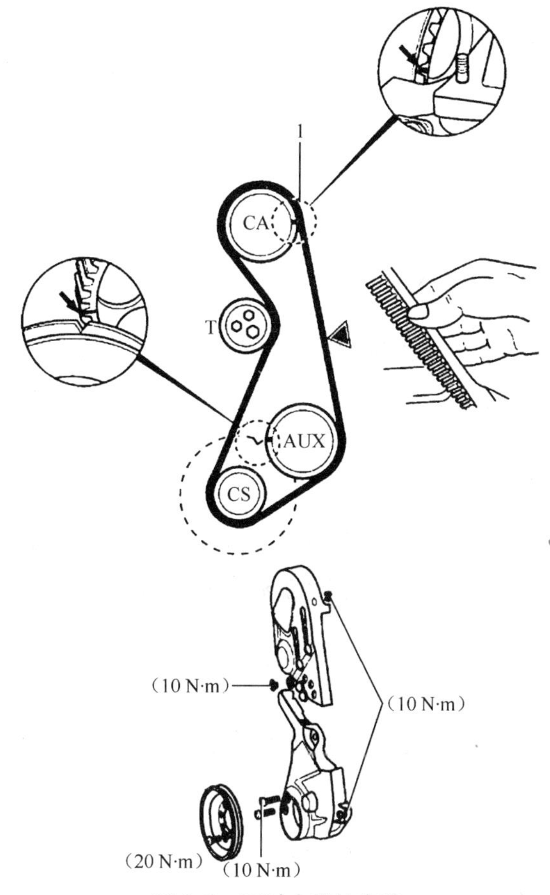

图 3-2 正时皮带的安装

⑥ 确保正时标记对齐。
⑦ 顺时针转动张紧轮，直到在▼处皮带正好能用手指扭曲 90°。
⑧ 拧紧张紧轮螺栓到 45N • m。
⑨ 按顺时针方向转动曲轴两圈。
⑩ 确保正时标记对齐。
⑪ 重新检查皮带张紧力。
⑫ 按与拆卸时相反的顺序安装其余部件。
⑬ 拧紧曲轴皮带轮螺栓 4～20N • m。

第二部分 任务实施

在任务实施的过程中，将学习正时皮带的安装和调整。建议分小组进行实施，在规定的时间内完成。

一、工具准备

在实施工作前，每小组按表 3-5 准备好本任务需的资料、工具。

表 3-5 工具准备

资料、工具的名称	数　量
发动机总成	1台
常用工具	1套
维修手册	1本

二、技术要求和标准

① 查阅车型相关维修手册，按规定的顺序安装。
② 发动机汽缸盖安装工作在 1h 内完成。
③ 装配过程中注意安全。

三、要完成的工作

1．检查桑塔纳 2000 汽车发动机的正时皮带的使用情况，判断是否需要更换。

2．完成桑塔纳汽车发动机正时皮带的安装，安装步骤请参照“第一部分 任务学习引导”里的相关说明。

3．安装完成正时皮带后，请检查正时皮带运行状态，填写表 3-6。

表 3-6 检验结果

检 查 项 目	检 查 结 果
1．正时标记是否正确	
2．摇转曲轴两周后正时标记是否争取	
3．正时皮带的挠度是否符合标准	

结果分析

检验结论

任务评价

一、自我评价

1．安装正时皮带时应该注意什么?

2．本任务给你印象最深的是什么？

3．自己对学习本任务的自我评价（包括着装、学习态度、知识以及技能掌握程度、工作页的填写情况等）。

二、小组评价

序号	评 价 项 目	评 价 情 况		
		好	中	差
1	团队合作精神			
2	学习是否积极主动			
3	服从工作安排的情况			
4	工具、仪器的使用情况			
5	工具整理、现场清理的情况			

三、教师评价

序号	评 价 项 目	评 价 情 况		
		好	中	差
1	出勤情况			
2	着装情况			
3	课堂秩序			
4	学习是否积极主动			
5	任务书填写			
6	工具、仪器的使用情况			
7	工具整理、现场清理的情况			

任务五　发动机气门间隙调整

学习目标

◇ 了解发动机机械维修的基本流程。
◇ 掌握发动机气门间隙调整的方法。
◇ 掌握气门垫片式发动机的气门间隙的调整方法。
建议完成本任务的学时为 12 学时。

内容结构

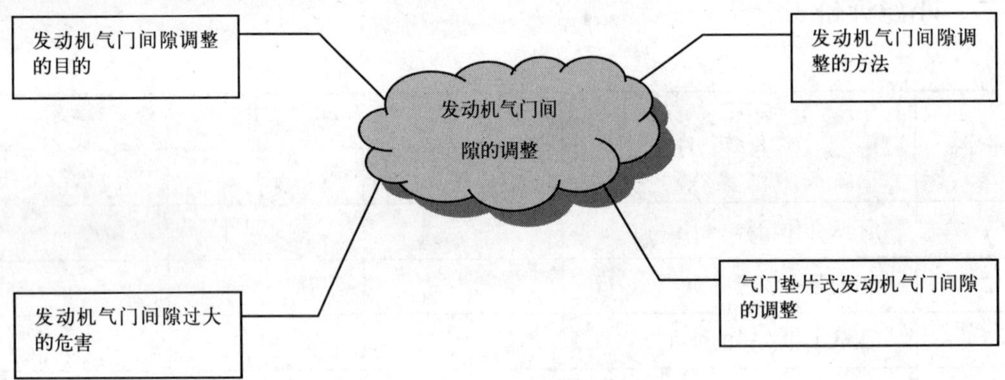

任务描述

现有一辆汽车的发动机需要维修，汽车机电维修工根据维修前台接待提供的维修工单，在汽车机电维修工位以及规定工时内以经济的方式按照专业要求使用通用工具、发动机机械维修专用工具、设备和汽车维修资料等，完成发动机气门间隙调整或发动机气门垫片的更换。按照标准规范对汽车发动机机械方面进行的维护、拆卸、检查、修理、安装和调整等工作。对已完成的工作进行记录存档，保持工作场地满足安全作业及 5S 工作要求。

第一部分　任务学习引导

一、普通汽车发动机气门间隙的调整

1. 气门间隙的功用

(1) 定义

气门间隙指气门在完全关闭时，气门杆尾端与气门传动组零件之间的间隙。

（2）必要性

发动机工作时，气门将因温度升高而膨胀，如果气门及其传动件之间，在冷态时无间隙或间隙过小，则在热态时，气门及其传动件的受热膨胀势必引起气门关闭不严，造成发动机在压缩和做功行程中漏气，而使功率下降，严重时甚至不易启动。为了消除这种现象，通常在发动机冷态装配时，留有气门间隙，以补偿气门受热后的膨胀量。有的发动机采用液力挺柱，挺柱的长度能自动变化，可随时补偿气门的热膨胀量，故不需要预留气门间隙。

（3）间隙过大和过小的危害

气门间隙的大小由发动机制造厂根据试验确定。一般在冷态时，进气门的间隙为 0.25～0.35mm，排气门的间隙为 0.30～0.35mm。

间隙过小：如果气门间隙过小，发动机在热态下可能因气门关闭不严而发生漏气，导致功率下降，甚至气门烧坏。

间隙过大：如果气门间隙过大，则使传动零件之间以及气门和气门座之间产生撞击，并加速磨损。同时，也会使气门开启的持续时间减少，使汽缸的充气以及排气情况变坏。

2. 气门间隙的检查与调整

（1）确定一缸压缩上止点的简便方法

若知道发动机的点火顺序（或喷油顺序），调整气门间隙时，首先应准确无误地找出一缸或六缸压缩上止点的位置。确定一缸或六缸压缩上止点的方法比较复杂，操作起来十分麻烦（即卸下第一缸火花塞，用大姆指或棉纱团堵住第一缸火花塞孔，然后用手摇柄摇转曲轴。当大拇指感到有压力或棉纱团“嘭”地一下跳出时，即为第一缸压缩上止点的位置）。现介绍一种简便实用的确定方法。利用一、六缸（四缸）活塞在同一平面上，一缸压缩终了时，六或四缸气门迭开这一规律来确定。即当一缸压缩上止点时，六缸（四缸）排气门接近关闭，进气门刚刚上顶，排气门下落不好掌握，进气门上顶便于观察，只要进气门顶杆略微上行，一缸即在压缩上止点位置。同理，当一缸进气门推杆微动，六缸（四缸）即在压缩上止点位置。

（2）确定可调气门的技巧（如表 3-7 所示）

下面以做功顺序为 1—5—3—6—2—4 的六缸发动机为例说明其简便调整的方法及口诀。当确定发动机一缸在压缩上止点时，一缸 2 气门全调，五、三缸在压缩开始和进气过程，2 排气门可调。六缸在进气迭开状态，均不可调。二、四缸在排气和做功终了时，2 进气门可调。调整完毕后，再转动曲轴 360° 后，可依次调整剩下的所有气门。

可归纳成口诀为：全调排、不调进。也可概括归纳为：取首缸、去中间、前调排、后调进、三百六、剩余缸、依次来，即六缸前的汽缸调进气门，六缸后的汽缸调进气门。若六缸在压缩上止点时（6—2—4—1—5—3），其推理方法相同，从六缸开始，也是全调排、不调进。即一缸前的汽缸调进气门，一缸后的汽缸调进气门，如图 3-3 所示。

图 3-3 气门间隙调整图

此法同样可用于四缸和多缸发动机，以做功顺序为 1—3—4—2 的四缸发动机为例介绍。

其口诀仍是全调排、不调进。即四缸前的汽缸调进气门，四缸后的汽缸调进气门。四缸进、排气门均不调。

表 3-7　　用两次调整法确定可调的气门

（1）六缸发动机

工作顺序	1	5	3	6	2	4
	1	4	2	6	3	5
第一遍（一缸在压缩上止点）	双	排		不	进	
第二遍（六缸在压缩上止点）	不	进		双	排	

（2）五缸发动机

工作顺序	1	2	4	5	3
第一遍（一缸在压缩上止点）	双	排	不		进
第二遍（一缸在排气上止点）	不	进	双		排

（3）四缸发动机

工作顺序	1	3	4	2
	1	2	4	3
第一遍（一缸在压缩上止点）	双	排	不	进
第二遍（四缸在压缩上止点）	不	进	双	排

（4）八缸发动机

工作顺序	1	5	4	2	6	3	7	8
第一遍（一缸在压缩上止点）	双	排			不	进		
第二遍（六缸在压缩上止点）	不	进			双	排		

（5）三缸发动机

工作顺序	1	2	3
第一遍（一缸在压缩上止点）	双	排	进
第二遍（一缸在排气上止点）	不	进	排

（3）未知点火顺序的气门间隙调整

在维修某些汽车时，有时会不知道其点火顺序（或喷油顺序）。针对这种情况下面介绍两种调整气门的方法和技巧。

① 方法 1

直列四行程式汽缸，将其缸数一分为二，以中间为对称轴，使其两边的缸数相等。两个人配合，一个人摇转曲轴。当要检查调整对称轴右边的某一缸气门间隙时，只要注意看对称轴的左边对应缸的进气门。当该气门稍动时，即可检查调整右边这一缸的气门间隙。六缸直列式发动机，如要检查调整第五缸进、排气门间隙，则看到第二缸进气门稍动时，第五缸正处于压缩终了上止点，此时就要检查调整该缸的 2 只气门。对于 V 形发动机，可将其看作两个彼此直列式来分析，分别进行检查调整，具体方法一样。

从发动机曲轴的连杆轴颈排列来分析，该方法是正确的。因为对称轴左右的连杆轴颈是对称的。当第五缸处于压缩上止点时，第二缸正好是处于排气上止点。由于进、排气有迭开角，故该缸进气门刚刚开启。

② 方法 2

当某一缸内的一只气门处于开启最大位置时（侧置式配气机构可从气门室盖观察，即凸轮的尖端部分朝向插杆时；顶置式配气机构可观察气门摇臂，其端头向下打开气门的最低位置时），这时可检查调整该缸的另一只气门间隙。照此逐缸一一进行，就可将该缸发动机的全部气门间隙调整完毕。

3. 气门检修调整注意事项

① 根据汽车生产厂家对气门间隙调整的具体要求和规定，常见几种车型的气门间隙规定值如表 3-8 所示。

表 3-8　　常见汽车发动机的气门间隙规定值　　（单位：mm）

发动机型号	进气门		排气门	
	热车	冷车	热车	冷车
解放 CA6102		0.20～0.30		0.20～0.30
东风 EQ6100-1		0.20～0.25		0.20～0.25
一汽奥迪 100	0.20～0.30	0.15～0.25	0.40～0.50	0.35～0.45
上海桑塔纳	0.25±0.05	0.20±0.05	0.45±0.05	0.40±0.05
南京依维柯		0.50		0.50
天津夏利 TJ7100	0.20		0.20	

② 调整时应注意温度影响：气门摇臂、气门杆的温度会对气门间隙产生影响，热机时气门间隙调整应比冷机时要求的间隙值小，有些汽车要求在冷机时调整，有的汽车在热、冷态时均可调整，但其间隙值各不相同。

③ 各缸气门间隙应调整一致，以免在工作中发动机运转不平衡。

④ 气门间隙调整时，所调的气门应完全在关闭状态，这时调整的间隙值才是准确的。

⑤ 调整前检查摇臂头工作面。发动机工作中，摇臂头弧形工作面不断地与气门杆端部撞击、滑磨，尤其在润滑不良的情况下，会引起磨损，磨出凹坑，严重时气门杆端部卡入凹坑而折断摇臂，因此应根据磨损的情况予以修复或更换新件，以免影响其调整的准确性。

二、调整垫片气门间隙的发动机应如何进行气门间隙的调整

许多进口轿车发动机的气门间隙调整采用调整垫片，如德国的奔驰轿车、日本丰田轿车等。现以日本丰田 5A 发动机为例进行介绍。

5A 发动机气门间隙的调整是通过更换气门挺柱顶部的调整垫片来进行的，气门间隙均在发动机冷态下调整，其步骤如下。

① 拆下发动机的汽缸盖罩。

② 转动曲轴使每缸位于上止点，此时曲轴皮带轮上的凹槽对准正时皮带上的 0 刻度，如图 3-4 所示。

③ 检查两凸轮轴正时皮带轮上的正时标记是否与第四正时皮带罩上的正时标记对准，若未对准，应将曲轴转 360°。

④ 分几次适当地拧紧轴承盖紧固螺栓至 19.6N・m，如图 3-5 所示。

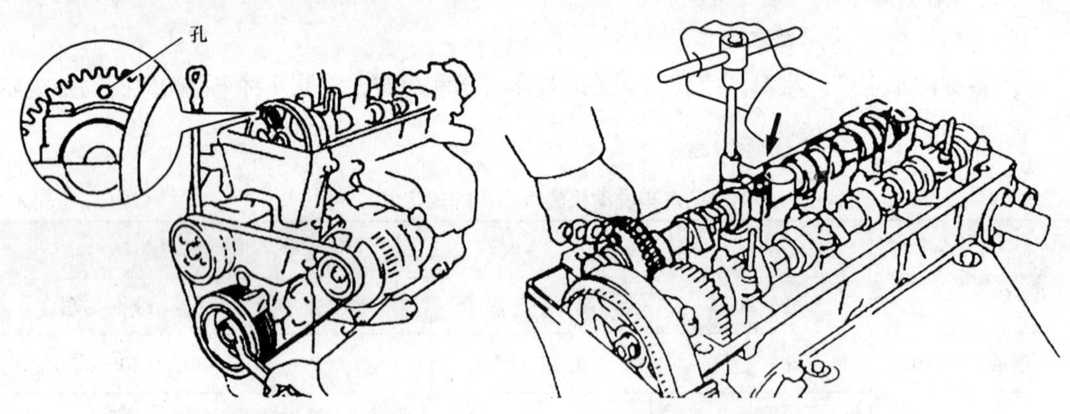

图 3-4　对准正时皮带上的 0 刻度　　　　图 3-5　紧固轴承盖螺栓

⑤ 检查一缸两个气门、三缸排气门、二缸进气门，再将曲轴转 360° 检测剩下的气门。

⑥ 记下所有超过规定值的测量所得数据，并确定需要调整间隙的气门编号。

⑦ 拆下所有需要调整的气门调整垫片。为使拆卸方便，最好使凸轮的凸角朝上，并使用专用工具进行。

⑧ 用 0～25mm 的外径千分尺测量调整垫片的厚度，如图 3-6 所示。

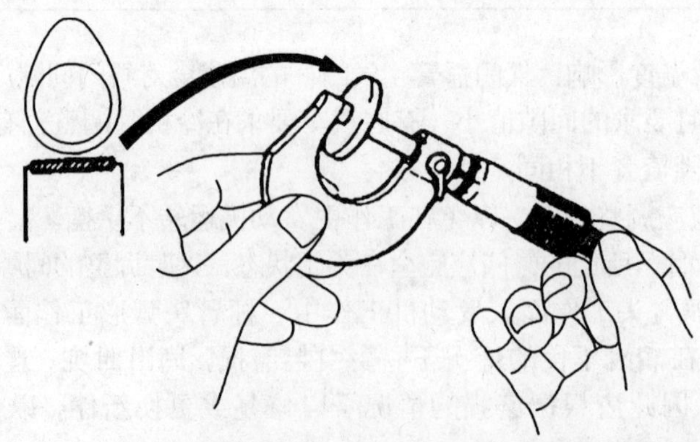

图 3-6　用外径千分尺测量调整垫片的厚度

⑨ 计算新垫片的厚度，使气门间隙符合规定值。

$$进气门\ N = T + (A - 0.20)\ (\mathrm{mm})$$

$$排气门\ N = T + (A - 0.30)\ (\mathrm{mm})$$

式中，T——原调整垫片厚度；

A——测量所得气门间隙值；

N——新调整垫片厚度；

0.20——进气门规定的间隙值；

0.30——排气门规定的间隙值。

⑩ 根据计算所得选择调整垫片。

⑪ 换上新的调整垫片，拆下专用工具，检查装上新的调整垫片后，应能在气门挺柱顶部自由转动，如图 3-7、图 3-8 和图 3-9 所示。

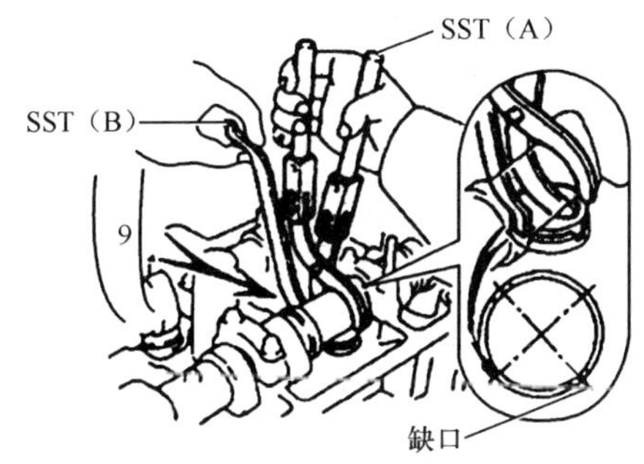

图 3-7 气门垫片更换（1）

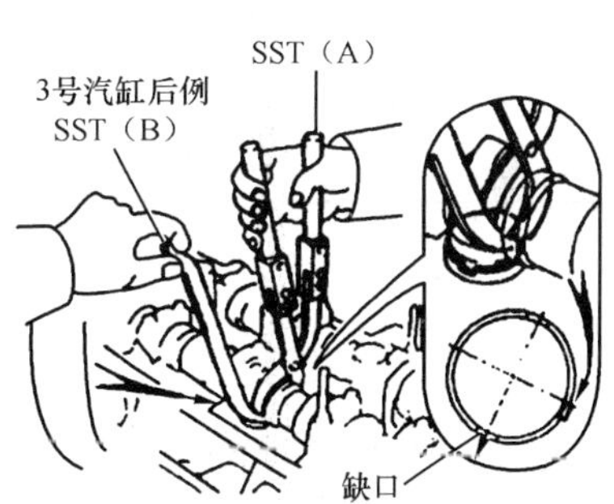

图 3-8 气门垫片更换（2）

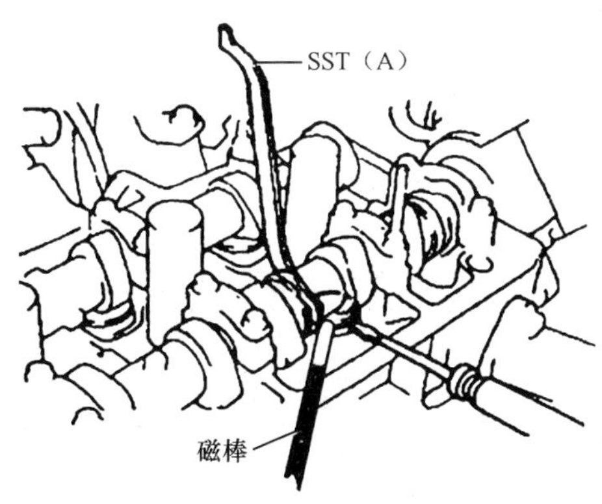

图 3-9 气门垫片更换（3）

第二部分 任务实施

在任务实施的过程中，将学习发动机气门间隙的调整。建议分小组实施，并在规定时间内完成。

一、工具准备

在实施工作前，每小组按表 3-9 准备完成本任务所需的资料、工具。

表 3-9　　工具准备

资料、工具的名称	数　量
丰田 5A-FE 发动机（或威驰轿车）	1 台
465 发动机	1 台
气门垫片	1 套
塞尺	1 把
常用工具	1 套
火花塞套筒	1 个

二、技术要求与标准

① 调整后所有的气门间隙符合技术标准。
② 调整气门间隙后发动机能达到良好的技术要求。
③ 在操作过程中不允许出现安全事故。

三、要完成的工作

1．未调整气门间隙之前启动发动机，听一下发动机运转时的声音有什么异常，并记录下来。

2．检查 462 发动机的气门间隙并进行调整，填写表 3-10。

表 3-10　　调整 462 发动机的气门间隙

间隙数值 / 汽缸号	调整前检查		调整后检查	
	进气门	排气门	进气门	排气门
一缸				
二缸				
三缸				
四缸				

3．检查丰田威驰发动机的气门间隙并进行通过更换垫片进行调整，填写表 3-11。

表 3-11 调整丰田威驰发动机的气门间隙

间隙数值 / 汽缸号	调整前检查		调整后检查	
	进气门	排气门	进气门	排气门
一缸				
二缸				
三缸				
四缸				

任务评价

一、自我评价

1．总结气门间隙调整不当时对发动机性能的影响。

2．本任务给你印象最深的是什么？

3．自己对学习本任务的自我评价（包括着装、学习态度、知识以及技能掌握程度、工作页的填写情况等）。

二、小组评价

序号	评价项目	评价情况		
		好	中	差
1	团队合作精神			
2	学习是否积极主动			
3	服从工作安排的情况			
4	工具、仪器的使用情况			
5	工具整理、现场清理的情况			

三、教师评价

序号	评价项目	评价情况		
		好	中	差
1	出勤情况			
2	着装情况			
3	课堂秩序			
4	学习是否积极主动			
5	任务书填写			
6	工具、仪器的使用情况			
7	工具整理、现场清理的情况			

任务六　发动机的装复与调试

学习目标

◇ 知道发动机机械维修的基本流程。

◇ 掌握将发动机吊装到汽车上的方法。

◇ 掌握发动机大修或更换后调试与磨合的方法。

建议完成本任务的学时为 12 学时。

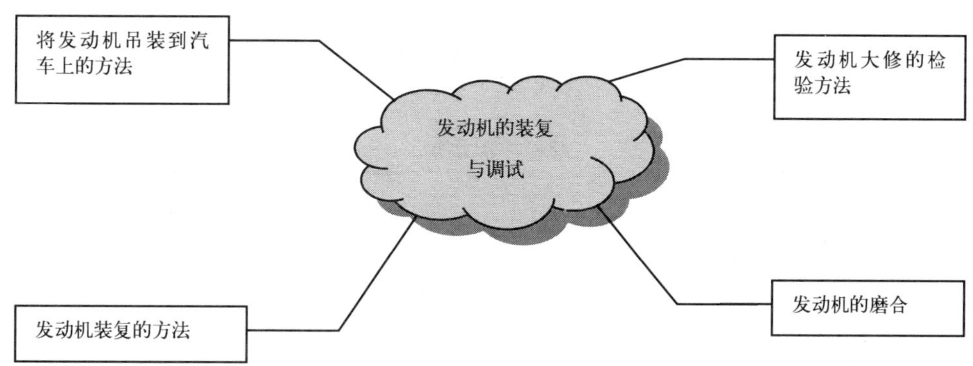

现有一辆汽车的发动机需要维修，汽车机电维修工根据维修前台接待提供的维修工单，在汽车机电维修工位以及规定工时内以经济的方式按照专业要求使用通用工具、发动机机械维修专用工具、设备和汽车维修资料等，完成将维修好的发动机装复到汽车并对发动机进行运转调试。按照标准规范对汽车发动机的机械方面进行的维护、拆卸、检查、修理、安装和调整等工作。对已完成的工作进行记录存档，保持工作场地满足安全作业及5S 工作要求。

第一部分　任务学习引导

一、发动机吊装的目的

当需要整体更换发动机或要对发动机进行机械修理时，需要将发动机从汽车上吊下来，而当发动机修复后或者新发动机则需要将发动机装复到汽车上。

二、发动机的安装与注意事项

发动机的安装按照与拆卸相反的顺序进行，但是要特别注意以下几点。

① 在安装时应检查发动机与变速器之间的定位销是否安装好。

② 更换所有的自锁螺母。

③ 更换所有已经按拧紧力矩紧固过的螺栓。

④ 更换所有密封圈和衬垫。

⑤ 在变速器输入轴上涂一层薄薄的润滑脂，分离轴承的导向套不必润滑。

⑥ 必要时检查离合器压盘的对中程度。

⑦ 检查曲轴后部滚针轴承是否安装上。

⑧ 如果汽缸盖和汽缸体都没有更换，则可以使用原来的冷却液。

⑨ 安装发动机支架后，摇动发动机使其安装到位。

⑩ 调整节气门拉索，使其活动灵活。

⑪ 在不拧紧螺栓的情况下，调整排气管。

⑫ 当拔下插头是会导致故障存储，查询故障存储器，必要时删除故障存储。

⑬ 发动机主要螺栓、螺母拧紧力矩见表 3-12。

表 3-12 螺母拧紧力矩

部　位	螺栓、螺母	拧紧力矩（N·m）
一般螺栓、螺母	M6	10
	M8	12
	M10	45
	M12	65
发动机支承与副梁连接螺栓		40±5
发动机支架与发动机支承螺栓		405
发动机扭力臂		23±3
前排气管与排气管连接螺栓		23±3
管子支承与车头连接螺栓		65±5

三、发动机安装后磨合

1. 发动机磨合的意义

(1) 形成适应工作条件的配合性质

① 扩大配合表面的实际接触面积

新零件和经过修理的零件，由于表面微观粗糙度和各种误差，装配后配合副的实际接触面积仅为设计面积的 1/100～1/1000，配合表面上单位实际接触面积的载荷就会超过设计值的百倍乃至千倍。微观接触面在高应力、高摩擦热的作用下容易产生塑性变形和黏着磨损，引起咬黏等破坏性故障。因此，使新零件在特定的磨合规范下运动，粗糙表面的微观凸点镶嵌并产生微观机械切削现象，使实际接触面积不断扩大，在短期内形成适应正常工作条件的配合表面。

② 形成适应工作条件的表面粗糙度

每一种工作条件均有其相应的表面粗糙度，零件加工的表面粗糙度与工作条件的要求差距甚大。在磨合中才能形成适应工作条件的表面粗糙度。

③ 改善配合性质

由于磨合磨损形成了适应工作条件的实际接触面积和表面粗糙度以及配合间隙，不但显著地提高了零件的综合抗磨损性能，也减少了其摩擦阻力与摩擦热，使故障率降低，提高了大修发动机的可靠性与耐久性。

（2）改善配合副的润滑效能

磨合使配合间隙增大到适应正常工作条件的配合间隙，改善了润滑油的泵送性能，增大了配合副润滑油流量，不但改善了配合副的润滑效能，也有利于保持正常的工作温度和配合表面的清洁。

（3）提高发动机的可靠性与耐久性

金属在低于或近于疲劳极限下，磨合一定的时间“实现次负荷锻练”，可以明显地提高金属零件的抗磨损能力和抗疲劳破坏能力，从而提高机械的可靠性与耐久性。

发动机全部磨合过程由微观几何形状磨合期、宏观几何形状磨合期、适应最大载荷表面准备期 3 个时期组成。微观几何形状磨合期内（第一时期），微观粗糙表面因微观机械加工作用逐渐展平，表面金属被强化，显微硬度成倍地提高，产生剧烈的磨损，增大配合间隙，形成适应摩擦状态下的工作表面质量。宏观几何形状磨合期内（第二时期），零件表面形位误差部分的得以消除，磨损量逐渐减小，机械损失减弱。适应最大载荷表面准备期内（第三时期），零件磨损率和发动机动力性、经济性逐渐稳定，故障率降低，可靠性提高。后两个磨合时期发动机装限速片装车，在限速眼载条件下的运行过程中完成，称为“汽车走合”。第一时期磨合则于出厂前在台架上完成，称为“发动机磨合”。

2. 磨合的规范

（1）冷磨合规范

① 冷磨合转速

冷磨合转速起始转速 400～500r/min（0.2～0.25Ne），终止转速 1200～1400r/min（0.4～0.55Ne）。起始转速过低，尤其是发动机自润滑磨合，曲轴溅油能力不足，机油泵输油压力过低，不能满足配合副很大摩擦阻力和摩擦热对润滑、冷却、清洁能力的需求，势必引起配合副的破坏性耗损。由于高摩擦阻力和高摩擦热的限制，起始转速亦不能过高。

发动机磨合的关键是汽缸、活塞环、活塞和曲轴与轴承等配合副的磨合，配合面上的载荷主要由连杆活塞组的质量和离心力形成的。资料介绍，转速为 1200～1400r/min 时单位面积上的载荷最大，超过或低于此转速，反而减小，影响磨合效率。

磨合转速采取四级调速。无级调速磨合效率低，在每级转速下，随着表面质量的改善，磨损率逐渐下降至平衡状态。为了提高磨合效率，故采用有级调速。

② 冷磨合载荷

冷磨合一般无须额外加载，实践证明，装好汽缸盖，堵死火花塞螺孔，借助汽缸的压缩压力来增加冷磨载荷是极为有益的。

③ 冷磨合的润滑

现行的润滑方式有自润滑、油浴式润滑和机外润滑。实践证明，机外润滑方式的效果最佳，对提高磨合效率极为有利。所谓机外润滑是指由专门的泵送系统，将专门配制的黏度较低，硫化极性添加剂含量高的专用发动机润滑油，以较大的流量送入发动机进行润滑的润滑方式。不但使摩擦表面松软，加速磨合过程，而且润滑、散热以及清洁能力很强，还可以提高磨合过程的可靠性。

④ 磨合时间

冷磨合的总时间为 1.5～2h，具体磨合时间应根据零件加工质量和装配情况确定。

(2) 热磨合规范

热磨合分无载荷热磨合和有载荷热磨合两种。

① 无载热磨合

无载热磨合是为有载热磨合作准备，其磨合原理与冷磨合类似，因此无载热磨合转速为0.4～0.55Ne。

② 有载热磨合

有载热磨合起始转速为 0.4～0.5Ne，磨合终了转速一般取 0.8Ne，四级调速。起始加载取0.2Ne，磨合终了前载荷取0.80Ne，也采取四级加载方式，与四级调速相应组合。

磨合时间的确定，多以每级磨合中的转速变化或润滑油温度来判断。当每级负载不变时，随着磨合的时间的延续、零件工作表面质量的改善、摩擦损失的减小，发动转速会有明显的升高，就表明这一级磨合已达到了磨合要求，就可以转入高一级的转速负载梯度的磨合。也可以用润滑油的温度变化评价每级磨合时间，在发动机冷却液的温度保持恒定的条件下，摩擦阻力进入稳定阶段后，润滑油的温度也从升温转入温度稳定状态，就可以转入高一级的磨合了。

实践证明，上述磨合规范的总磨合时间为 3～4h。

在热磨合过程中，必须进行发动机的检查调整和发动机性能试验，排除故障使发动机符合大修竣工技术条件。并清洗润滑系，更换润滑油和滤清器滤芯，加装限速装置。

四、汽车发动机装复验收

根据 GB 3799—1983《汽车发动机大修竣工技术条件》的规定，发动机大修竣工验收技术条件如下。

① 发动机的零部件和附件应符合经规定程序批准的制造或修理技术条件，且装备齐全。

② 发动机不应有漏油、漏水、漏气和漏电现象。

③ 发动机在正常工作温度下，5s 内能启动，柴油机在环境温度低于 5℃，汽油机在环境温度低于-5℃时，应能顺利启动。

④ 发动机怠速应符合原设计规定，怠速运转稳定，并且排放限值应符合国家的有关规定。

⑤ 发动机在各种转速下运转稳定，在正常工况下得有过热现象；改变转速时，过渡圆滑；急加速或减速时，不得有突爆声和“回火、放炮”现象。

⑥ 主要性能参数应符合有关规定，进气歧管真空度。四冲程汽油机转速为 500～600r/min时，真空度应为 57.3～70.7kPa，其波动范围，六缸汽油机一般不超过 3.3kPa，四缸汽油机一般不超过 5.7kPa。

在规定转速下，机油压力应符合原设计规定。

汽缸压缩压力，应符合原设计规定，各缸压力差，汽油机应超过各缸平均压力的 8%，柴油机应超过 10%。

发动机最大功率和最大转矩均得低于原设计标定值的 90%，最低燃料消耗率得高于原设计规定。

⑦ 发动机应按原设计规定加装限速片，或对限速装置作相应的调整，并加铅封。

发动机外表应按规定涂漆，涂层应牢固，不得有起泡、剥落和漏涂现象。

第二部分 任 务 实 施

在任务实施的过程中，将学习发动机吊装的工作程序。建议分小组进行实施，在规定的时间内完成。

一、工具准备

在实施工作前，每小组按表 3-13 准备好完成本任务所需的资料、工具。

表 3-13 工具准备

资料、工具的名称	数 量
桑塔纳轿车	1 台
发动机吊装车	1 台
扭矩扳手	1 把
车型维修手册	1 本
吊绳	1 根
木枕	4 根
接水盆	1 只
常用工具	1 套
火花塞套筒	1 个

二、技术要求和标准

① 查阅车型相关维修手册，按规定的顺序拆装。
② 发动机吊装工作在 4h 内完成。
③ 拆装工程做好安全预防措施。

三、要完成的工作

1．发动机吊装的目的是什么？
2．请写出发动机吊装工作计划以及安全措施。
3．完成一台发动机的装复，完成后请完成汽车发动机维修竣工验收报告（按验收技术条件写）。

任务评价

一、自我评价

1．总结在完成本次学习中最大的困难是什么，你是如何解决问题的？

2．本任务给你印象最深的是什么？

3．自己对学习本任务的自我评价（包括着装、学习态度、知识以及技能掌握程度、工作页的填写情况等）。

二、小组评价

序号	评 价 项 目	评 价 情 况		
		好	中	差
1	团队合作精神			
2	学习是否积极主动			
3	服从工作安排的情况			
4	工具、仪器的使用情况			
5	工具整理、现场清理的情况			

三、教师评价

序号	评 价 项 目	评 价 情 况		
		好	中	差
1	出勤情况			
2	着装情况			
3	课堂秩序			
4	学习是否积极主动			
5	任务书填写			
6	工具、仪器的使用情况			
7	工具整理、现场清理的情况			

项目四　发动机的维护

任务一　发动机的维护

学习目标

◇ 知道发动机维护的分类。
◇ 掌握发动机维护作业的内容。
◇ 掌握发动机维护的操作技能。
建议完成本任务的学时为 12 学时。

内容结构

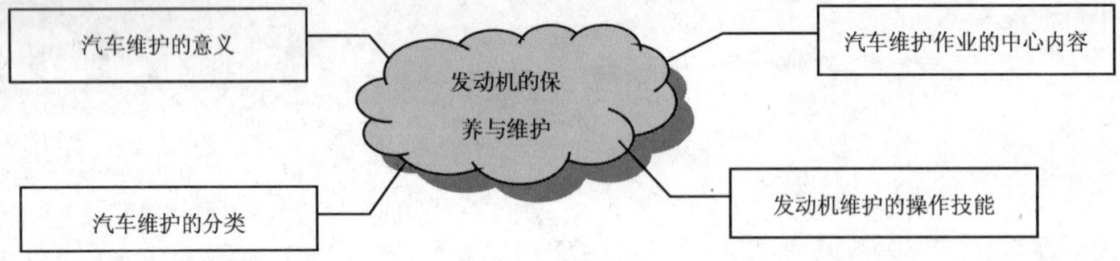

任务描述

汽车机电维修工根据维修前台接待提供的维修工单，在汽车机电维修工位以及规定工时内以经济的方式按照专业要求使用通用工具、发动机机械维修专用工具、设备和汽车维修资料等，对发动机进行基本的维护与保养。按照标准规范对汽车发动机机械方面进行的维护、拆卸、检查、修理、安装和调整等工作。对已完成的工作进行记录存档，保持工作场地满足安全作业及 5S 工作要求。

第一部分　任务学习引导

一、汽车维护的目的

汽车维护就是汽车经使用一定的里程和时间后，根据汽车维护技术标准，按规定的工艺流程、作业范围、作业项目和技术要求所进行的预防性作业。

汽车维护的目的就是保持汽车的技术状况良好，确保行车安全，充分发挥汽车的使用效能和降低运行消耗，以取得良好的经济效益、社会效益和环境效益。

二、汽车维护的分类

根据交通部《汽车运输业车辆技术管理规定》，汽车维护应贯彻“预防为主、定期检测、强制维护”的原则，即汽车维护必须遵照交通运输管理部门规定的行驶里程或时间间隔，按期强制执行，不得拖延，并在维护作业中遵循汽车维护分级和作业范围的有关规定，以保证维护质量。

根据《汽车维护、检测、诊断技术规范》有关规定，汽车维护可分为定期维护和非定期维护两大类。并将定期维护分为日常维护、一级维护和二级维护 3 类，将非定期维护分为季节性维护和走合维护两类。

（1）日常维护

日常维护以清洁、补给和安全检视为中心内容。其主要内容是：一是坚持“三检”，即在出车前、行车中、收车后检视汽车的安全机构及各部机件连接的紧固情况；二是保持“四清”，即保持润滑油、空气、燃油滤清器和蓄电池的清洁；三是防止“四漏”，即防止漏水、漏油、漏气和漏电。一级维护作业中心内容除日常维护作业外，以清洁、润滑和紧固为主，并检查有关制动、操纵等安全部件。

（2）二级维护

二级维护的中心内容除一级维护外，以检查、调整转向节、转向摇臂、制动蹄片、悬架等经过一定时间的使用后容易损坏或变形的安全部件为主，并拆检轮胎，进行轮胎换位季节性维护。由于冬、夏两季的温差大，为使汽车在冬、夏两季的合理使用，在换季之前应结合定期维护，并附加一些相应的项目，使汽车适应气候变化的运行条件，此种附加性的维护称为季节性维护。

（3）走合维护

汽车运行初期进行走合维护，以改善零件摩擦表面几何形状和表面层的物理机械性能。

三、汽车维护中心作业内容

维护作业以清洁、检查、紧固、润滑、调整和补给 6 大作业为中心作业内容。

1. 定期维护

定期维护包括日常维护以及二级维护，具体作业方式根据行驶里程数不一样有比较大的区别，具体作业内容见表 4-1。

表 4-1　　定期维护

定期维护里程	维 护 项 目
5000km 首次保养	紧固底盘螺钉；清理空调滤清器；清理空气滤清器；检查各种油、液；检查制动系统；检查发动机；检查转向/悬挂装置；检查冷却系统；检查轮胎。详情见 5000km 首次保养检查项目
在每次保养的基础上加 5000km	下一次保养（强保）
每 8000～10000km	更换汽油滤清器、空气滤清器、空调滤清器
每 10000km 或每 2 次更换机油时	清洗发动机；添加发动机保护剂；以先到达者为准
每 20000km 或每 1 年	更换冷却液；清洗喷油嘴，进气管道，保养后可以增加发动机动力，节省燃油，延长燃油系统的使用寿命；以先到达者为准

续表

定期维护里程	维 护 项 目
每 28000～30000km	清洗手动变速箱系统；更换手动变速箱油；添加手动变速箱保护剂
每 38000km	检测传动皮带，必要时更换水泵皮带，空调皮带，助力泵皮带
每 40000km	更换火花塞，碳罐滤清器，高压线，制动液，离合器液，清洗动力转向系统，更换动力转向油，添加动力转向系统保护剂；清洗三元催化（视车况而定）
每 50000km	清洗自动变速箱系统，更换自动变速箱油，添加自动变速箱保护剂
每 55000～60000km	更换正时皮带，正时皮带张紧轮，正时皮带惰轮

2. 非定期维护

（1）新车走合维护

① 定义

新车、大修车以及刚装用大修过发动机的汽车在初始一段里程后所进行的维护称为走合维护，过去称为磨合保养。

② 里程

汽车的走合期是指新车或大修后的汽车在最初行驶的一段里程。汽车的走合里程一般规定为 1500～2500km，或按汽车使用说明书规定的里程执行。

③ 内容

汽车在走合期的各项维护作业，要按汽车使用说明书的规定执行，一般分为走合前、走合中和走合后的 3 个阶段的维护。

（2）季节性维护

① 定义

季节、气候的变化，必然导致与汽车运行条件密切相关的气温、气压等参数的变化。为了使汽车在不同的地区、不同的季节里都能可靠的工作，在季节转换之前，结合定期维护，并附加一些相应的作业项目，使汽车能够顺利适应变化了的运行条件，这种附加性维护称为季节维护或换季保养。

② 分类

季节维护有换入夏季和换入冬季时的两种典型季节性维护。

四、发动机基本维护的操作方法

1. 更换发动机机油

① 做好准备工作，放置转向盘套以及座椅套、脚垫等，如图 4-1 所示。

② 打开汽车左侧前车门，拉动发动机盖手柄，打开发动机盖保险钩，掀起发动机盖，用撑杆固定发动机盖，铺上翼子板护垫，如图 4-2 所示。

提示：发动机处在热机的状态。

③ 旋开发动机加机油盖，合上发动机盖，如图 4-3 所示。

④ 安装举升机，4 个举升臂脚支撑座放置在汽车底部规定举升的位置，举升汽车开始上升，离开地面即可，检查举升机 4 个举升臂脚和汽车底部的举升位置是否正确，确认无误后，将汽车举升到合适的高度，锁好举升机的保险，如图 4-4 所示。

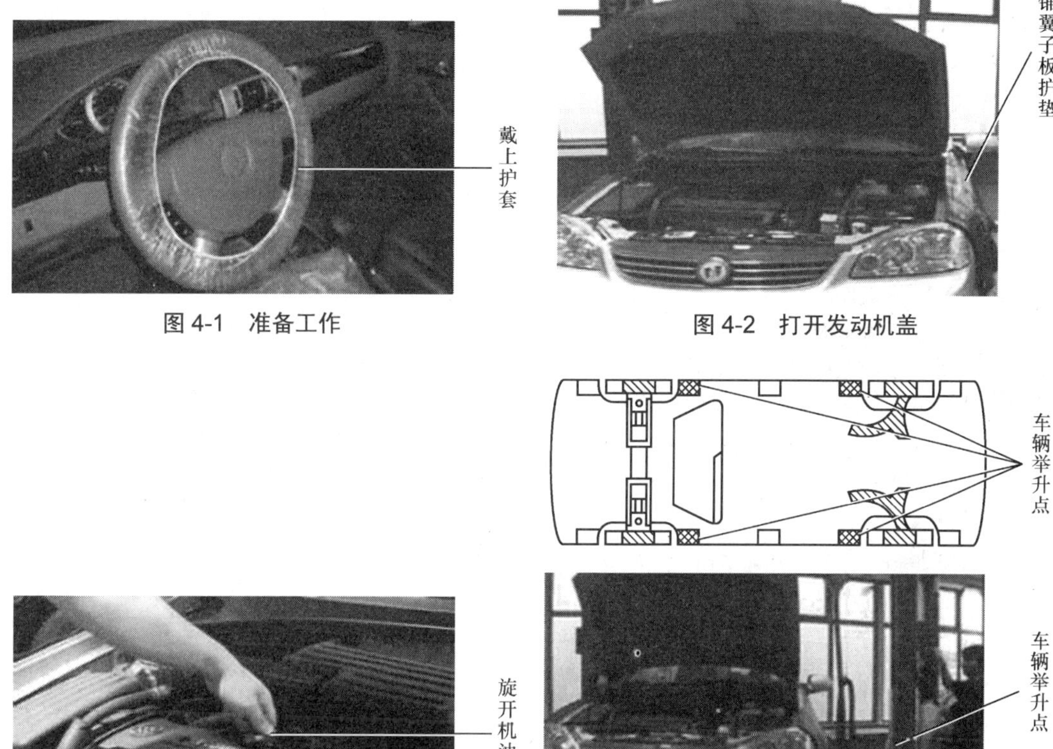

图 4-1 准备工作

图 4-2 打开发动机盖

图 4-3 打开发动机机油盖

图 4-4 举升汽车

提示：注意汽车举升时，无关人员不能靠近，汽车举升到合适的高度，锁好保险方可操作。

⑤ 把机油收集装置的小车推至车下油底壳处，用 19mm 的梅花扳手拆去放油螺栓，将机油排放到机油收集装置内，待机油排放干净后，装复放油螺栓，并拧紧至规定扭矩（35N·m），如图 4-5 所示。

⑥ 用机油滤清器专用扳手拆下旧的机油滤清器，如图 4-6 所示。

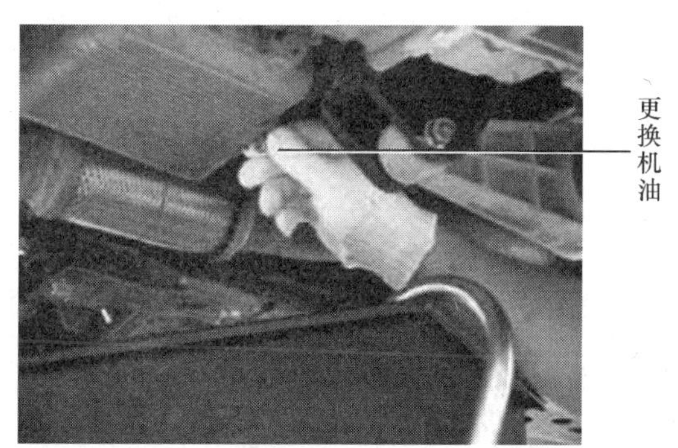

图 4-5 拆去油底壳放油螺栓

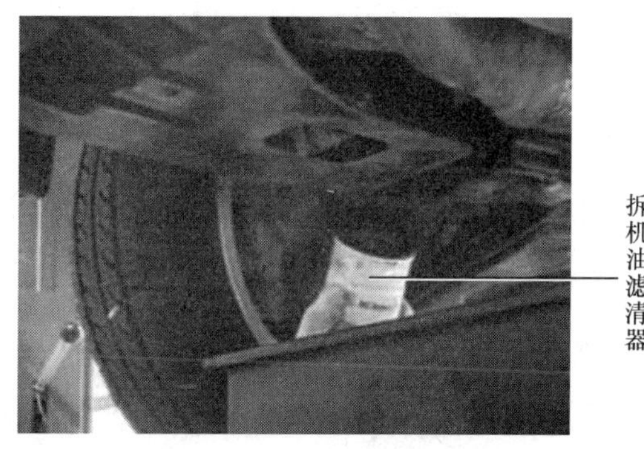

图 4-6 拆卸机油滤清器

⑦ 在新的机油滤清器密封圈的面上涂一层机油并装复机油滤清器，先用手拧紧，然后用扳手拧紧至规定扭矩（7～8N・m），再清洁油底壳及周围的油渍，清理地面，推出机油收集装置，如图 4-7 所示。

⑧ 将汽车下降至地面，再次打开发动机舱盖，按规定数量加注机油，加注后旋紧机油加注盖，几分钟后，拔出机油尺检查机油油位是否在规定的范围内，如图 4-8 所示。

图 4-7　装复机油滤清器

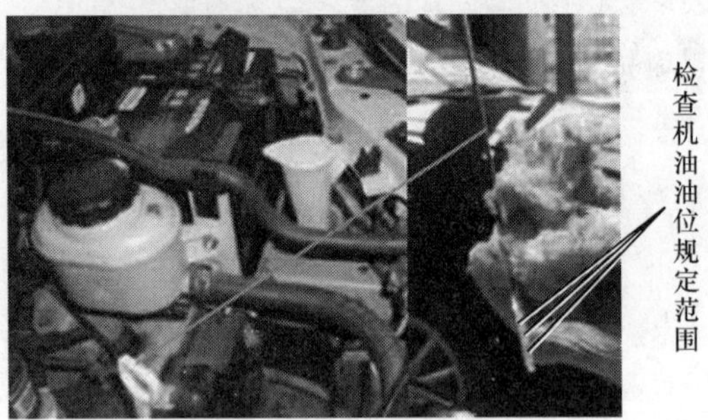

图 4-8　检查机油的油位

2. 清洁空气滤清器

① 用十字螺钉旋具拆去空气滤清器盖的 4 个螺栓，松开空气滤清器上的橡胶软管的卡箍螺栓。

② 拆下空气滤清器滤芯。

③ 用高压空气对空气滤清器滤芯吹洗，如图 4-9 所示。

④ 清洁空气滤清外壳及罩内，并擦洗干净，如图 4-10 所示。

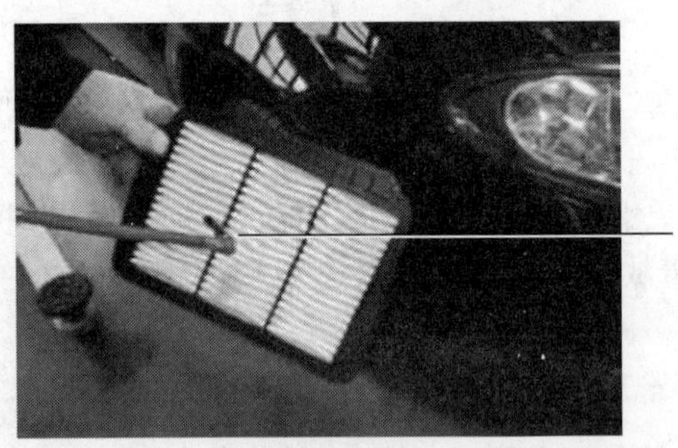

图 4-9　清洁空气滤清器滤芯

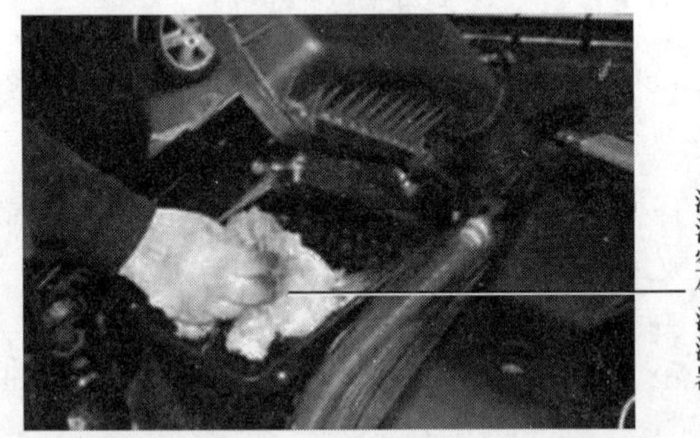

图 4-10　清洗空气滤清器外壳

⑤ 装入清洁后的空气滤清器滤芯。

⑥ 装复空气滤清器盖及软管卡箍。

⑦ 拧紧盖上的 4 个螺栓及卡箍的螺栓。

3. 更换汽油滤清器

① 启动发动机。

② 在发动机运转中拔下电动汽油泵电源插头（或电动汽油泵继电器）。

③ 待发动机自行熄火后，再转动启动开关，启动发动机 2～3 次，燃油压力可完全释放。

④ 关闭点火开关，装上电动汽油泵继电器（或插上电动汽油泵电源接线）。

⑤ 将汽油滤清器从输油管路中卸下，同时应注意汽油滤清器进油口端与出油口端的方向。

⑥ 按照正确的安装方向，装上新的同型号的汽油滤清器，接好所有燃油管。

⑦ 擦净流出的汽油后，将点火开关旋至“ON”位置再关闭，如此反复进行数次使燃油系统建立起油压。

⑧ 启动发动机，检查汽油泵连接处是否漏油。

4. 曲轴箱通风清理和怠速电动机清洗

① 拆卸曲轴箱强制通风系统的管路，用化清剂或者燃油清洗剂清洗，并清理管路，如图 4-11 所示。

② 拆卸怠速电动机的两个固定螺栓，用化清剂清洗怠速电动机，如图 4-12 所示。

图 4-11 曲轴箱通风清洗

图 4-12 清洗怠速电动机

第二部分 任务实施

在任务实施的过程中，将学习发动机基本维护技能。建议分小组实施，在规定的时间内完成。

一、工具准备

在实施工作前，每小组按表 4-2 准备好检查与维修电控点火系统所需的资料、工具。

表 4-2 工具准备

资料、工具的名称	数 量
整车	1 台
机油夹	1 把
压缩空气气枪	1 把
机油	1 桶
机油滤清器	1 个
常用工具	1 套
火花塞套筒	1 个

二、技术要求与标准

① 完成维护作业后，发动机各项性能指标和工作能力应符合标准。

② 5000km 保养能在 1h 内完成。

③ 主要维护项目和要求见表 4-3。

表 4-3　　发动机各时间段主要的维护项目和要求

维护项目	维护里程间隔											
	千米数或月数以先到为准											
×1000km	1	10	20	30	40	45	50	60	70	80	90	100
月数	—	6	12	18	24	27	30	36	42	48	54	60
传动皮带（发电机、动力转向和空调皮带）				I				I			I	
发动机机油和发动机油滤清器（1）（3）	I	R	R	R	R		R	R	R	R	R	R
冷却系统软管和接头		I	I	I	I		I	I	I	I	I	I
发动机冷却液（3）	I	I	I	I	R		I	I	I	R	I	I
燃油滤清器					R					R		
燃油管和接头			I		I			I		I		I
空气滤清器滤芯（2）		I	I	I	R		I	I	I	R	I	I
火花塞（1.6D）		I	R	I	R		I	R	I	R	I	R
火花塞（1.8D）				I				R			I	
火花塞导线	每 96000km											
蒸发排放炭罐、蒸汽管和电磁阀滤清器					I					I		
曲轴箱强制通风系统				I				I			I	
正时皮带		I	I	I	I	R	I	I	I	I	R	I

图表符号说明：

I：检查，必要时校正、清洗、添加或调整；

R：更换。

三、需要完成的工作

1．请阐述发动机维护的意义。

2．请谈一下如何操作才能确保汽车维护作业的安全有效。

3．参考 5000km 维护项目，填写表 4-4。

表 4-4 参考 5000km 维护项目记录表

需要维护的项目	技术参数	维护意见	维护耗时	维护后发动机性能指标

任务评价

一、自我评价

1．请你总结汽车维护与保养对汽车使用寿命的影响。

2．本任务给你印象最深的是什么？

3．自己对学习本任务的自我评价（包括着装、学习态度、知识以及技能掌握程度、工作页的填写情况等）。

二、小组评价

序　号	评 价 项 目	评 价 情 况		
		好	中	差
1	团队合作精神			
2	学习是否积极主动			
3	服从工作安排的情况			
4	工具、仪器的使用情况			
5	工具整理、现场清理的情况			

三、教师评价

序　号	评 价 项 目	评 价 情 况		
		好	中	差
1	出勤情况			
2	着装情况			
3	课堂秩序			
4	学习是否积极主动			
5	任务书填写			
6	工具、仪器的使用情况			
7	工具整理、现场清理的情况			

高等职业教育课改系列规划教材目录

书　名	书　号	定　价
高等职业教育课改系列规划教材（公共课类）		
大学生心理健康案例教程	978-7-115-20721-0	25.00 元
应用写作创意教程	978-7-115-23445-2	31.00 元
高等职业教育课改系列规划教材（经管类）		
电子商务基础与应用	978-7-115-20898-9	35.00 元
电子商务基础（第 3 版）	978-7-115-23224-3	36.00 元
网页设计与制作	978-7-115-21122-4	26.00 元
物流管理案例引导教程	978-7-115-20039-6	32.00 元
基础会计	978-7-115-20035-8	23.00 元
基础会计技能实训	978-7-115-20036-5	20.00 元
会计实务	978-7-115-21721-9	33.00 元
人力资源管理案例引导教程	978-7-115-20040-2	28.00 元
市场营销实践教程	978-7-115-20033-4	29.00 元
市场营销与策划	978-7-115-22174-9	31.00 元
商务谈判技巧	978-7-115-22333-3	23.00 元
现代推销实务	978-7-115-22406-4	23.00 元
公共关系实务	978-7-115-22312-8	20.00 元
市场调研	978-7-115-23471-1	20.00 元
物流设备使用与管理	978-7-115-23842-9	25.00 元
高等职业教育课改系列规划教材（计算机类）		
网络应用工程师实训教程	978-7-115-20034-1	32.00 元
计算机应用基础	978-7-115-20037-2	26.00 元
计算机应用基础上机指导与习题集	978-7-115-20038-9	16.00 元
C 语言程序设计项目教程	978-7-115-22386-9	29.00 元
C 语言程序设计上机指导与习题集	978-7-115-22385-2	19.00 元
高等职业教育课改系列规划教材（电子信息类）		
电路分析基础	978-7-115-22994-6	27.00 元
电子电路分析与调试	978-7-115-22412-5	32.00 元
电子电路分析与调试实践指导	978-7-115-22524-5	19.00 元
电子技术基本技能	978-7-115-20031-0	28.00 元
电子线路板设计与制作	978-7-115-21763-9	22.00 元

续表

书　名	书　号	定　价
单片机应用系统设计与制作	978-7-115-21614-4	19.00 元
PLC 控制系统设计与调试	978-7-115-21730-1	29.00 元
微控制器及其应用	978-7-115-22505-4	31.00 元
电子电路分析与实践	978-7-115-22570-2	22.00 元
电子电路分析与实践指导	978-7-115-22662-4	16.00 元
电工电子专业英语（第 2 版）	978-7-115-22357-9	27.00 元
实用科技英语教程（第 2 版）	978-7-115-23754-5	25.00 元
电子元器件的识别和检测	978-7-115-23827-6	27.00 元
电子产品生产工艺与生产管理	978-7-115-23826-9	31.00 元
电子 CAD 综合实训	978-7-115-23910-5	21.00 元
电工技术实训	978-7-115-24081-1	27.00 元
高等职业教育课改系列规划教材（动漫数字艺术类）		
游戏动画设计与制作	978-7-115-20778-4	38.00 元
游戏角色设计与制作	978-7-115-21982-4	46.00 元
游戏场景设计与制作	978-7-115-21887-2	39.00 元
影视动画后期特效制作	978-7-115-22198-8	37.00 元
高等职业教育课改系列规划教材（通信类）		
交换机（华为）安装、调试与维护	978-7-115-22223-7	38.00 元
交换机（华为）安装、调试与维护实践指导	978-7-115-22161-2	14.00 元
交换机（中兴）安装、调试与维护	978-7-115-22131-5	44.00 元
交换机（中兴）安装、调试与维护实践指导	978-7-115-22172-8	14.00 元
综合布线实训教程	978-7-115-22440-8	33.00 元
TD-SCDMA 系统组建、维护及管理	978-7-115-23760-8	33.00 元
光传输系统（中兴）组建、维护与管理实践指导	978-7-115-23976-1	18.00 元
网络系统集成实训	978-7-115-23926-6	29.00 元
高等职业教育课改系列规划教材（汽车类）		
汽车空调原理与检修	978-7-115-24457-4	18.00 元
汽车传动系统原理与检修	978-7-115-24607-3	28.00 元
汽车电气设备原理与检修	978-7-115-24606-6	27.00 元
汽车动力系统原理与检修（上册）	978-7-115-24613-4	21.00 元
汽车动力系统原理与检修（下册）	978-7-115-24620-2	20.00 元
高等职业教育课改系列规划教材（机电类）		
钳工技能实训（第 2 版）	978-7-115-22700-3	18.00 元

如果您对“世纪英才”系列教材有什么好的意见和建议，可以在“世纪英才图书网”（http://www.ycbook.com.cn）上“资源下载”栏目中下载“读者信息反馈表”，发邮件至 wuhan@ptpress.com.cn。谢谢您对“世纪英才”品牌职业教育教材的关注与支持！